마리보나 이야기 〈1〉

김명순(마리보나) 지음

마리보나 이야기 ⟨1⟩

서문

    마리보나와 저는 세 살 터울 남매로 제가 먼저 태어났습니다. 저희 고향은 강원도 강릉이며, 저희가 태어났을 당시만 해도 한적한 읍소재지였고, 조용한 시골이었습니다.

    마리보나는 태어난 지 한 달 만에 당시에는 병명도 몰랐던 소아마비 일종인 뇌성마비에 걸려, 지금은 흔히 볼 수 있는 전동 휠체어도 손이 흔들거리고 마비가 되어 사용하지 못하고, 몸도 흔들거리어 2022년 임종할 때까지 수동 휠체어를 제가 밀어줘야 했습니다.

    마리보나가 십오 세 됐을 때 혼자서 겨우 일어서더니 그 후 걸음을 옮기게 되어, 시간이 흐르면서 마리보나의 부단한 노력으로 걸음을 걷기 시작했으며, 얼마의 시일이 흐르고 난 뒤 천주님의 부르심으로 성당에 다니게 되었습니다.

    이렇게 되어, 마리보나는 성당이 좋아서 틈만 있으면 성당에 갔고, 성당에서 성가 연습을 하면, 그 성가에 흠뻑 취해 드는 게 마리보나의 행복이었습니다.

이러다가 본문에서 보듯이 장애자의 어려움도, 괴로움도, 서러움도, 기쁨도, 느끼는 모든 감정을 글로 남기고 싶다고 하여, 성당 교우 자매들의 도움을 받아 조금씩 글로 적어 보다가 제게 도움을 요청하게 되었습니다.

그리하여 제가 마리보나 이야기를 써주기 시작할 때, 시를 불러주어 받아 적고는 제 생각과 의견을 얘기해 주면서 수정해야 한다고 할 때, 성신께서 말씀하시기를

"그렇게 하면 그게 네 글이지 마리보나의 글이더냐?"

하셔서 저는 제 의견과 생각은 물론이고 조언도 마리보나에게 하지 못하였고, 마리보나 얘기로만 써준 것을 천주님 앞에 고백합니다.

그리고 지금까지 도움을 주신 모든 은인을 위해 천주님께 기도 올리며, 끝으로 마리보나 이야기를 출판하도록 물심양면으로 돌보아 주신 오늘의문학사 이헌석 사장님께 감사드립니다.

대전 월평동 성당에서
마리보나 이야기의 기록자 김영기(비오) 씀.

❥ 목차

서문 ·· 5

1. 1945년 초가집 ·· 10
2. 피난길 ·· 31
3. 말순네 집 ·· 65
4. 자야네 집 ·· 93
5. 화야네 집 ·· 105
6. 고향, 신기 오빠네 집 ···························· 123
7. 오랑캐 꽃집 ·· 162
8. 명주동 셋방 ·· 185
9. 줄장미 집 I ··· 212

마리보나 이야기 〈1〉

Chapter 1

1945년 초가집

1945년 초가집

　강원도 강릉읍 명주동, 1945년의 우리나라는 어디나 그랬지만 기와집은 드물고 오히려 볏짚을 지붕에 이은 초가집이 흔했습니다. 신작로에 어쩌다 트럭이 먼지를 뽀얗게 일으키며 달려가는 게 하루 몇 차례밖에 안 되었고, 사람들은 흰 두루마기에 바지저고리를 받쳐 입었거나 흰 치마저고리를 입었고 양복이나 양장은 드물어 어쩌다 볼 수 있던 시절이었습니다.
　대관령으로 가는 큰길에서 얼마쯤 들어간 곳에 강릉 사범학교가 있었고, 그 사범학교 정문에서 길은 ㄱ자로 꺾여 읍사무소로 내려가는데, 사범학교 정문에서 읍사무소 쪽으로 내려가는 길의 오른편 세 번째의 측백나무가 담장으로 되어 있고, 그 뒤뜰에는 커다란 감나무가 세 그루 있었고, 그 밑에 닭장이 있었고, 그 앞에 초가집이 있었는데, 이 집이 제가 태어난 집이었습니다.
　남향인 초가집 동쪽에 대문이 나 있지만, 문설주조차 없는 대신 양편에 무궁화나무가 심겨 있어 제법 커다란 무궁화나무에 꽃들이 많이 피었던 걸 본 기억이 지금도 눈앞에 선합니다.
　이 무궁화나무 너머 길 건너 초가집들이 보였고 우리 집 북쪽의 사범학교에서 읍사무소로 가는 큰길로 나가는 휘어진 길을 따라 넓은 밭이 많이 있고, 이 밭과 우리 집 사이에, 역시 측백나무로 경계를 이루었지만 이 밭은 우리 것이었습니다.

이 측백나무 담장 안의 집과 사이에 좁다란 텃밭이 있어 아빠는 여기에다 해마다 딸기며 토마토를 심어 이것들이 빨갛게 익은 것을 보고 자란 기억이 있었고, 대문 옆 무궁화나무 옆에 펌프가 있어 여기서 물을 길어 먹었고, 펌프 옆으로 앞마당이 있는데, 마당가에는 난초며 각종 꽃이 곱게 피어있고, 그 너머도 역시 넓은 텃밭이 있었습니다.

우리 집 서쪽의 좁다란 텃밭 옆에 나무판자 담이 있는 옆집은 기와집이었습니다. 초가집 동쪽 방은 일본식 다다미방으로, 동쪽과 남쪽은 일본식 미닫이문이었고, 그다음은 안방으로, 다다미방과 사이에 미닫이문이 있었으며, 안방 옆방은 안방보다 작은 온돌방인데, 이 방에서 부엌으로 통하게 되어 있고, 부엌에는 옛날식 목욕 가마가 걸려 있어 여기에 물을 길어 붓고 장작불을 지펴 물을 데워 온 식구들이 목욕할 수 있었다고 했고, 부엌 옆 다다미방 뒤쪽은 장작 광이었습니다.

이 초가집 안방에서 1946년 추석 이튿날 오후가 시작되는 한 시쯤 제가 태어났습니다. 저는 4남매 중 막내로 태어났는데, 제 위로 언니와 큰오빠, 작은오빠가 있었고, 저는 태어났을 때 건강하고 똑똑한 애기였다고 했습니다.

태어난 지 한 달이 되었을 때 제게 불행이 찾아왔습니다.

제 아빠에게는 위로 두 분의 형님이 계셨는데, 제가 태어났을 때는 다 돌아가시고 안 계셨는데, 그 옛날 제 큰아빠들은 대지를 내어놓고, 제 아빠는 묘목 살 돈을 내놓아, 강릉 농고를 지나 지금은 강릉시 공단이 들어선 말산에 과수원을 경영하고 있었는데, 과수원은 둘째 큰엄마가 맡아 돌보고 있었습니다.

제가 태어난 지 한 달이 된 가을에 엄마는 저를 폭 싸 업고 말산 과수원으로 내려갔답니다. 우리들이 겨우내 먹을 과일을 가져오려고. 저를 과수원 복판에 있는 집 방안에 재워놓고 사과를 따서 명주동 집에 인편으로 먼저 보내 놓고 방에 들어와 보니 누군지 방문을 꼭 닫지 않고 열어놓아 산산한 가을바람에 저는 벌써 열이 불덩이같이 올라가 있는 걸, 기겁한 엄마가 꼭꼭 싸 업고 급히 집으로 돌아와 병원으로 가서 치료받게 하고 돌아왔는데도, 열은 내리지 않아 그 당시 강릉에서 이름난 의사들의 왕진을 청하여 밤을 새웠건만 차도가 없이 저는 숨까지 흑흑 느끼며 앓았다고 했습니다.
　이러다가 일주일이 흘러가고 열이 차차 내렸지만 저는 일생을 흔들거리며 살아야 하는 뇌성마비 장애자가 되었는데 이 당시 의사 선생님들은 제 병명조차 모를 때였습니다.
　저는 이때부터 약과 깊은 인연을 맺고 한방 보약을 매일 같이 복용하는 속에서 세월은 흘러 세 살이 되었는데, 정상아일 경우에는 제멋대로 돌아다니며 세상을 배울 나이에, 저는 일어나 앉지도 못하는 가엾은 애기였기에 아빠 엄마의 지극한 정성 속에서만 나날을 보낼 수 있었습니다.
　제 아빠는 사법서사. 지금의 법무사여서 다다미방을 사무실로 쓰고 있었기 때문에 집에는 언제나 사람들이 찾아왔는데 아침 일찍 신문을 보고 계시던 아빠는 제가 잠에서 깨어 눈을 뜨면 저를 보시고
　"자 - 자고 깨었으니 우리 나가볼까?"
　고개조차 가누지 못하는 세 살짜리 장애자 딸인 저를 포대기에 싸서 조심스럽게 안으시고 부엌으로 나가시면 연분홍 저고리에 남색

치마를 받쳐 입고 하얀 앞치마를 둘렀거나 아니면 옥색 저고리에 회색 치마를 받쳐 입으신 엄마가 음식 만들다 말고 달려와 제게 뽀뽀해 주시면 아빠는 저를 안고 앞마당으로 가서서

"이 꽃 좀 봐라. 꽃이 너 보고 잘 잤나? 하고 웃는다. 너도 웃어야지."

여기저기로 안고 다니시며 산책하다가 아침 밥상이 차려지면 들어오셔서 저를 내려놓으시고 진지를 드신 후 다다미방으로 건너가신 뒤, 엄마는 저에게 약을 먹여주시던 기억이 지금 제 눈앞에 선하게 보입니다.

엄마가 제게 약을 먹일 때 부엌일 하는 선녀 언니가 들여다보고 있으면 엄마도

"언니야 봐라. 우리 애기 약 잘 먹는다. 너도 먹고 싶어 보니? 먹고 싶어도 우리 애기가 먹는 거니까 넌 안 된다."

그러면 선녀 언니는 웃음을 띠고 저를 들여다보고 있었는데 저는 약을 먹은 후 밖에서 저보다 세 살 위인 작은오빠 또래 애들이 놀고 있는 소리를 들으며 잠이 들곤 했습니다.

정상적인 애기라면 자유롭게 걸어 다니며 말을 배울 때지만 저는 일어나지도 기지도 못하고 있었지만, 하느님께서는 제게 남다른 기억력을 주셨기에, 말도 못 하는 애기였던 저는 제 주위에서 일어나는 일들을 지금까지 잊지 않고 기억할 수 있습니다.

이렇게 자라나면서 네 살이 되었을 때 저는 겨우 몸을 뒤척여 배밀이를 할 수 있었는데, 가을이었던가 봅니다.

이날도 한가로운 한낮이었는데 엄마는 아빠의 점심 준비와 언니, 오빠의 간식 준비로 선녀 언니를 데리고 몹시 바쁜 시간일 때, 저는 배밀이로 열려있는 방문 문지방까지 가서 따사로운 햇볕을 받으며 문지방에 배를 걸치고 밖을 내다보다가 마루에 널어놓은 빨갛고 길다란 이상한 것들을 발견했습니다.

저도 흔들거리는 손으로 애를 써서 빨간 고추를 하나 집어 들고 놀다 보니 찢어지는 바람에 노오란 씨가 방안에 흩어지는 게 신기하고 고와 보여 좋아했는데 얼굴이 가려워 고추 만지던 손으로 가려운 곳을 긁는다는 게 손이 흔들려 온 얼굴을 손으로 만지는 꼴이 되어, 자연 손이 눈에 닿으니까 갑자기 눈에 불이 붙는 것 같은 통증이 와서 저는 큰 소리로 울어대기 시작했고 제 울음에 방으로 들어온 엄마가 보고 기겁하며

"아이구머니나 애가."

급히 대야에 물을 떠 와 제 얼굴과 손을 씻겨준 후 저를 안고 젖을 물려주어 저는 애기들이면 누구나 그렇듯 엄마젖이 주는 위안으로 조금 전의 고통을 잊어버리고 있다가 저로서는 힘든 운동을 하고 난 뒤라서 곧 잠이 들었는데 잠에서 깨었을 때는 저녁때였습니다.

제가 잠이 깬 것을 본 엄마는 저를 업고 마당에 나왔다가 아빠가 일 하시는 방으로 들어가니 아빠는 손님들과 얘기하다가 저를 보시고

"실컷 자고 깼는가? 이리 오게."

엄마에게서 저를 받아 안으시고는 손으로 제 눈을 가리키시며

"아까 이 눈이 아야, 아야 했지? 이 다음엔 그런 것 가지고 놀지 말게."

하시는 말씀을 들으며 저는 제 주위를 둘러보고 있는데 엄마는 나갔다 언제 들어왔는지 저를 들여다보며 방긋 웃고 있었습니다.

이러다가 아빠는 저를 안고 일어나시며

"가서 저녁밥 먹어야지?"

하시고 엄마에게 저를 안겨주시고 손님들하고 또 말씀을 나누고 계실 때, 엄마는 저를 안고 안방으로 오니 낯익은 얼굴들이 보여 저는 좋아서 웃음을 띠고 보았는데 안방에는 승기 오빠와 병호 아저씨가 있었습니다.

제가 조금 더 자라서 안 사실이지만 승기 오빠는 제 제일 큰아빠의 막내아들로 제게는 사촌 오빠였고, 병호 아저씨는 엄마의 고종사촌 동생이었는데, 이 병호 아저씨는 음식을 먹을 때 제가 옆에서 보면 어찌나 맛있게 먹던지 구경하는 제가 입안에 침이 고여 입맛을 다시게 되니 이것을 본 아저씨는

"먹고 싶어? 줄까?"

숟가락으로 밥을 조금 떠서 먹여줄 때가 많았습니다.

이럴 때인 저녁때 해는 서산을 넘어갔지만, 아직 어둠이 드리워지기 전 엄마는 저를 업고 산책 겸 옆집으로 자주 갔는데 이 집 큰딸이 계열이라서 계열네 집이라고 불렀고, 계열이 아빠는 미장이 일을 하고 있었고, 계열이 엄마도 부지런해서 가난은 했어도 마당 구석까지 깨끗해서 보기에 좋아 보이는 집이었습니다. 엄마에게 업혀 가서 보면 계열이 엄마는 펌프 가에서 무언가를 그릇에 담아 씻고 있는 걸 볼 수 있었고, 계열 엄마는 일하면서 엄마를 쳐다보고 얘기를 하다가

"명순 엄마 맛있는 게 없어요? 있으면 좀 가져다 먹었으면 하는데

염치가 없어서….”
하고 계면쩍은 웃음을 웃으면 엄마도 부지런히 집으로 와서 그릇에다 무언가 담아 선녀 언니를 시켜 갖다주곤 했습니다.

　저는 낮에 낮잠 자다 깨어나 심심하면 엎드려 배밀이로 기어가 작은 오빠가 보던 그림책을 들여다보곤 했는데 저는 이때까지도 말을 못 하고 있었지만 집안 식구들의 말을 다 알아들었고, 제가 만져보고 싶거나 갖고 싶어 손에 붙잡은 물건이 위험한 것이어서 누가 뺏거나 하면 저는 불만 때문에 아랫입술을 삐죽삐죽하다가 "으아" 하고 큰소리로 울음보를 터트리지만 달래면 이내 울음을 그치곤 했답니다.

　얘기의 순서가 뒤바뀌긴 했어도 지난 초가을 학교에 갔다 온 언니는 공부를 하고 나서 저를 업고 아빠가 일하시는 다다미방 옆 텃밭으로 가니 파란 줄기와 잎 사이로 토마토가 빨간 얼굴을 내밀고 저를 보며
　"나 먹고 싶지?"
하고 말하는 것 같이 보였지만 저는 엄마가 매일 같이 먹여주었기에 시들했는데, 언니는 그곳을 지나 뒤꼍 감나무 아래 닭장 앞에 가서 저에게 닭들을 구경시켜 주어, 들여다보니 머리에 빨간 면도를 쓰고 턱에도 빨간 면도를 늘어뜨린 수탉이 긴 꼬리의 몸매를 자랑하면서 여러 마리의 암탉을 거느리고 있는 게 수탉이 아주 잘나 보이기도 했습니다.

　가을이 되고 난 뒤, 제가 고추 때문에 봉변을 당하고 나서의 어느 날 저녁때인데, 국민학교 육 학년 졸업반인 큰오빠가 저를 업고 마당에 나와 있을 때 부엌에서

"창기야 이리 온."

엄마가 불러 큰오빠가 저를 업은 채 부엌으로 가니까 노란 미색 저고리에 빨간 물방울무늬의 흰 치마를 입어 제 눈에는 세상에서 제일 이쁜 엄마가

"이것 영무네 집에 갖다주고 오너라. 영무 할머니는 우리 음식을 좋아하신단다."

하며 놋식기 합을 뚜껑 덮어 내어주고는 제 볼에 뽀뽀해 주어 저는 기뻐서 웃을 때 큰오빠는 벌써 마당에 나서서 부지런히 대문을 나서 우리 집 뒷길을 가로질러 영무네 집으로 갔습니다.

영무네는 영무네 돌아가신 할아버지와 돌아가신 제 큰아빠가 의형제를 맺은 집안인데, 우리 집 뒤에 넓은 텃밭과 집 주위에 거목이 된 은행나무로 둘러싸이고, 꽃나무들이 많은 집인데, 영무는 작은 오빠 또래의 사내아이로 이때 흔히 볼 수 있는 누런 코를 훌쩍이고 다니는 것이 말도 못 하고 있는 제가 보기에도 지저분한 아이였습니다.

큰오빠에게 업혀서 영무네 집 방 안으로 들어가니 영무 할머니가 책을 보시다가

"아이고 앞집 애기가 왔나? 어서 오너라."

하면서 큰오빠에게서 저를 받아 안고 있을 때 영무 엄마는 그릇을 비워 큰오빠에게 주니까 큰오빠는 저보고

"이 그릇 집에다 갖다 놓고 올게."

하고 간 뒤에 저는 영무 할머니 품에 안겨 주위를 둘러보는데 열린 방문 밖 부뚜막 화로에서 영무는 은행을 깨트려 굽고 있었습니다. 그때 영무 할머니가

"영무야, 그 은행 다 구웠으면 하나 다구. 앞집 애기 주자."
"싫어, 앞집 애기는 나만 보면 싫어서 고개를 돌리는걸?"
하니까 부엌에서 일하던 영무 엄마가
"영무야, 앞집 애기가 그러는 건 네가 싫어서가 아니고 아파서 그런다."
"그럼 내 말 잘 들어."
하고 구워진 은행 한 알을 갖다주니 영무 할머니는 받아서 잘 닦아 제 입에 넣어 주는데 파아랗고 고운 은행알이라 저는 얼른 받아먹고 있으려니까 큰오빠가 와서 저를 업고 집으로 돌아오는데, 아까 먹은 파아란 은행알이 너무 곱고 이쁘다고 생각했습니다.

큰오빠에게 업힌 채 방안에 들어오니 분남이 언니가 와있다가 저를 내려놓는 걸 도와주고는 저를 이쁘다고 제 머리를 쓸어주었는데, 이 언니는 승기 오빠의 누나였고 농아였지만 이미 막 결혼한 새색시였습니다.

이 분남이 언니는 승기 오빠와 함께 엄마 없이 자라났는데 장애자였기에 천대를 받으며 궂은일만 하다가 시집가게 되었을 때, 집안에서 누구도 돌보지 않는 것을 엄마가 돌보며 혼숫감이며 예물이며 결혼 비용까지 다 내어 시집을 보냈습니다.

그래서 이 언니와 승기 오빠는 제 아빠 엄마를 따랐는데, 이보다 먼저 승기 오빠는 국민학교마저 못 다니게 된 것을 제 아빠가 집안 어른들을 나무라고 야단치시고 아빠의 돈으로 공부를 계속하게 하여 이때는 승기 오빠가 강릉 농업학교 학생이었습니다.

이렇게 되어 승기 오빠는 학교 갔다 올 때면 꼭 우리 집에 들렀다 갔는데 이럴 때 엄마는 준비해 놓았던 간식을 꼭 먹여 보내곤 했습니다. 엄마가 차려주는 간식을 먹을 때면 승기 오빠는 좋아하며 먹으려다가 제가 쳐다보고 있는 걸 보고는 꼭 엄마에게 묻기를

"작은 어머니 애기한테 이것 줘도 돼요?"

하면 부엌에서 일하던 엄마가

"조금 주려무나."

할 때도 있지만 대체로는

"주지 마라. 아까 먹었다."

하면 승기 오빠는 저한테

"나는 주고 싶은데 엄마가 아까 먹었다고 주지 말래. 너는 내 마음 알지?"

하면서 웃음을 띤 얼굴로 저를 보고는 맛있게 먹었는데, 이날 저녁에 분남이 언니가 친정 나들이 와서 있기에 엄마는 소고기 불고기를 해서 큰 식구가 맛있게 먹었습니다.

   계절이 바뀔 때마다 저는 빠지지 않고 감기에 걸렸는데 이때에도 감기에 걸려 엄마는 저를 병원에 데려갔다 와서 늘 저에게 먹이던 보약을 중단하고 감기약을 먹였는데 한낮으로 기억되는 날이었습니다.

   제가 약을 먹을 때면 엄마는 가루약을 숟가락에 담아 물로 개어 제게 먹인 뒤 꿀물을 숟가락으로 먹여주곤 했는데, 이날 엄마가 주는 물을 받아먹어 보니 덜 단 것 같아서 저는 엄마를 쳐다보며 흔들리는 손으로 벽장 쪽을 가리키니 엄마는 벌써 알고

"이것도 꿀물이야. 아까 엄마가 부엌에서 타왔어. 먹어봐. 그렇지?"

1. 1945년 초가집

하고 먹이는데 계열이네 옆집의 옆집인 창란이 엄마가 왔다가 보고
"아이, 애기가 약도 잘 먹지. 아이 착해라."
엄마가 이 말을 받아서
"우리 애기 약 잘 먹지? 얼마나 착하다고"
칭찬해 주었는데 창란네 아빠는 이때로서는 조금 보기 드문 트럭 운전사였고 슬하에 삼 남매를 두었는데 맏이가 아들로 큰오빠보다 두세 살 아래였는데 집에서 기르는 개에게 물려 광견병으로 죽어가면서 동생들을 위해 다시는 개를 기르지 말라고 유언하고 죽었다고 나중에 제가 커서 들었습니다.

이러면서 계절은 깊은 가을이 되어 단풍이 들었던 감나무 잎들은 다 떨어지고 빨갛게 된 감들이 가지에 매달려 있는 게 미닫이 방문 유리창 너머로 꽃이 핀 것같이 보일 때의 어느 날 엄마는 병호 아저씨보고
"병호야 오늘 방송국에 안 나가니? 안 나가거든 감 좀 따라."
해서 병호 아저씨는 높은 감나무에 장대를 가지고 올라가 감을 모조리 땄는데 엄마는 이것을 갖다가 어떻게 했는지 이틀이 지나고 나서 깎아주는 감을 제가 받아 먹어보니 달고 맛이 있었습니다.

이러고 엄마는 저녁밥 먹은 후면 생감을 갖다가 깎아서 새끼줄에 꿰어 추녀 밑에 널어놓았는데 어느 날 학교 갔다 온 큰오빠가 벌써 곶감이 되었는지 갖다가 먹는 걸 본 저는 한창 맛있게 먹으며
"아 맛있다."
하는 오빠보고
"아 - "
"이거 많이 먹으면 큰일 난다. 추운 겨울이 됐을 때 먹는 거야."

조금 떼어 제게 먹여주었습니다.

이러고 춥고 추운 겨울이 되었을 때 해마다 겨울이면 자주 찾아오는 정동의 김 장사 아줌마가 김이며 미역을 팔러 와서 엄마에게 보이니 엄마는 이것들을 샀는데, 이러고 며칠이 지났는지 몰라도 흐린 날 하늘에서 하얀 꽃잎이 날리는 것 같더니 이내 앞을 분간 못 하게 눈이 쏟아지니까, 저보다 세 살 위인 작은 오빠는 신이 나서 방 밖으로 들락날락하는데 저는 유리창 너머로 눈 오는 것을 바라보고 있었습니다.

이럴 때 엄마는 떡쌀을 담갔다가 찾아온 아낙네들에게 시켜 방앗간으로 가서 가래떡을 만들어다가 밤마다 썰어놓더니 추운 날 낮에 우리 집에 찾아온 정동 김 장사 아줌마며 회산 아줌마며 죽헌 아줌마 그리고 햇갱이 엄마, 초당집 할머니, 그 외의 많은 사람들에게 떡국을 대접했습니다.

이렇게 길고 긴 겨울이 지나가고 봄이 되어 저는 빠지지 않고 한차례 감기 치레를 하고 나서 날씨가 따뜻해진 어느 날 낮에 언니는 학교에 안 가는 날인지 집 안에 있다가 저를 업고 뒤꼍으로 나갔는데 저는 작년과 달리 조금 자랐는지 아직도 말은 못 하면서 사물을 더욱 뚜렷하게 분간할 수 있어서 계열네 집이며 창란네 집이며 농아 명화네 집도 멀리서 알아볼 수 있었습니다. 언니가 닭장 앞에 가서 닭들이 모이 쪼아 먹는 걸 보여주며

"저 꼬꼬 봐라. 꼬꼬는 손으로 안 먹고 입으로 먹는다."

하는 말을 들으며 닭을 보니까 선홍색의 고운 수탉 벼슬이 마치 꽃잎같이 보였는데, 아이들이 접시꽃 꽃잎을 뜯어 코에 붙이고 닭 흉내를

내어 '꼬꼬 꼬꼬' 하던 것이 제가 문지방에 배를 걸치고 본 적이 있어 닭들도 머리에다 꽃잎을 붙였나보다 하고 생각하는데 수탉이 암탉 위에 올라가는 걸 보고 저는

'꼬꼬도 나처럼 업히나보다. 그리고 턱 밑에도 꽃잎을 붙였나?'

생각하면서 모든 게 이상하기만 했습니다.

이럴 때 저는 집에 찾아오는 사람들도 누가 누구인지 알 수 있게 되어 가령 햇갱이 엄마나 영길 엄마, 익수 엄마, 그 밖의 많은 사람들을 알고 있어 말은 아직 못 하면서 찾아오면 웃으며 좋아했습니다.

그런데 하루는 햇갱이 엄마가 햇갱이라는 작은 오빠보다 조금 큰 딸을 데려왔는데 무엇을 잘못했는지 방을 쓸 때 쓰는 빗자루로 마구 때려주는 걸 보고 저는 겁에 질려

'아 우, 햇갱이 엄마 무서워.'

하고 생각하면서 눈을 감아 버렸습니다.

햇갱이는 자기 엄마 따라 우리 집에 가끔 왔는데 한번은 저를 업고 대문 밖에 나갔다가 엿장수가 엿 모판을 지게에 지고 큰 가위 같은 걸로 소리를 내며 지나가다가 엿 달라는 아줌마가 있어 지게를 내려놓고 큰 가위로 쳐서 엿을 떼어내어 주니, 이 아줌마는

"이기 뭐요? 세상에. 아 이거 가주고 엿이라 주우?"

하고 화를 내는 걸 보면서 엿 모판을 봤더니 햇갱이는 제가 먹고 싶어 보는 줄 알고

"에이 지지."

휙 돌아서 다른 곳으로 간 적도 있었습니다.

이러고 지낼 때의 어느 날, 정동 김 장사 아줌마가 왔을 때 엄마는

김과 미역을 팔아주고 점심밥을 차려주니 맛있게 먹는 걸 저는 방바닥에 엎드려 바라보면서 말을 아직 못할 때였으니까 어서 많이 먹으라는 표현이 고작 웃으며 바라보는 것이었는데 엄마가 보고
"우리 애기가 아줌마 많이 잡수시라 하고 보는 거지? 아이 착해라."
하고 말하니까 김 장사 아줌마도 저를 보며 웃는 게 저를 그렇게 기쁘게 했습니다.
 이러고 나서 저녁에 밥을 먹을 때 저도 엄마에게 안겨서 밥을 먹으며 국그릇을 보니 이상한 게 있어 엄마에게 이게 뭐냐고 묻는 표현이 국그릇을 한 번 들여다보고 엄마를 쳐다보고 했더니 엄마가 알아차리고
"이거? 꼬꼬 알이란다."
하기에 저는
'머리에다 꽃잎을 단 꼬꼬'
 꼬꼬의 영상을 눈앞에 그려보며 생각했습니다.
 엄마는 저를 매일 목욕시키는데 알맞은 온도의 더운 물을 큰 그릇에 떠 와서 제 옷을 벗기고 나서 저를 안고 머리부터 감긴 다음 저를 조심스레 물에 잠기게 하고 제 몸을 씻기고 비누질한 다음 깨끗이 씻겨서 새 옷으로 갈아입혀 눕혀주면 저는 정오의 햇빛이 반사되어 비치는 천정을 바라보며 기분이 좋아 누웠다가 잠 속에 빠져들곤 했는데, 온 식구들이 목욕할 때면 저녁 먹고 나서 얼마나 있다가 언니가 제 옷을 벗겨 부엌 목욕 가마로 데려가면 엄마는 저를 받아서
"아이, 우리 애기가 목욕도 잘하지. 그래 엄마하고 목욕할까?"
하며 천천히 앉으면 제 몸도 물에 잠기게 되는데 저 혼자 목욕 시켜줄

때와는 달리 물이 몹시 뜨거워 저는 울지 않을 수 없어 큰 소리로 울면 엄마는

"착하지. 울지 마라."

하며 젖을 제 입에 물려주지만 온몸에 뜨거운 물이 닿아 고통스러우니 울음을 그칠 수 없는데 아빠는 저를 빡빡 씻겨주니 더욱 큰 소리로 울 수밖에 없었습니다. 이렇게 혼나고 나서 언니는 엄마에게 저를 넘겨받아 방으로 안고 와서 제 옷을 입혀 눕혀주면 몸은 시원하고 기분이 좋아 제 머리맡에 놓인 장난감을 손으로 집어 들어보고 하면서 놀다가 엄마가 들어와 저를 안아줄 때 엄마의 젖을 입에 물고 잠이 들곤 했습니다.

이럴 때의 저는 만족스러움은 웃음으로 나타냈고 누가 좋거나 해도 헤 - 웃는 웃음으로 표시했는데 아침에 제가 많이 자고 깨었을 때면 언니 오빠들은 다들 학교 가고 안 보일 때이고 엄마가 먹여주는 아침밥을 엄마 품에 안겨서 받아먹고 나서 조금 있다가 엄마가 먹여주는 한약을 받아먹고 조금 놀다가 잠이 들었다 깨니 국민학교 일 학년짜리 오빠가 방문 열고 들어오며

"어머니 학교 다녀왔습니다."

하고 들어와, 엄마가 주는 점심을 먹고 나서 저와 같이 놀고 있다 보면 저녁때가 되어 가는데 큰오빠가 학교에서 돌아오고 얼마나 있다가 언니가 들어오는데 아빠는 낮에도 가끔 안방에 건너오시지만 땅거미가 질 때라야 일을 마치시고 건너오시면 온 식구가 모여 그날 하루 지난 일을 얘기하며 웃음꽃을 피웠습니다.

이러던 어느 날(그것도 제가 자라서 제 기억을 얘기하고 들어 알게

된 것이지만) 이때 대학 진학 공부를 하는 언니를 보시고 아빠가

"너는 공부도 좋지만, 동생 안 봐주고 공부만 하는구나. 동생 좀 봐 줘라."

하시고 꾸중하셔서 언니도 저를 업고 대문 쪽으로 가면서 볼멘소리로

"난 바빠 죽겠는데 아버진…."

하고 투덜거리는데 아무것도 모르는 저는 언니가 속상해하는 것이 안 돼서 어떻게든 언니를 위로해 주고 싶어서 언니하고 부른다는 게 말이 안 되어

"어… 어… 어 니"

했더니 언니는 깜짝 놀라며

"아니 얘가 말을? 언니 해봐."

"어… 어 니"

"아니, 어니가 아니구 언니 해봐."

그래서 저는 애쓰고 힘들여

"어‥ㄴ…니"

했더니 언니는 말할 수 없이 좋아하며 저를 업은 채 집안으로 달려 들어가서

"어머니, 얘가 말했어요. 언니라고 말이에요?"

하니까 온 집안 식구들은 경사스러운 큰일이 난 것 같이 좋아들 했습니다.

이것이 제가 처음으로 한 말이었고 이러고 나서부터 제게도 어렵고 힘든 말 공부가 시작되었습니다.

이렇게 되어 엄마는 틈틈이 저에게 말을 가르쳐 주시느라고
　　"엄마 해봐. 아빠 해봐."
　　제게 말을 시키는데 제게는 발음이 힘들고 어둔하여 다른 사람들은 알아듣지 못하지만 집안 식구들은 제가 띄엄띄엄 하는 제 말을 알아듣고 누가 왔다 갔는지를 짐작하게 되었는데, 이렇게 되니 저녁 밥상을 물리신 아빠는 저를 건너다보시면서
　　"옛날에 옛날에"
하시면 저는 아빠가 들려주시는 옛날얘기를 들으려고 손에 들고 놀던 장난감을 버리고는 힘들여 몸을 뒤척여 배밀이로 부지런히 아빠에게 가면 아빠는 기다리고 계시다가 저를 안아 무릎에 앉혀주시고는
　　"옛날에 옛날에 메뚜기하고 개미하고 물새가 물가에 놀러 갔대. 개미 알지?"
　　"응."
　　"개미도 쌀을 가지고 가고. 쌀 알지?"
　　"응. 저 거…."
하고 저는 흔들리는 손으로 방구석에 다리를 접어 세워둔 밥상을 가리키면서 아빠를 쳐다보면 아빠는
　　"메뚜기는 나무를 가지고 가고, 물새는 그릇을 가지고 가서, 개미는 쌀을 씻어서 밥하고, 메뚜기는 나무를 갖다가 불 때고, 물새는 고기를 잡아서 반찬을 만들어 밥을 해서 맛있게 먹었대. 먹고 나니 더워서 땀이 나니까 메뚜기가 아이 덥다고 하고 땀을 닦느라고 손바닥으로 이마를 쓰니까 이 머리가…."

하시면서 제 이마를 치쓸어주시면서

"이렇게 쓸어버리니까 이 머리가 벗겨져서 대머리가 되고, 물새는 입가에 묻어있는 것들을 닦느라고 물가에 있는 돌에다 대고 입을 이렇게…."

하시며 제 손을 움켜쥐시고 아빠 무릎에 비비시며,

"이렇게 닦으니 입이 뾰족하게 됐는데 이것들을 본 개미는 그게 우습다고 허리를 이렇게 잡고"

이번엔 제 양손을 잡으시고 제 허리에 갖다 대시며

"하 하 하 하 하고 웃었기 때문에 개미는 허리가 잘록하게 됐단다."

아빠가 해주시는 옛날얘기를 들으며 물새가 어떻게 생겼는지, 또 물새가 뭔지도 모르면서 그저 아빠가 들려주시는 옛날얘기가 재미있어 듣다가 제가 하품을 하니까 이 모양을 보신 아빠는

"네가 졸리나보다. 졸리면 자지 뭐 걱정이야."

하시면서 저를 눕혀 안으시고 일어나서서 왔다 갔다 하시며

"자세, 자세/ 착한 아기는 잘 잠 잘 자고/ 나쁜 아기는 잠 안 자고 떼쓰는데/우리 애기는 착하고 이뻐서/ 잠 잘 자고 잘 보고…"

하시다가 제가 잠이 들락 말락 할 적에 잠이 든 줄 아신 아빠는 저를 살며시 내려놓았는데 눈을 가늘게 뜨고 제가 웃으니 아빠도 웃으면서 들여다보시면서

"자거라."

하셨습니다.

이럴 때의 한가한 낮이면 엄마는 저를 안고 젖을 물려주면서

"김명순"

"응?"

"응이 뭐야? 네, 해야지. 네, 해봐. 그래야 이쁘지."

이러다가 이웃집 아줌마들이 오거나 하면 제 말 공부는 중단이 되곤 했습니다.

이럴 때 저도 집에 자주 오는 사람들 외에도 언니 친구들도 똑똑히 알고 있었고 큰오빠 친구들도 잘 알았는데 이날 저녁때 엄마한테 업혀서 마당에 나가니 언니한테 언니 친구들이 몰려와 놀고 있었는데 이웃집 개가 엄마에게 덮쳐 포대기 밖으로 나온 제 발을 핥으며 저를 따라다녀 제가 낑낑거리며 싫어하니까 이것을 본 계숙이 언니가 쫓아주어 개가 쫓겨 갔는데 같이 온 진순이 언니며 영찬이 언니며 현우 언니가 모두 저를 보고 이쁘다고 해서 저는 언니 친구들이 오면 반가워하며 기뻐했습니다.

이럴 때 저는 흔들거리며 혼자 일어나 앉을 수도 있었는데 갑자기 중심을 잃고 나뒹굴기를 잘했습니다.

저는 언니 오빠들이 학교 가고 없을 때면 혼자서 아빠가 사다 주신 장난감을 손에 쥐고 놀기도 하고 그림책을 들여다보기도 하며 혼자 놀았는데, 하루는 저와 동갑내기인 택일이가 제 엄마 따라왔다가 방 안에서 설쳐대니까 엄마는 아빠를 위해 점심으로 일본식 찹쌀떡을 만들다가 택일이를 불러 단팥을 조금 뭉쳐 들려주니 이 애는 이걸 들고 먹으며 방으로 들어와 저보고

"아 해."

하고 입을 벌리라고 하기에 저는 흔들리는 손을 벌려 받겠다고 하니 택일이는 제 고집대로 저보고 눈까지 부릅뜨며

"아 해."
하고 소리 지르니까 엄마하고 택일 엄마는
"택일아, 이제 집으로 가자."
하고 불러서 업고 갔습니다.

저도 아까 보던 그림책을 들여다보는데 호랑이도 있고 목이 기다란 기린도 있지만 책장을 넘기니 개가 있어 들여다보며
"에이 미워. 엄마가 나를 업고 있을 때 내 발에 침 칠해 놓고."
계숙이 언니가
"무섭지?"
하고 다음 그림을 보여주니까 닭들과 어미닭이 거느린 병아리들 그림이 있어
'꼬꼬야 있네. 우리 집 '꼬꼬' 하고 비슷하지만 털의 색이 좀 다른데? 여기 꼬꼬는 애기들이 이렇게 많은데 우리 집 꼬꼬는 왜 애기가 없을까? 이상하다.'
하고 생각하며 그림을 들여다보다가 싫증이 나서 방문 밖을 내다보니 초여름의 따가운 햇살 아래 마당가의 꽃밭에 울긋불긋 곱게 핀 꽃들이 보이는데 노랑나비며 흰나비, 호랑나비까지 날아드는 게 보여 저는 정신없이 바라보고 있었습니다.

Chapter 2

피난길

피난길

저는 이날 아침도 여느 때처럼 아침밥을 엄마 품에 안겨서 먹으며 꼬꼬 알로 만든 계란 두부 해서 맛있게 먹은 뒤 엄마가 먹여주는 약을 먹고 조금 놀다가 낮잠을 잤는데 잠에서 깨어 작은오빠와 놀고 있을 때 아빠에게는 손님들이 연방 찾아왔다 가고 아빠는 다른 날과 달리 안방으로 자주 건너와서 엄마에게 무슨 얘긴지 하시고 건너가시는데 별다른 일이 없이 이날은 저물었습니다.

다음날 여느 때처럼 엄마가 먹여주는 보약을 받아먹고 낮잠을 자고 깨니 다른 날과 달리 언니, 큰오빠까지 학교에서 일찍 돌아와 집에 있었는데 점심을 먹고 나서 낮잠을 자고 깨어 언니 등에 업혀 마당에 나가니 우리 집 앞길로 많은 사람들이 보따리들을 들고 어디론지 몰려들 가는데 꼬리를 물고 사람들이 지나가는 긴 행렬을 저는 난생처음 구경했습니다.

거기에는 애기를 업은 엄마들도 있었고 작은오빠 같은 어린이도 있었는데 이 사람들은 말없이 앞사람만 보면서 부지런히들 지나갔습니다.

이럴 때 보니 아빠에게 손님들이 연방 찾아와 잠깐 얘기하고 가고 했는데 언니 친구들도 찾아와서 여느 때와는 달리 언니와 잠깐 얘기하고는 가는데 저를 보고도 이쁘다고 하지 않아 몹시 섭섭했습니다.

이러고 있다가 저녁밥을 먹고 나서 아빠는 어디론가 나가시고 어제도 그랬지만 전등불 대신 등잔불에 비치는 그림자놀이를 하고 있는 작은오빠와 큰오빠가 만들어내는 그림자 구경을 하기도 하고 놀다가 잠이 들었습니다.

다음날 아침밥을 먹고 엄마가 먹여주는 약을 먹은 후 낮잠에 들었다가 웬일인지 잠이 깬 저는 어쩐지 이상해서 엄마를 쳐다보았더니 불안해 보였습니다.

아빠와 엄마는 승기 오빠까지 와서 함께 짐을 싸고 있었으며, 언니 오빠들도 제각기 책가방을 싸놓고 있었습니다.

이러다가 점심을 먹고 오후에 집안 식구 모두 어디론가 갈 때 저는 언니에게 업혀 가는데 처음으로 큰길에 나서 보니 멀리 푸른 산도 보이고 맑은 냇물이 흘러가는 것도 보이는데 길에는 우리뿐이 아니고 여기저기 흩어져서 사람들이 길을 걷는 게 보였습니다.

이렇게 걷다가 저는 어딘지도 모르지만 큰집에 들어가 언니는 그 집 방안에 저를 내려놓아 저는 엎드렸다가 손을 짚고 일어나 보니 방 밖 마루에는 여러 사람들이 걸터앉아 있는 게 보였습니다.

이러다가 어두워진 저녁때 엄마는 제게 밥을 먹여주었고 언니에게 업혀 오느라고 고단했던 저는 이내 잠에 곯아떨어졌습니다.

다음 날 아침 일찍 서둘러 밥을 먹은 후 길을 떠나서 어디론지 자꾸만 가는데 저는 언니 등에 업혀 가면서 보니 많은 사람들이 길을 메우고 같이 걸어 끝없이 갔습니다. 하루 종일 가는데 한낮이 되어 샘가에서 식구들이 모여 앉아 해가지고 온 꿀을 넣어 만든 떡을 먹고 나서 이번에는 엄마 등에 업혀서 가는데 피난을 같이 가는 길자 엄마와 엄마는 걸어가며 무슨 얘기인지 주고받으며 갔습니다.

이렇게 하루 종일 걷다가 산골 어느 집에 들어가 저녁밥을 먹고 나서 엄마와 언니, 그리고 길자 엄마와 길자의 두 언니, 길자 이렇게 아랫방에서 자게 되고, 윗방에는 길자 아빠와 제 아빠가 큰오빠와 작은오빠를 데리고 잤는데, 길자네는 아들이 없었고, 길자 큰언니는 제 언니 만치 컸고, 길자 작은언니는 큰오빠만 했으며 길자는 작은오빠보다 조금 컸습니다.

저는 언니 등에 업히기도 하고 엄마에게 업히기도 해서 며칠이고 가다가 두메산골 어느 집에 들어가 머물렀는데 이 집에는 작은오빠만한 사내아이가 있었고 그 밑으로 저보다 어린 계집아이가 있어서 저는 흔들거리는 장애자인 것을 잊고 이 애를 보기만 하면 이쁘다고 했습니다.

작은오빠 또래 사내아이 이름은 대한이었고 대한이 위로 언니만한 누나가 있었는데, 낮이면 대한이 동생이 제가 있는 방문 앞에 와서 들여다보며 제가 흔들거린다고 언니를 쳐다보며 저를 손가락질하곤 했는데, 이럴 땐 제 엄마 아빠는 아침 일찍 어디론지 나갔다가 밤이 되어야 돌아오셨는데, 나중에 제가 커서 알았지만 우리들이 먹을 양식을 구하러 나가셨고, 이때에는 이 산골짝에 사는 사람들은 돈의 편리함을 몰랐기에 물물 교환만이 이네들의 생필품 조달 수단이었으며, 이때만 해도 교통이 불편하여 이곳에서는 소금이 아주 귀했다고 합니다.

그래서 엄마 아빠는 위험을 무릅쓰고 가까운 정선군 여량까지 가셔서 두서너 집밖에 없는 가게에서 돈을 주고 우리가 필요한 물건들을 사 오실 수 있었습니다.

이렇게 엄마 아빠가 안 계신 한낮에 저는 언니하고 낮잠도 같이 자고 언니가 밥도 저에게 먹여주었는데 이러다 보니 엄마도 제가 하는 말을 다 못 알아들었지만 언니만은 제 말을 다 알아들었습니다.
　이럴 때 언니는 저를 보고
　"명순아, 아빠가 좋으니 엄마가 좋으니?"
하고 묻기에 저는
　"음, 음 매가 좋아."
　"음 매가 뭐야? 소야? 음매 하게. 엄마지. 그리고 또?"
　"빠빠야 좋아."
　대답하니 언니는 웃으며 먹을 물을 떠 오려고 나갔고, 그 사이에 네 살이라서 벌써 말을 잘하는 대한이 누이동생이 구운 감자를 손에 들고 방문 앞에 와서 저에게 주길래 저는 고맙고 이쁘다는 표시로 그 아이 머리를 쓸어준다는 게 제 손이 말 안 들어 갈퀴같이 되었기에 이 애의 엉클어진 머리카락 사이로 손가락이 걸리게 되니 저는 뜻밖의 사태에 깜짝 놀라게 되어 머리카락을 잡아당기게 되어 이 애는 아파서 얼굴을 온통 찌푸리면서 방안으로 머리를 들이밀고 그러면서도 용케 울진 않고
　"아야. 아야. 이거 놔."
　언니가 물 떠오다가 보고 엉클어진 머리카락 사이로 걸려있던 제 손가락들을 풀어주고는 방으로 들어와 왜 그랬냐고 묻기에 저는 이쁘다고 머리를 쓸어준다는 게 이렇게 됐다고 얘기하며 울었더니 언니도 같이 눈물을 흘리며 울었습니다.
　어느 날 아침나절 저는 언니에게 업혀서 이슬비가 촉촉이 내리는

속에 산골짝으로 올라가다가 어느 덩굴 밑 멍석 깔린 곳에 가서 언니는 저를 내려놓았는데 엄마들, 오빠들도 같이 왔고 길자네도 같이 와서 있었는데 작은오빠는 덩굴에 달린 다래를 따서 저하고 놀고 있었습니다.

제가 커서 알게 되었지만 이때 우리가 있는 대한이네 집으로 빨갱이(공산당)들이 조사를 나온다고 해서 이 소문을 들은 길자 아빠가 이곳을 마련했다고 들었는데 아무튼 다래 넝쿨 아래 멍석을 깔아놓아 그곳에 앉아 다래 열매를 가지고 놀다 보니 이내 싫증은 나고 멍석 깔아놓은 곳이 울퉁불퉁하여 조금도 편치 못한 곳이어서 한나절이 되었을 때 저는 키득거리며 보채기 시작했습니다.

엄마는 저를 달래려고 애를 쓰다가 그래도 제가 듣지 않고 보채니 속이 상해하며

"이러다가 우리 식구 다 죽겠다. 차라리 너하고 나하고 밖에 나가자."
하고 말했다는데, 이 말을 제가 커서 들어 알게 됐지만 이때 엄마는 저를 업고 덤불 밖으로 나와서 왔다 갔다 했는데 내리던 보슬비는 이때 그쳐 있었습니다.

이러다가 덤불 밑에 들어와 가지고 왔던 떡을 나누어 먹고 덤불 밑에 숨어 있다가 오후가 되어 모두 대한이네 집으로 돌아왔는데 며칠 안 있어 이 골짜기로 인민군들이 몰려든다고 해서 아빠, 엄마는 언니, 오빠들을 데리고 저를 언니에게 업혀서 더 깊은 산골짝으로 들어가서 산등성이에 있는 집의 방을 얻어들었는데 이 집에는 큰오빠보다 두어 살 위인 사내아이가 있어 이름이 채돌이었기에 채돌네 집이라고 불렀습니다.

이 집에서 언니는 저한테 건너다보이는 산을 가리키며 저 산 너머로 길자네가 이사 갔다고 가르쳐 주었는데, 채돌이는 큰오빠보다 키도 조금 컸고 장대를 가지고 높이뛰기도 잘했습니다.

채돌네 집에서도 아빠와 엄마는 우리들을 위하여 양식을 구하러 자주 나가셨는데 언니는 오빠들이 놀러 나가고 없는 방에서 저와 같이 있으면서 간식이라곤 없는 나날이었으니까 제가 굽굽해서 보챌까 봐 어린 애기가 보채는 시늉을 하며

"명순아, 흐응. 언니는 뭐가 먹고 싶어. 사탕도 먹고 싶구 과자도 먹고 싶구 그런 게 먹고 싶어서 어떡하지?"

말하는 걸 듣고 저는 엄마가 곧잘 저 들으라고 언니를 야단치는 것 같이

"저 산 봐. 이 산속에 뭐가 있다고 자꾸 과자 타령하니? 그렇게 먹고 싶거든 꿀이나 먹어라."

말씀하던 게 생각나서 저도 언니보고

"저 자ㄴ 봐."

했더니 언니는 제 말을 알아듣고

"아이, 우리 명순이가 똑똑도 하지. 그런데 우리가 덤불 밑에 숨어 있을 때 왜 울었어? 바보같이."

하기에 저는 그때 일이 생각나서 언니보고

"깨끗하고 꽃 많은 우리 집은 버리고 왜?"

하고 알아듣기 힘든 발음으로 말했더니 언니는 알아듣고

"그건 말이야. 아주 나쁜 사람들, 빨갱이들이 우리 집에 들어와서 집도 뺏고 우리 쓰던 물건들도 뺏고 우리도 잡아가려고 해서 피해

왔어. 그래서 우리가 덤불 밑에 숨었던 거야."

　설명해 주는 언니 말을 듣고 저는 빨갱이들은 얼굴이 아주 아주 밉게 생겼고 손도 아주 아주 밉게 생긴 것들이 얼굴도 빨갛고 손도 새빨간데 그 빨간 손으로 물건도 막 뺏어 가는 게 제 손에 든 장난감을 누가 뺏듯이 뺏어가고 사람도 잡아가고 이러는가보다 하고 눈앞에 형상을 떠올려보면서

　'아이 무서워.'

하고 몸서리쳤습니다.

　이러고 나서 놀러 밖에 나갔던 작은오빠가 들어와 아빠, 엄마가 우리들을 위하여 여기서 사 놓으신 꿀 항아리에 달려드는데 언니도 숟가락으로 꿀을 퍼서 저에게 먹여주었습니다.

　이렇게 지낼 때의 어느 날 엄마가 나가고 아빠는 집에 있었는데 점심밥 먹고 난 저보고

　"밥 먹었거든 이리 오너라. 옛날얘기 해주마."

하셔서 저는 아빠에게 부지런히 기어가는데 아빠는 벌써

　"옛날에 옛날에 메뚜기하고 개미하고 물새하고 있었는데…."

하시며 얘기를 시작하시는 걸 제가 듣고는 아빠에게 가다 말고

　"빠빠야는 밤낮 개미하고 메뚜기하고 물새하고만 얘기하드라. 아이 듣기 싫어."

하고 눈을 흘겼더니 아빠는 제 말을 못 알아들으시고 계시니 점심밥을 먹고 있던 언니가 아빠에게 제 말을 통역하기를

　"아빠는 밤낮 개미하고 물새하고 메뚜기 얘기만 하셔서 듣기 싫대요."

"아이 저런. 그럼 다른 얘기해 주지. 이리 와서 잘 들어라."
하시기에 저는 다시 부지런히 엉금엉금 기어갔더니 아빠는

"옛날에 옛날에 애기 쥐가 밖에 나와 보니 쇠갈고리에 먹음직하고 맛있어 보이는 음식이 있어서 애기 쥐는 엄마 쥐한테 가서 바느질하고 있는 엄마 쥐한테 엄마, 엄마 저기 밖에 나가보니까 맛있는 게 있어요. 하고 말하니까 엄마 쥐는 다 알고 그건 사람들이 우리들 쥐가 싫고 귀찮아서 그렇게 해놓고 우리를 꾀어내는 거예요. 맛있는 게 탐이 나서 거기 가면 큰일 나요. 그러니 엄마 말 명심하고 그 근처에는 가지 말아요. 알았어요? 하고 일렀지만 애기 쥐는 엄마 말은 안 듣고 혼자 생각하기를 그렇지만 그걸 내가 가져와서 '엄마, 요것 보세요. 엄마가 가지 말라는 걸 내가 가서 이렇게 가져왔어요.' 하고 엄마한테 자랑해야지. 이러고는 살금살금 엄마 몰래 맛있는 게 있는 곳으로 가서 가져오려고 그걸 건드리니 꽝하고 쥐틀이 내리쳐져서 애기 쥐는 그만 거기에 치여 죽었단다. 이렇게 되니 엄마 쥐가 나와 보고 엄마 말 안 듣다가 이렇게 죽었구나 하고 슬프게 울었단다."

들려주시는 옛날얘기를 들으면서 저는 애기 쥐가 너무너무 가엾어서 엄마 쥐처럼 눈물을 흘렸더니 아빠가 보시고

"이-런 싱거운 사람 봤나. 옛날얘기 듣다가 울다니?"
하시며 제 눈물을 닦아주셨습니다.

이러던 어느 날 아빠도 엄마도 없는 한낮에 작은오빠가 따온 파란 도토리들을 가지고 놀다가 싫증이 났을 때 언니도 제가 소꿉질도 못 하고 있는 게 안 됐던지 저보고 엄마 놀이를 하자며 저보고

"명순아, 니가 엄마라고. 엄마, 엄마 옛날얘기 해줘."

하고 보채는 척하니까 저는 우월감이 들어 아빠 흉내를 내어 발음도 변변치 못하면서

"잘 들어라. 옛날에 옛날에 메뚜기하고 개미하고 물새하고…."
하다가 힘이 들어 말이 안 나와서 쉬고 있으려니까 언니는 기다리다 못해

"왜 얘기하다 말어? 무슨 엄마가 이럴라고? 얘기하다 말게."
하며 웃었습니다.

　이러고 한낮이 기울어 저녁때가 됐을 때 제가 낮잠에서 깨었는데 언니는 저녁밥을 짓고 있다가 밥이 다 되고 나서 방에 들어와 저보고

"우리 아빠, 엄마 오시나 나가볼까?"

"그래 -"
하고 저는 좋아서 얼른 언니에게 업히니 언니는 저를 업고 나가서 집 위 나지막한 산등성이에 올라 저 아래 까마득하게 내려다보이는 길을 바라보고 섰던 언니가

"저어기 아빠, 엄마 오신다. 너는 집에서 기다려."
하고 내려와서 저를 방안에 내려놓아 주고는 산 아래로 뛰어 내려가는 언니를 보고 있었는데 지루하게 기다리던 한참 만에 밖은 땅거미가 져서 어둑어둑하고 방안은 캄캄해졌을 때 언니는 엄마가 지고 오던 짐을 대신 짊어지고 아빠, 엄마와 같이 와서 방안에다 짐을 내려놓고, 방 한구석에 얇고 넓적한 돌을 벽 중간쯤인 어른들 앉은키 높이쯤 붙여놓고 그 위에 진흙으로 연통을 만들어 놓은 곳에 광솔을 불붙여 방안을 밝히며, 온 식구들이 돌아앉아 저녁밥을 먹으며 얘기들을 했는데 저녁밥을 다 먹고 나서 아빠는 보따리를 헤치시고는 저보고

"자네한테 줄 것이 있네. 자 이것을 자네가 좋아하지? 엄마도 없는데 잘 놀았다고 이렇게 사 왔네."

하시면서 빨간 능금을 제게 주서서 저는 좋아서 사과보다 적은 능금을 받아 들고 한입 깨물어 먹다가 껍질이 억세어서 목에 걸려 캑캑 기침을 하니까 아빠는 언니를 보시고

"너는 왜 보고만 있나. 애기가 껍질째 먹다가 저러는 걸 봐라."

하셔서 언니는 제 손에 든 것을 받아 들고 이빨로 껍질을 벗겨내고 깨물어 능금 조각을 저에게 먹여주면서 낮에 제가 놀던 얘기며 밥 먹던 것까지 아빠에게 말씀드리며 제가 하던 말들을 아빠에게 말씀드리니 아빠도 가만히 듣고 계시다가 혼잣말처럼

"참 똑똑하고 아까운 아이가….”

하시며 눈을 비볐습니다.

이러고 나서 어느 날 아빠, 엄마가 집에 계실 때인 낮에 샘물에 갔다 오던 언니가 까맣게 익어가는 머루를 들고 와서 저보고

"명순아, 이거 봐라. 너 이게 뭔지 모르지? 한번 먹어봐."

하면서 한 알 따서 제 입에 넣어 주는 걸 먹어보니 시기 짝이 없어 저는 얼굴을 있는 대로 찡그렸더니 언니는 그게 우습다고 웃었는데 아빠가 보시고

"애한테 신 것을 먹여놓고 뭐가 우습다고 웃느냐."

꾸중하시고는 꿀을 조금 저에게 먹여주셨습니다.

이리 지내던 어느 날 아빠와 엄마가 나갔다 오시더니 저녁밥을 잡수시며 얘기하시는데 저는 아무것도 모르면서 왠지 긴장된 공기를 느꼈는데 제가 커서 알게 됐지만 이때 아빠가 하신 말씀은 여량에 있

는 사람이 아빠를 찾아와서 알려주기를 머지않아 채돌네 있는 골짜기에 인민군들이 들어와 진을 치고 싸움 준비를 할 테니 그리 알라고 해서 아빠는 급히 돌아오셨다며 앞으로 이곳이 전쟁터가 될 테니 빨리 이곳을 떠나 강릉으로 돌아가자고 하셔서 엄마는 언니와 함께 쌀을 물에 담가 다음날 방아를 찧어다가 꿀을 넣어 버무려 시루에 담아 백설기를 만들어 길양식으로 하려고 바빴는데, 이러고 있을 때 아빠는 이곳에 피난 와서 대한이네 집에서 신세 졌으니 고맙다고 인사하러 가자고 하셔서 엄마는 큰오빠를 데리고 아빠 따라갔다 왔는데 이때 큰오빠는 대한이네 집으로 가면서 길자 엄마가 차랑골로 이사 가면서 그 집 숟가락이며 밥보자기들을 집어 갔는데 우리보고 가져갔다면 어떡하냐고 걱정하기에 엄마는

"설마 우리가 가져갔다고 하겠니?"

하고 대한이네 집으로 갔더니 점심을 막 먹으려던 대한이 엄마와 온 식구들이 맨발로 뛰어나와 반겨 맞아들이는 걸 본 큰오빠가

"어 흑 살았다."

하고 한숨을 쉬며 마음을 놓더라고 다른 곳에 들렀다가 나중에 오신 아빠보고 얘기하니까 아빠는

"그저 사람은 정직이 제일이다. 암 정직이 제일이지."

하시면서 혼잣말을 하셨습니다.

채돌이 엄마랑 모두 도와주어 밤늦게 떡을 줬는데 저는 그것도 모르고 자고 다음 날 아침 일찍 아침밥을 먹은 후 엄마는 전날 대한이네 집에서 대한이 누나 너구리가 입던 헌 옷을 사정 얘기를 하고 얻어온 것을 언니보고 입으라고 하니 언니는 우거지상이 되어 할 수 없이 누

덕누덕 기운 삼베 치마저고리를 입고 머리를 뒤에서 하나로 묶어 뒤로 올려서 머리핀을 꽂고 누덕누덕 기운 삼베 수건을 눌러쓰고 저를 업으니 얼른 보기에 시집간 아낙네같이 보이게 되었는데, 이러지 않고 그냥 길을 떠나면 인민군들이 보고 의용군으로 끌고 갈 테니 엄마가 언니를 이렇게 변장시켰습니다.

이러고 나서 엄마는 저보고 이르시기를

"누가 볼 때면 언니라고 하지 말고 엄마라고 해야 한다."

엄마는 이렇게 몇 번이고 일러주고 길을 떠나가는데 산골짝 길을 얼마나 걸어서 강가에 도착하여 나룻배를 타고 강을 건널 때 저는 언니 등에 업혀 강물을 내려다보니 시퍼렇고 깊어 보이는데 어쩐지 무서운 생각이 들어 고개를 돌리며 눈을 꼭 감았습니다.

이러고 얼마를 가다가 큰길로 들어서 걷는데 저는 언니에게 업혀 가면서 지루하기도 하고 심심해서 저는 언니 머리에 눌러쓴 수건을 들춰보며

"언니 머리 까바 까바 한바. (언니 머리 까불까불하다.)"

하고 언니를 놀리니 언니는 우습다고 웃으며 언니라고 하지 말고 엄마라 하라고 했지만 아무도 다니지 않는 길에서 그럴 필요가 없으니 저도 자주자주 언니가 쓴 머릿수건을 들췄습니다.

이러다가 여량 면거리에 들어섰는데 그전 경찰지서였던 곳이 지금은 빨갱이들의 내무지서여서 이곳을 지나가는 엄마, 아빠를 불러들여 조사한다고 붙들어서 언니는 여기에 따라 들어가지 않고 지서 앞을 그대로 지나쳐 지서와 조금 떨어진 길가의 나무 그늘에 서서 아빠, 엄마가 빨리 나오시기를 기다렸는데 지루하게 기다리는데도 아빠,

엄마는 아직도 오지 않았고 공습경보 사이렌 소리만 몇 차례 요란스레 울렸는데 그럴 때마다 녹색 군복을 입고 도랑가에서 빨래하던 인민군들은 허둥지둥 논두렁이고 콩밭이고 들어가 드러누웠고 조금 있다가 높은 하늘에 비행기가 날아가는 게 보였습니다.

이러고 얼마나 있다가 아빠, 엄마는 무사히 오빠들을 데리고 와서 또 부지런히 길을 가다가 어느 맑은 샘가에 앉아 쉬면서 지난밤에 해 가지고 온 떡을 꺼내어 점심으로 먹고 또 부지런히 길을 가다가 우리가 이곳으로 피난 오면서 하룻밤 잤던 집으로 찾아가서 자고 가기로 하고 언니는 그 집 마루에 저를 내려놓고 몸을 추스른 다음 저를 안고 오빠들을 데리고 그 집 앞에 흐르는 조그만 맑은 개울물에 저를 세수시키고 손도 씻기고 발까지 씻기는데 큰오빠와 작은오빠는 세수하다 말고 발을 벗고 개울에 들어서 돌을 들치며 가재를 잡고 있었습니다.

이럴 때 피난을 같이 갔던 길자네가 안 보여서 저는 다른 데서 있나 보다 했는데 제가 커서 알게 됐지만 길자네는 산골 사람들이라고 업신여겨 주인 허락도 없이 옥수수며 호박이며 마구 손을 대어 이곳 사람들에게 인심을 잃어 우리와 같이 못 있었고 우리보다 먼저 강릉으로 갔다고 들었습니다.

이렇게 씻겨서 방에 데려다 놓은 언니는 씻으러 개울로 나갔다가 돌아와 엄마를 도와 저녁밥을 지으러 부엌으로 갔고 큰오빠와 작은오빠가 들어와 저를 보살피다가 저녁밥을 먹고 나서 하루 종일 언니 등에 업혀 오느라고 피곤했던 저는 곯아떨어져 깊은 잠을 잤습니다.

다음 날도 다음 날도 쉬지 않고 걸어서 가다가 빨갱이들의 내무지서에 붙들려 아빠와 엄마는 곤욕을 치르며 어떻게든 무사히 강릉을 향해 오는데 이날도 빨갱이들 내무지서에 아빠, 엄마는 불러들여 갔고 언니는 저를 업은 채 큰길 옆 가로수 그늘에서 기다리는데 그곳은 구멍가게 앞이라 나무 밑에 나무 의자가 놓여있어 그곳에 저를 업은 채 언니는 걸터앉아 기다리다가 얼마나 시간이 흘러 엄마와 아빠가 오빠들을 데리고 나오시는 걸 보고 언니가 일어나 부지런히 지서 앞을 지나갈 때 지서 앞 의자에 앉아 있던 빨갱이가 언니를 보고

"여봐 여봐. 어디 가는 거야? 이리 와."

하는데도 언니는 못 들은 척 그대로 걸으니 엄마가 대신 이 작자에게 뭐라고 얘기하는 걸 제가 보았는데 이것도 나중에 제가 커서 알게 되었지만 그때 엄마는

"우리 딸인데 가는귀먹은 데다 분수가 없는 바보예요. 그래서 일찍 시집을 보냈더니 그중에 몸도 못 쓰는 애기를 낳았어요."

"신랑은 뭐 하는데 친정 부모가 데리고 다니요?"

"네, 신랑은 불구자라서 일가들이 보살펴 주어 걱정이 없으니 이번엔 딸만 데리고 피난 왔지요. 강릉이 불바다가 된다고 하니 부모 된 마음에 변변치 못하지만 딸을 그곳에 그대로 둘 수 없었지요."

하고 말해서 그곳을 무사히 지나칠 수가 있었고 사람들이 없는 큰길에서 저는 또 언니의 머릿수건을 들치며 언니를 놀려 주었습니다.

이렇게 며칠을 고달프게 걸어서 (이것도 제가 커서 얘기 듣고 알았지만) 바로 추석 전날 강릉 명주동 우리 집에 도착하여 마당에 들어서는 언니한테 업힌 저는 마당에 곱게 피어 있는 많은 꽃이 말할 수 없이 반가운데 방 안에 들어가 보니 제 장난감이며 그림책들이 그대로 있어 저는 이것들부터 만지며 무척이나 반가워했습니다.

아빠, 엄마와 우리들이 피난했다가 돌아오고 나서 제게 낯익은 손님들이 찾아오기에 저는 반기며 웃음으로 맞이했지만, 이분들은 저는 거들떠보지도 않고 엄마와 마주앉아 얘기하며 슬피 우는 아줌마들도 있어서 이럴 때면 엄마도 같이 울어 저는 영문도 모른 채 엄마가 우니까 따라 울게 되면 엄마는 저를 달래줄 때도 있었습니다.

집에 돌아온 뒤로 저는 피난 가기 전과 같이 장난감을 가지고 놀다가 낮잠을 자고 그림책을 들여다보며 놀기도 하고 작은오빠와 놀기도 하며 편안히 지내면서 가끔가끔 대한이네 집이며 대한이 동생이며 채똘네 집 방안에서 내다보이던 앞산 풍경이 떠오르기도 했고 돌아올 때 뜨거운 한낮의 햇빛 속에서 지루하고 힘들어 언니의 누더기 머릿수건을 들치고 언니를 놀리던 생각도 났습니다.

이렇게 장난감을 갖고 노는 애기인 저는 평화로웠지만 세상은 말도 못 할 전쟁의 비극 속으로 치달리면서 UN군의 인천상륙 작전이 성공했고 낮이나 밤이나 낮게 날아다니는 비행기 폭음 소리에 저는 정신이 없었는데 하루는 점심때 아빠가 승기 오빠 손을 잡고 방으로 들어오니 엄마는 눈물부터 흘리시기에 저도 덩달아 울었는데 이때 승기 오빠는 인민군들에게 의용군으로 어쩔 수 없이 끌려가다가 강원도 고성까지 가다가 야간 폭격에 혼란이 일어난 틈을 이용하여 탈출하여 낮이면 숨고 밤이면 걸어서 무사히 강릉에 도착하는 길로 아빠에게 찾아온 길이었습니다.

훗날 아빠는 두고두고 말씀하셨는데 이날 낮에 아빠는 펌프에서 물을 길으시다가

"작은아버지, 저 살아서 도망쳐 왔습니다."

하는 승기 오빠를 보니 눈물이 앞을 가려 볼 수가 없더라고 하셨습니다.

 이럴 때 저는 몰랐지만 강릉에 국군이 입성했다고 했고 빨갱이들이 쫓겨 갔다고 언니가 제게 얘기해 주었는데 이러고 저는 매일 같이 깨끗한 장판방에서 잘 놀고 지냈는데 이러기를 한 달가량 지냈다고 할 때 낙동강 전투에서 패한 인민군 패잔병들이 북으로 후퇴하면서 강릉에 들이닥쳐서 멀리 강릉 외곽 지역에서 전투가 벌어져 멀리서 대포 소리가 들려오기에 저는 불안해져서 언니보고 물었더니 언니 말이

"빨갱이들 있지? 그 빨갱이들이 강릉으로 오려고 해서 국군 아저씨들이 총을 팡팡 쏴서 쫓는 거야."

하고 얘기해 주었지만 우리 동네 뒤 높은 곳에서 쏘아대는 대포 소리에 정신이 없었습니다.

 이럴 때 아빠는 사무실 방의 다다미를 걷어다가 방문을 가려 놓으시고 대한 청년회 일을 보셨기에 외출하셨는데, 어두워진 밖에서는 비가 주룩주룩 내리는데 대포 소리, 총소리가 점점 가까이에서 들려오기 시작하고, 엄마는 사태를 걱정하며 이웃집에 새 소식을 들으러 나갔는데 등잔불마저 켜지 못하고 캄캄한 방 속에서 언니는 불안해 하기에 덩달아 아무것도 모르는 애기인 저도 잠을 이루지 못하고 있었습니다.

 이웃집에서 엄마가 돌아오고 얼마나 있다가 콩 볶듯 들려오는 총소리에 저는 잠이 깨었는데 장난꾼 작은오빠가 살그머니 일어나 다다미방으로 가서 유리창으로 파란빛을 내며 날아와 떨어지는 류탄

구경을 하다가 엄마에게 들켜 엉덩이를 맞고 끌려와 이불 속에 쑤셔 박혔습니다.

비는 계속해서 쏟아지는 칠흑 같은 밤에 아빠가 돌아오셔서 저를 언니에게 업히고 오빠들이랑 텃밭 건너 멀리 바라보이는 건축업자의 집, 튼튼하게 만든 방공호로 갔는데 방공호에는 벌써 동네 사람들이 몰려들어 있어 앉을 자리조차 좁고 숨이 막힐 지경이었습니다.

방공호 속의 비좁은 사람들 틈에 끼여 언니는 저를 안고 앉았는데 후덥덥하고 숨이 막히니까 작은오빠는 살금살금 밖으로 나가 이 집 부엌으로 가서 장작불 때고 있는 아군이 앞에 앉아 불을 쬐며 장난하다가 엄마에게 들켜 매 맞으며 방공호 안으로 쫓겨 들어오는 것도 보았습니다.

이렇게 있다가 어떻게 새벽을 맞았는지 저는 몰랐는데 제가 잠이 깨었을 때는 방공호 안이 아니고 이 집 안방에서 언니 품에 안겨 있었고 지난밤 콩 볶듯이 들려오던 총소리도 안 들리는 조용한 새벽이었지만 정적 속에 긴장감만 흐르고 있었습니다. 나중에 제가 커서 얘기 듣고 알게 되었지만 이날 새벽 평소 같았으면 낯선 사람이 멀리서 지나가도 시끄럽게 짖어대던 동네 개들마저 어디로 숨었는지 얼씬 않고 쥐 죽은 듯이 고요한데 주인이 건축업자여서 건축 자재를 쌓아두는 커다란 창고가 이 집에 있으니 이상한 군복을 입은 인민군 한 떼가 총을 메고 들이닥쳐 이 창고가 탄약을 보관한 곳은 아닌가 해서 수색하다가 장교인 작자는 방 안에 앉아 있는 언니를 보고

"학생 동무, 의용군에 입대해서 북으로 같이 가야 하니 여기 꼼짝 말고 있기요."

하고 명령하니 언니는 얼굴이 하얗게 질려 있었는데 이럴 때 엄마, 아빠는 우리 집에 건너가 계셨고 마당에 나온 작은오빠는 빤히 보이는 집으로 건너가겠다고 하다가 언니에게 넙적하게 매 맞고 소리 낸다고 꼬집혀 입가에 손톱자국이 너저분하게 난 뒤에 얼마나 있다가 엄마가 언니 옷을 가지고 건너오셔서 지금이 어느 때인데 철없이 교복을 입고 있느냐며 야단치고 옷을 갈아입게 해서 모두 집으로 돌아왔는데 이날 새벽 인민군들은 장년 남자만 보면 이유 없이 붙들어다가 짐을 지켜 끌고 갔는데 제 아빠는 집에 건너와 우리 집에 와서 숨어있는 병호 아저씨와 함께 있다가 부엌으로 나가신 아빠는 마침 수색하러 들어오는 인민군들의 떠드는 소리를 듣고 얼른 부엌 옆 장작광으로 숨어들어 무사했지만 안방 벽장 속에 숨었던 병호 아저씨는 붙들려 끌려가는 걸 집으로 건너오던 엄마와 마주치니 병호 아저씨는 공포에 질려 얼굴이 꺼멓게 되어 아무 말도 못 하고 끌려갔고 허둥지둥 집에 온 엄마는 아빠도 붙들려 간 줄 알고 정신없이 집안을 헤매며

"아이, 큰일 났다. 나 혼자 어떻게 살지? 아이들은 어떻게 혼자서 돌보지?"

하고 탄식하며 뒤뜰로 갔을 때 장작광 벽 틈으로 아빠가 무사하다고 알려주시니 엄마는 반가워 어쩔 줄 몰라 하던 모습을 훗날 두고두고 아빠가 말씀하셨습니다.

이렇게 되어 엄마는 주위를 살피고는 장작광 안으로 들어가 아빠와 함께 장작더미 속의 장작을 들어내고 아빠가 숨어 있을 자리를 마련한 뒤 요를 갖다 깔아 아빠가 숨을 수 있게 했을 때 붙들려 갔던 병호 아저씨가 숨이 턱에 닿아 뛰어 들어와서 엄마는 병호 아저씨를

우선 아빠와 함께 숨도록 했습니다.

　이러고 나서 계열이 엄마를 시켜 우리들을 집으로 오라고 해서 저는 언니에게 업혀 집으로 돌아와 보니 아빠를 숨겨놓은 엄마는 안심하고 집 안 청소를 하고 있었습니다.

　그날 낮에 엄마는 계열이네 집으로 건너갔다 오셨는데 계열이 오빠인 그 집 외아들이 인민 의용군에 자원하여 갔기 때문에 지난번 국군이 수복하였을 때 빨갱이 집으로 알려져 경찰서에서 발급하는 양민증을 받지 못해 거리를 나다닐 수 없어 곤란을 받을 때 제 아빠가 이 사정을 아시고 경찰서에 얘기해 주어 양민증을 얻은 계열이 아빠 공서방이 일하러 다닐 수 있게 된 일이 있어서 그 집 다락을 치우고 밤에 아빠와 병호 아저씨를 그 집 다락에 숨겨놓고 엄마는 끼니때마다 식사를 그리로 날라다 먹였습니다.

　인민군들에게 붙잡혀 가던 병호 아저씨는 인민군들이 다른 집을 수색할 때 혼자 남아 병호 아저씨를 감시하던 인민군 병사가 묻기를 아까 길에서 마주친 아주머니가 누구냐고 해서 우리 누님이라고 대답하니 이 병사는 안 됐다고 하다가 주위를 둘러보고는 소리 내지 말고 빨리 도망치라며 놓아주어 병호 아저씨는 뒤도 돌아보지 않고 도망해 왔다고 했습니다.

　이렇게 강릉을 점령했던 공산군들은 칠팔일 후 국군에게 쫓겨 갔고 강릉은 다시 수복이 되자, 이날 이른 아침 계열이네 집 다락에서 내려온 아빠와 병호 아저씨는 펌프 가에서 세수를 하는데 세숫물이 숫제 숯가루를 풀어 놓은 것 같이 새까맣다고 하는 언니 말을 들었는데, 아빠와 병호 아저씨는 몇 번이고 물을 갈아 머리까지 감고 세수를

마쳤는데 수건질하는 병호 아저씨는

"일주일을 세수 못 하다가 씻으니 살 것 같다."

말하며 웃는 것을 보았습니다.

　이렇게 난리를 겪고 나면 으레 많은 사람들이 찾아와 무사했던 것을 감사하기도 했고 또 큰 불행을 겪은 사람은 자신의 불행한 일을 말하며 슬퍼하니 엄마도 같이 울게 되고 덩달아 저도 울기를 수없이 했습니다.

　많은 사람들이 죽고 끌려가기도 해서 생사를 알 수 없게 되어 수많은 비극이 일어났건만 계절은 어김없이 바뀌어 찾아와 김장철이 되었을 때 앞일을 모르는 게 사람이라 엄마는 김장을 맛있게 담가 놓고 겨울 맞을 준비를 했는데 국군은 북쪽으로 진격한다는 소식이어서어서 빨리 전쟁이 끝나기를 아빠, 엄마는 빌고 있었습니다.

　이러다 얼음이 어는 겨울날 아침에 솜을 툽툽히 둔 명주 두루마기를 입은 낯모르는 아줌마가 밥을 얻으러 왔는데 엄마는 얼른 밥을 주어 보내고는 공산당에게 양식을 빼앗긴 사람들이라고 해서 언니보고 물었더니 빨갱이가 쌀을 뺏어갔다고 하여 저는 인민군들을 봤을 때 얼굴이 빨갛지도 않던데 왜 빨갱일까 하고 이상하게 생각했습니다.

　이러다가 본격적인 무서운 추위가 일어났을 때 하루는 엄마, 아빠가 또 피난을 가야 한다고 걱정하시기에 저는 대한이네 집이나 채돌이네 집으로 또 가야 하나 하고 생각하며 거기는 여기 우리 집처럼 장판방도 아니고 맛있는 것도 없고 장난감도 그림책도 없어서 아주 나쁘던데, 하고 생각하다가 작은오빠하고 노느라고 이내 그 생각은 씻은 듯 잊어버렸습니다.

중공군의 개입으로 국군과 유엔군이 후퇴하게 되어 민간인들의 소개령이 내린 1951년 1·4 후퇴로 인해 저는 다시 언니에게 업히어 고되고 힘든 피난길을 떠났는데 이번엔 남쪽을 향해 큰길을 가득 메우고 사람들은 보따리를 이고 지고 가족들이 흩어질까 봐 서로 부르며 부지런히 걷는 것을 언니에게 업혀 보면서 가는데 무서운 추위에 얼굴이 시려 저는 언니 등에 얼굴을 파묻었습니다.

날이 어둡고 깜깜한 밤이 되었을 때까지 쉬지 않고 걷던 언니는 어느 집으로 들어가 피난길에 오른 많은 사람들과 방으로 들어갔는데 엄마와 언니와 피난길을 같이 떠난 큰오빠 친구 익수 엄마만 방으로 들어오고 이방은 아줌마들만 있어서 오빠들은 부뚜막에서 자기로 했는데 아빠와 남자 어른들은 다른 집에서 잔다고 했습니다.

저는 솜 모자까지 쓰고 있었지만 추위에 시달리며 종일 언니에게 업혀 왔기에 밤에 들어오자마자 잠이 들었는데 엄마가 깨워 저녁밥을 먹여주는 걸 먹는 둥 마는 둥 하고 이내 잠 속으로 곯아떨어졌는데 부엌 부뚜막에서 자던 작은오빠는 먼 길 걷느라고 고단해서인지 몸부림치다가 옆에 자던 큰오빠를 타고 넘어 부엌 바닥에 떨어졌는데도 모르고 자는 걸 엄마가 안아다 바로 눕혀주었다고 했습니다.

다음날도 피로하고 지친 몸으로 저는 언니에게 업혀서 길을 떠났는데 아침부터 잔뜩 찌푸리고 있던 날씨는 이날 낮부터 눈을 뿌리기 시작하여 집을 버리고 피난길을 나선 많은 사람들이 그렇지 않아도 고생인데 더욱 고생스럽게 되었고 언니는 눈이 오자 커다란 수건으로 저를 뒤집어씌워 저는 아무것도 보지 못하고 언니 등에 업혀서 갔습니다.

이렇게 지루한 시간이 얼마나 흘렀는지 몰랐는데 그 많은 피난민이 방을 얻지 못해 하는 속에서도 엄마는 어떻게 방을 얻었는지 익수네와 같이 머물 수 있어 방에 들어간 언니가 저를 내려놓는데 벌써 어두워지는 저녁때였고, 저는 피로에 지쳐 앉지도 못하고 언니가 눕혀주는 대로 누워 이내 잠 속으로 빠져 들었는데 엄마가 저를 깨워 저녁밥을 먹여주는 걸 졸음 속에서 조금 받아먹다가 이내 잠이 들더라고 훗날 엄마가 얘기했습니다.

다음 날 아침 저는 엄마가 어디서 났는지 작은오빠 발에 맞는 장화를 신겨 주는 걸 보았는데 이 장화는 전날 밤늦게 우리가 자는 방에 들어와서 아빠 곁에서 밤을 지낸 어느 순경 아저씨가 출장 갔다가 1·4 후퇴 명령을 받고 본서에 연락했더니 본서에서는 철수할 테니 올 생각 말고 지정된 집결지로 가라는 명령을 받았다며 그러기 때문에 가족들이 있는 자기 집에도 갈 수 없다며 출장지에서 자기 아들에게 갖다주려고 산 고무장화를 엄마에게 주면서 자고 있는 작은오빠가 자기 아들만 하니 신겨보라고 하고는 아침 일찍 떠났다고 했습니다.

우리와 피난을 같이 가는 익수 아빠는 경찰이어서 같이 못 갔고 익수 아빠의 친척 되는 아저씨들이 익수 엄마와 같이 갔습니다.

이날 아침 길을 떠나면서 보니까 지난밤 온 눈으로 어디를 봐도 은세계였고 길은 질척거렸는데 고무장화를 신은 작은 오빠는 발이 젖을 염려가 없으니 마음 놓고 질척거리는 길을 걸어가며 언니 등에 업힌 저를 보고 싱글벙글하는데 조금 가다 보니 또 눈이 내리기 시작하여 언니는 커다란 수건으로 저를 폭 씌워 가지고 갔습니다.

이럴 때의 작은오빠는 지금 생각해 봐도 어지간한 개구쟁이여서 지난번 피난길의 대한이네 집에서도 툭하면 대한이를 두들겨 주어 엄마를 난처하게 만든 일이 한두 번이 아니었으나 엄마, 아빠는 이런 작은오빠를 소중하게만 생각하셨습니다.

언니는 저를 수건으로 씌우고 가다가 눈이 그치니 수건을 벗겨 주었는데 길은 피난 가는 사람들로 가득 메워져 있었습니다.

이렇게 걸어서 해가 질 무렵 묵호항 부두에 도착하여 다른 피난민들과 함께 경비정을 탈 수 있었는데, 익수네 식구들과 우리들이 엄마와 함께 배를 타고 아빠가 승선하시려고 할 때 경비정의 군인들이 다음 배를 타라며 승선 정지를 시키니 언니와 큰오빠가 울먹이며 우리 아빠라고 군인들에게 사정하여 아빠만 간신히 승선할 수 있었습니다.

경비정 갑판에 익수네와 자리 잡은 우리들은 엄마가 짐 속에서 꺼내어 주는 떡과 엿으로 저녁밥을 대신하고 저와 작은오빠는 짐보따리 틈에서 깊은 잠 속으로 빠져 들었는데 언니한테 저를 업혀 주기 위해 엄마가 저를 깨워서 깨어보니 캄캄한 한밤중이었고, 배는 죽변항에 도착하여 피난민들은 모두 내리는데 아빠, 엄마를 따라 작은오빠까지 보따리를 짊어지고 배에서 내려 어디로인지 가고 있는데 캄캄한 어둠 속에서 갑자기

"누구얏, 암호."

하는 소리에 같이 가던 피난민들은 모두 합창하듯이

"피난민입니다."

하고 대답하니 길을 지키던 경찰 아저씨는 우리들을 부둣가 창고 안으로 들어가게 한 뒤 어디서인지 장작을 여럿이 날라와서 황덕불을

지펴서 추위에 언 몸들을 녹이게 해주어 불을 쬐고 있을 때 언니는 저를 업고 있다가 내려서 안고 불을 쬐게 할 때 아빠는 짐 속에서 마른 오징어를 꺼내게 하셔서 불에 구워 주위에 같이 있는 사람들과 나누어 먹을 때 저에게는 너무 딱딱하다고 엄마가 주지 않아 저는 구경만 하다가 따뜻한 불가의 짐보따리 위에서 작은오빠와 잠이 들었습니다.

　이렇게 밤을 지내고 아침이 되었을 때 엄마는 나가서 방을 얻었다며 돌아와 우리들을 데리고 아빠와 함께 바다가 내려다보이는 어느 산비탈 동네에 있는 집으로 가서 안으로 들어간 언니가 저를 내려놓고 언니는 엄마와 익수 엄마가 밥을 하는 부엌으로 나갔습니다.

　이 집에서 저는 그동안 언니에게 업혀 오느라고 몹시 고단해서 낮이나 밤이나 밥만 먹으면 잠자는 게 일이다가 이삼일 지나 기운을 차릴 수 있었는데 이럴 때 제 엄마, 아빠와 익수 엄마까지 아침부터 어디론가 나가시고 없었고, 낮이면 언니와 오빠들만 있어 엄마 대신 언니가 저를 돌보고 있었습니다.

　이러다가 며칠인가 지낸 후에 아빠, 엄마는 어디로인지 옮겨가야 한다고 해서 아침 일찍 저는 언니에게 업히고 오빠들은 보따리를 짊어지고 엄마 아빠를 따라 길을 떠났는데, 같이 가는 익수 엄마는 앞서서 가고 있지만 엄마와 언니는 걸음이 느려 아빠와도 거리가 점점 떨어지고 있을 때 저는 언니에게 업혀 가면서 점점 힘들어지다가 다리가 끊어져 나가는 듯한 통증도 오고 괴로워서 우니까 언니는 너를 업고 가는 나는 얼마나 힘든 줄 아느냐고 화를 내며 울기 시작하는데 강릉 꽃 많은 우리 집에서 피난길을 떠날 때부터 언니는 다른 것은 못 가지고 가도 책가방만은 꼭 손에 들고 다녔는데 이때 엄마는 언니를 야단치며 책가방을 빼앗아 바다에 던지겠다고 하니까 언니는 울음을 그치고 부지런히 걸음을 옮겼는데 이 책가방 속에는 훗날 언니가 대학 진학을 하게 되는데 필요한 책들이 들어 있었습니다.

울진의 어느 집에 엄마는 방을 얻어놓아 우리들은 익수네 식구들과 같이 들었는데 이때 이곳에 먼저 와 있던 경관인 익수 아빠가 쉬는 때면 총을 메고 들르곤 했는데 저는 익수 아빠가 메고 온 총을 보기만 하면 빨갱이들이 사람들을 총으로 쏴서 죽인다는 말을 듣고 있어서 무서워하며 멀리 피하느라 애썼지만, 장난꾸러기 작은오빠는 눈까지 반짝거리며 총을 만져도 보고 들여다보느라고 정신 모르고 있었습니다.

같은 방을 쓰는 익수 엄마와 익수 아빠의 친척 되는 아저씨들은 함경남도 함흥 부근이 고향이어서 심한 함경도 사투리를 쓰고 있었는데 익수 엄마는 사사건건이 제일을 간섭하여 이럴 때마다 저는 성이 나서 눈을 부릅뜨곤 했는데 아침이면 저는 엄마에게 안겨서 응가할 때도 공연히 익수 엄마는 저 보는 데서 오만상을 찌푸리며

"아이 지지당이. 애기가 똥을 싸서 한데 같이 못 살겠지비."

하고 떠들어 저는 성이 나서 눈을 부릅뜨고 불만스러운 소리를 하면 우습다고 웃곤 했는데 낮에 조용해지고 틈이 생겨 방에 들어와 쉬고 있는 엄마에게 제가 안겨서 젖을 입에 물라치면 익수 엄마는

"커 단기 젖을 먹으니 부끄럽지 앙이 하네?"

해서 저는 듣기 싫고 속이 상했지만 못 들은 척하면서 엄마 젖을 입에 물고 있으면 익수 엄마는 이번에는 저 들으라고

"형님, 예 여기서 떠나 고향 갈 적에는 애기는 내버리고 갑세."
하며 제 눈치를 보기에 저도 화가 나서 있으면 엄마는 웃으시며 익수 엄마에게
"왜 우리 애기를 내버려? 엄마가 얼마나 이뻐한다고?"
하고 저를 감싸주기에 저는 기가 나서 익수 엄마 보고
"거봐."
하고 눈을 부릅뜨며 큰소리치곤 했습니다.

아빠 엄마는 피난 생활이면서도 울진 시장에 자주 나가서 생선이며 반찬거리를 사다가 반찬을 해 먹으며 사람은 먹는 게 제일이라고 하셨는데 이곳에서 음력설을 지내고 며칠 후 시장에 갔던 엄마는 제 사촌 언니의 딸인 귀자를 발견하고 다른 계집아이가 부모 허락도 없이 제멋대로 제 친척인 같은 또래 계집아이와 피난 나와 돌아다니기에 불러서 데리고 왔는데 귀자의 엄마인 정남이 언니는 승기 오빠의 배다른 누나였습니다.

엄마는 귀자와 친척인 처녀애를 데려와서 피난 중이면서 음력설이라고 우리들을 위해 만들었던 식혜를 주니 맛있게 먹던 귀자는 식혜밥을 혀끝에다 조금 모아서 저보고 받아먹으라는 시늉을 해서 저도 속으로 '아이 지지, 저렇게 먹다가 주는 걸 누가 먹어?' 하고 생각하며 바라보니까 눈치를 챈 귀자는 강릉 사투리로
"니는 이빠리가 음씨니 남이 씹어줘야 먹잖나. 그래니까 이러 주는 기지."
하면서 혀를 내밀기에 저는 눈을 부릅떴는데 이러면서 제 기억에 떠오르기를 지금은 가고 싶어도 못 가는 머리에다 꽃잎을 붙인 꼬꼬랑

꽃이 많던 우리 집에서 엄마가 먹여주는 식혜를 받아먹고 있을 적에 우리 집에 왔던 영무 숙모인 영길 엄마가

"야가 이빠리가 다 삭았잖나? 아이고, 아 해봐라, 이가 다 삭아서 못씨게 됐네, 단 거를 음메나 먹어서 이빠리가 다 삭았네요?"
하고 말하니까 엄마는 괜찮다며 그러기에 보약도 먹이고 해서 영구치가 잘 나게 하면 되지 않겠냐고 하던 생각이 났습니다.

이러고 지내면서 저는 말이 조금씩 조금씩 늘어 어둔한 발음이지만 띄엄띄엄 제 의사를 표현하는 걸 남들이 알아듣게 되니까 아빠는 저에게 말을 시키시느라고

"옛날에 메뚜기하고 개미하고 물새하고 어디 갔더라?"

"무우ㄹ 가에."

"음, 물가에 가서 놀았지? 그런데 메뚜기는 뭘 가져갔더라? 그리고 개미도 뭘 가져갔는데?"

"메뚜긴 나무, 개미는 빠빠?"

"우리 명순이가 참 잘 아네. 아빠는 그게 미처 생각이 안 났는데, 명순이가 이렇게 들은 얘기를 잘 기억하니 이다음에 학교 가면 일등 하겠다."
하시며 칭찬해 주시니 저는 아주 신이 났습니다.

음력설이 지났고 귀자의 일행까지 와서 더부살이를 하니 방이 좁아 밤마다 잠자는 게 큰일일 때인 정월 대보름을 며칠 앞두고 그동안 같이 지내던 익수네가 방을 구해서 따로 나가게 되었고 아빠와 엄마가 귀자 일행을 타일러 강릉에 있는 부모에게 돌려보내니 피난길을 떠나고 처음으로 우리 가족만 있을 수 있게 되었습니다.

이렇게 되니 불편이 없어져 저는 기를 펼 수 있어 좋아할 때 아빠는 아침밥을 먹고 나서 방바닥에 엎드려 장난감 대신 큰오빠가 만들어 놓은 아카시아나무 윷을 만지작거리고 있는 저를 부르셔서 옛날얘기를 들려주셨습니다.

"옛날에 옛날에 아침 일찍 일어난 닭이 하늘을 쳐다보니 구름 한 점 없이 맑은 날씨여서 기분이 아주 좋아서 산보하려고 넥타이를 매고 양복을 입고 모자를 쓰고 단장을 짚고 집을 나와서 노래를 부르며 천천히 걸어가고 있을 때 여우가 보고 이 수탉에게 다가가서 먼저 인사를 하며 하는 말이
　'아이구 닭님 안녕하셨습니까? 오랜만입니다. 오늘 이렇게 만나 뵐 줄은 몰랐습니다.'
하면서 여우는 속으로
　'옳다 됐다. 배가 고프던 차에 잘 됐다. 이 수탉을 꾀어 내가 잡아먹어야지.'
하면서 겉으로는 말하기를
　'닭님, 닭님께서는 목청이 좋으시고 노래도 잘 부르신다는 소문을 들었습니다. 그래서 저는 닭님의 아름다운 노래를 한번 들어보는 게 소원이었는데 이렇게 뵙게 됐으니 수고스러우시지만 한마디 노래를 들려주십시오. 부탁입니다.'
하고 굽신거리니 우쭐해서 잘난 것 같은 수탉은
　'음 그래? 그렇게 소원이면 들려주마. 잘 들어라.'
　이러고 날개를 펄럭이고 홰를 친 다음 목청을 가다듬고 목청껏

'꼬기오.'

하고 소리 지르니 여우는 귀를 기울이고 열심히 듣는 척하더니 제 귀를 후비며

'요즘 내 귀가 어두워져서 지금 닭님의 아름다운 노랫소리를 잘 듣지 못해 속이 상합니다. 제가 똑똑히 듣고 싶어 그러니 이리 가까이 오셔서 다시 한번 노래를 불러 주십시오.'

하고 아첨하니까 어리석은 닭은 그 말에 속아서 여우의 코앞까지 가서 다시 목청을 고르고 날갯짓하며 홰를 치고는

'꼬끼오.'

하고 노래 부를 때 여우가 달려들어 수탉의 목을 꽉 물었단다. 그러면서 하는 말이

'이 어리석은 바보 닭아. 내가 네까짓 녀석의 시끄러운 소릴 듣자고 그랬는지 아니? 나는 배가 고파서 너를 잡아먹으려고 생각하고 쉽게 잡으려고 그런 소릴 했다.'

하고 놀리니 닭은 하는 수 없다는 듯이 한숨을 내쉬면서 맥 빠진 소리로

'여우님, 저는 이제 여우님에게 잡혔으니 죽는데도 할 수 없지만 제가 죽기 전에 한 가지 알려드릴 것이 있습니다. 며칠 전 내가 모이를 쪼아 먹다가 그만 커다란 바늘을 모르고 삼켜서 이것이 지금도 내 목에 걸려있는데 그걸 모르고 여우님이 나를 잡아먹으면 안 되겠기에 알려 드립니다. 그러니 여우님께서 나를 놓아주시고 한쪽 날개를 붙들고 계시면 제가 달아나지도 못할 테니 안심할 수 있고 나는 그사이에 목에 걸린 바늘을 파내어 보이겠습니다.'

하고 말하니 여우는 닭을 잡아먹다가 바늘을 삼킬까 봐 겁이 더럭 나서 닭이 하는 말대로 닭의 한쪽 날개만 붙들고 놓아주니 수탉은 남은 한쪽 날개를 퍼덕이면서 발로 제 목을 한참 동안 애쓰다가 여우를 보고 한다는 말이

'여우님이 한쪽 날개를 마저 놓아주십시오. 내가 여우님 코앞에서 어디를 달아날 수나 있습니까? 제 몸이 자유롭지 못하니까 도저히 바늘을 파낼 수 없습니다.'

이 말은 들은 여우는 자기의 날쌘 동작만 믿고 잡고 있던 닭의 한쪽 날개를 놓아 주었습니다. 이렇게 되니 수탉은 여우 코앞에서 빙빙 돌며 발로 목을 후비다가 괴로운 듯이 양쪽 날개를 펄럭이다가 갑자기 화다닥 날아올라 앞에 있는 커다란 나뭇가지 위로 갔단다. 이렇게 되니 닭을 잡아 맛있게 먹으려던 여우는 분하고 기가 막혔지만 다시 한 번 닭을 꾀어 보려고 높은 나뭇가지 위의 수탉을 쳐다보며

'닭님, 닭님, 내가 닭님이 좋아서 한번 장단쳐 보았는데 나쁘게 생각 마시고 이리 오셔서 다시 한번만 노래를 들려주십시오.'

하니까 닭은 높은 나뭇가지에서 내려다보며

'여우야 세상에 한 번 속았으면 됐지, 누가 두 번 속는다더냐? 내 노랫소리 듣고 싶으면 거기서 실컷 들어라. 꼬끼오. 꼬끼오.'

하고 목청껏 노래하니 여우는 분해서 수탉을 핼끔 핼끔 쳐다보면서 제 갈 길을 갔단다."

들려주시는 옛날얘기가 재미있어 열심히 듣고 있던 저는 아빠가 나가시고 저 혼자 있게 되자 피난 전 우리 집에서 본 수탉이 눈앞에

선하게 보이기에 저는 머리에 꽃잎을 붙인 꼬꼬가 양복도 입고 넥타이도 매고 단장까지 짚고 있는 모습을 상상해 보았습니다.

우리가 있는 이 집은 산 밑에 외따로 떨어진 농가였는데 이곳에서 저는 숱한 비극이 일어나고 있는 전쟁 소식도 알 바 없는 어린애답게 작은오빠와 놀다가 싸우기도 하며 지내다가 봄을 맞이하여 햇볕이 제법 따사로울 때 아빠, 엄마는 언니와 큰오빠를 진학시키기 위해 부산으로 옮겨 살기로 결정하시고 이 집을 떠나 죽변항으로 향하여 출발했는데 저는 올 때처럼 언니 등에 업혀 갔습니다.

걸음걸이가 느린 엄마와 언니 그리고 아직 어린 애인 작은오빠 때문에 하루 종일 걸어서 죽변항에 도착했는데 엄마는 부두 가까이 있는 어느 집에 방을 얻어놓아 우리들은 그 방에 들어가 쉴 수가 있었는데, 이 집은 대가족으로 어른과 아이 모두 합쳐 이십여 명이나 되는 집이었습니다.

우리들은 이 집에서 머물며 아빠, 엄마가 부산 가는 배편을 알아보는 동안의 며칠을 보내고 있을 때, 언니는 저녁때의 한가한 시간에 저를 업고 작은오빠를 데리고 사람이 없는 죽변항구의 방파제 위를 산보하고 있었는데 피난민들을 가득 실은 조그만 통통배들이 항구에서 방파제 곁을 지나 외항으로 나가는 것도 구경하면서 거닐고 있을 때, 항구 밖 바다의 검푸른 높은 파도가 밀어닥치며 큰소리를 내면서 방파제에 부딪치면서 부서진 물방울들이 우리가 서 있는 곳까지 튀어 오르곤 했는데 검푸른 높은 파도가 흰 이빨을 드러내고 밀려와 방파제를 사정없이 때릴 때 그 형상이 얼마나 무서웠던지 저는 숨을 흑흑 느끼며 고개를 항구 쪽으로 돌리고 언니 등에 얼굴을 파묻어 버렸습니다.

이렇게 지내다가 배편이 마련되어 짐보따리를 꾸리고 다음 날 아침 일찍 아침밥을 먹은 뒤 보따리들을 가지고 항구로 나가 정박 중인 조그만 배에 올랐는데 어선인 이 배는 우리들이 통통배라고 부르는 디젤 엔진의 동력으로 움직이는 배였습니다.
　우리가 배에 오르고 얼마 안 있어 출항했는데 항구를 벗어나 바다로 나가서 육지가 멀어졌을 때쯤 뱃멀미가 시작되어 엄마와 언니는 저를 데리고 선실로 들어가 누웠을 때 배에 타고 있던 어떤 아저씨가 깨엿을 주어 모두 먹었지만, 시간이 흐를수록 점점 더 멀미가 심해지면서 저는 온몸이 뒤틀리면서 토하게 되고 정신이 없고 눈을 뜨면 현기증이 나고 두통까지 나서 저는 엄마를 보고
　"나 아퍼. 약 좀 줘. 응?"
하면서 엄마에게 손을 벌려 내미니까 엄마는
　"아니야. 뱃멀미해서 그래. 이제 조금만 가면 되니까 조금만 참어라."
하고 말했지만 배는 이날 낮과 밤을 계속 달렸고 저는 기진맥진하여 아무것도 모를 때인 이른 아침에 부산항 영도 부두에 도착하여 저는 눈도 못 뜬 채 언니에게 업혀서 부둣가에 있는 금도 여관의 다다미가 깔린 방에 뉘어졌습니다.
　며칠이 지나서야 저는 겨우 뱃멀미로부터 회복되어 정신을 차리고 보니 이 여관방은 컴컴하여 낮인데도 어두워지는 저녁때 같아서 저는 컴컴한 게 싫어서 엄마보고
　"아이 껌껌해. 응? 꽃 많은 집으로 가자!"
했더니 엄마는 제가 정신 차리고 말하는 게 대견해서

"그래. 우리 애기 말대로 밝은 방을 엄마가 구해야지. 그렇지만 조금만 참어."

하고 저를 달래는데 외출하셨던 아빠가 들어오시며 애기하고 무슨 얘기를 하느냐고 물으시며

"내가 들어오면서 들으니 재미있는 얘기를 하는 것 같던데 나도 같이 듣자."

하고 말씀하시니 엄마는

"이 방이 컴컴해서 싫대요. 그러면서 꽃 많은 집으로 가재요."

"그럼 그렇게 해야지."

하시며 웃으셨습니다.

Chapter 3

말순네 집

말순네 집

　이튿날 마침 엄마는 지난밤 꿈이 좋았으니 오늘 우리가 있을 좋은 방이 구해질지도 모르겠다고 아빠에게 얘기하고 있는데 언니가 끼어들며 지난밤에 꿈을 꾸니 큰 호수가 있어서 가 보았더니 맑은 물이 저 깊은 속까지 들여다보이는데 그 속에 금붕어들이 놀고 있어서 들여다봤더니 금붕어들이 어찌나 크던지 큰 잉어만 하더라고 얘기하기에 저도 엄마에게 제가 꾼 꿈 얘기를 하느라고
　"엄마 무 뿔."
하며 손짓으로 이만큼 크더라고 하니 엄마는
　"너도 꿈꾸었어?"
하고 웃으셨습니다.
　아침밥을 먹은 후 엄마는 나갔다가 저녁때쯤 돌아왔는데 방으로 들어오는 엄마의 표정은 밝고 기쁨이 흘렀는데 들어와서 아빠에게 방을, 그것도 제가 원하던 밝고 깨끗한 방을 얻었다며 그 집주인 명함을 아빠에게 드렸습니다.
　엄마는 이 여관에서 아침에 출발하여 부산 시내에서는 마땅한 방이 없을 줄 알고 부산역으로 가서 기차를 타고 동래역에 도착하여 온천장으로 가는 전차를 타고 온천장 부근까지 갔을 무렵 엄마보다 나이가 좀 많아 보이는 옷차림도 깨끗한 부인이 엄마를 유심히 보다가 먼저 말을 걸어오며 어디까지 가느냐고 물어오기에 엄마는 목적한

곳은 따로 없고 우리가 있을 방을 구하려고 나온 길이라고 대답하니 이 부인은 자기 큰아들이 부산 서면에 살고 있어 아들네 집에 다녀오는 길이라고 얘기하다가 온천장에 도착해서 내리니 이 아줌마도 엄마보고 자기네 집이 이곳에서 좀 멀지만 자기네 집에 가서 보고 마음에 든다면 엄마에게 방을 빌려주겠다고 말해서 내심으로 반가운 엄마는 두말하지 않고 이 아줌마를 따라가는데 온천장에서 멀리 떨어진 기찰이라는 곳까지 가서 그곳에서 오륜대 저수지로 가는 큰길로 접어들어 꼬불꼬불한 고갯길을 따라 올라가니 마루턱 솔밭을 끼고 큰길에서 조금 들어간 곳에 깨끗한 기와집이 있는데, 그 집이 자기네 집이라며 엄마와 함께 들어가 방을 구경시키고 점심까지 대접하고 나서 당장 내일이라도 옮겨오라고 했답니다.

　엄마의 얘기를 들은 아빠와 우리들은 모두 좋아하며 당장 짐보따리를 꾸려놓고 언니와 큰오빠는 좋아하며 엄마에게 그 집 일을 묻고 또 묻고 했습니다.

　그 집 큰아들은 살림나서 부산 서면에서 살고 있었고 장가 안 간 둘째 아들이 부산에 살고 있으면서 자주 드나들었고 그 집 큰딸은 언니와 같은 또래였으며 이름은 말순이었고 둘째 딸이자 막내인 말남이는 국민학교 오 학년이었고, 이 집 뒷산은 온통 소나무로 덮여 있고 남향인 대문 앞은 논들이었으며, 논 한가운데로 오륜대 저수지로 가는 큰길이 멀리 바라보였으며, 멀리 조그만 산봉우리 사이로 오륜대 저수지가 보이는 곳이라고 했습니다.

　다음 날 아침 일찍감치 출발하여 저는 언니에게 업혀서 난생처음 기차를 타고 동래역까지 가서 내리는데 부산 시내에서도 동래 거리에서도 우리처럼 보따리를 짊어지고 옷들이 남루한 피난민을 많이 보면서 전차 타러 가서 전차를 탔지만 사람들이 많고 비좁은 속에 바깥도 내다볼 수 없어 저는 전차는 아주 불편하고 나쁜 것으로 생각하게 되었습니다.

  온천장에 도착하여 오륜대 저수지를 향해 걷는데 저는 언니들에 얹혀서 오랜만에 시원한 들판을 바라보니 좋기만 해서 업혀 가는 힘든 고통쯤은 참을 수 있었는데 엄마는 처음 가 본 길이어서 길을 잘 몰라 길을 잘못 들게 되어 걸어도 걸어도 끝이 없는 멀고도 먼 길이어서 아빠는 엄마가 준 말순 아빠 명함을 꺼내 들고 사람들에게 길을 물어 찾아가는데 북쪽 강릉까지 이어진다는 국도변에 있는 기찰 마을까지 갔을 때는 정오가 지난 때였습니다.

  기찰에서 오륜대로 간다는 큰길을 따라가는데 큰길이지만 꼬불꼬불한 오르막길 따라 힘겹게 걸어 오르다가 고개 마루턱에 도착했을 때 점심때가 훨씬 지나 허기가 지고 지친 작은 오빠가 길옆 풀밭에 주저앉아 엄마를 쳐다보며 울음을 터트려 엄마가 달래고 있을 때 아빠는 앞서 먼저 가서서 말순네 집을 찾아내셨기에 말순네 온 식구들이 마중을 나와 말순 언니가 작은오빠를 업고 갔습니다.

  저는 언니에게 업혀서 고개 마루턱에 올라서서 왼편으로 꺾이면서 우마차가 드나드는 길로 접어드니 왼편은 솔밭이고, 바른편은 경사진 논이고, 저쪽 휘어진 길 끝에 깨끗한 기와집 대문이 보이는데 길옆 논 위는 밭이었고, 기와집을 조금 지나 초가집이 세 채가 있는 게 보였습니다.

  언니는 한참 걸어 그 집 대문 앞 돌계단을 지나 대문 안에 들어서는데 넓은 마당의 담장 밑으로 꽃들이 많이 피어 있어 저는 반가운 마음이 들었고, 기와집 본채의 왼편에 붙은 사랑방이 우리가 있을 방이었습니다.

방은 제법 넓었고 깨끗하게 손질된 장판방인 데다가 앞뒤의 방문을 열어놓으니 시원하고 밝은 방이어서 피난길에 나서고는 처음으로 제 마음에 꼭 드는 방에서 지내게 되었습니다.

제가 언니에게 업혀 와서 우리 방 옆문 앞 대청마루에 내리니 말순 엄마가 저를 보고

"니 참 이쁘데이. 우리 집에는 니 같은 앨라가 없다 안카나."

제 머리를 쓸어주는데 투박한 경상도 사투리여서 제가 알아듣기 힘들었습니다.

방이 정리가 되고 나서 저는 대청마루에 있다가 기어서 방문 문지방을 넘어 방으로 들어갔더니 아빠가 저에게

"자네보고 아까 뭐라고 하던가?"

"이뻐해"

"으음, 그랬었구만, 참 좋은 사람들이네."

하시며 제가 말하는 것이 대견하셔서 웃으셨습니다.

이 집으로 이사 온 후 며칠 있다가 각처에서 몰려든 피난민들이 모여 있는 부산에서는 무서운 전염병인 장질부사가 퍼져서 기승을 부린다고 어른들이 걱정했지만 이 집은 온천장과도 멀리 떨어져 있었고 게다가 집주인이 부지런해서 집 안팎을 깨끗이 거두기에 모두 무사히 위험한 시기를 넘길 수 있었습니다.

이 집에 와서 시원하고 밝으며 깨끗한 방에서 지내던 오월의 맑은

어느 날 점심때 대청마루에서 점심밥을 먹던 말순 엄마는 말순 언니를 보고

"포리(파리)들이 날아들어 디르버 몬 살겠다. 포리 약 좀 치그라."
하기에 저는 그 말이 우스워 웃고 있으니까 말순 엄마는 저를 건너다보며

"와 웃노? 내 말이 그렇게 우습나?"
하며 웃음을 띠고 저를 건너다보았는데 잠시 후 상을 내어간 말순 언니가 부엌에는 파리가 앉으면 붙어버리는 파리 끈끈이 테이프를 몇 개 늘어뜨려 여기저기 천정에다 달아놓고 집안과 오랍드리에 살충제를 뿌려놓았습니다.

이때만 해도 말순이 집에서는 저녁이 되어 어두워질 때면 뒷산이고 앞산에서 고라니가 새끼들 젖을 먹이기 위해 새끼 부르는 소리가 요란하게 들렸는데 제가 듣기에 흉한 소리여서 듣기 싫었고 어른들은 아이들에게 늑대 조심하라고 했는데 아빠도 작은오빠 보고 어두워지면 대문 밖에 나가지 말라고 이르셨습니다.

이러던 어느 날 아침, 이 집 뒤껼에 있는 닭장에서는 살쾡이가 지난 밤 내려와 닭을 물어가려다가 굵고 튼튼한 쇠그물에 닭이 걸려 가져갈 수 없어서인지 닭 모가지를 잘라가지고 갔기에 목이 없는 죽은 닭이 주인에게 발견되어 이것으로 끓인 국을 우리에게도 나누어 주어 저도 이 국을 먹어보았습니다.

이 집에서 한참 가면 오류대 저수지가 있어 제법 큰 호수를 이루고 있어 날씨가 더운 때라서 전쟁에 참전한 미국 군인들이 모터보트를 가져다가 호수에서 타고 다녔고 한국 군인들과 놀이꾼들이 몰려들고

피난민 중 아무 할 일이 없는 사람들이 낚싯대를 만들어 가지고 오기도 했는데 이 호수가 야산에서는 장교들 재교육과 장교 훈련받는 군인들의 교육장이 되기도 해서 엄마는 이 사람들을 상대하여 장사를 시작했습니다.

처음으로 해보는 장사여서 엄마는 부산국제시장에 가서 팔 물건을 도매로 떼어다가 파는데 쪼꼬렛, 비스킷, 껌, 사탕, 건빵, 통조림, 담배 이런 것들을 벌여놓고 파는데 큰오빠와 작은오빠가 따라가서 장사하다가 저녁 어두워질 때 집으로 들어오곤 했습니다.

이곳에서 그런대로 장사가 되어 우리 사 남매는 곧잘 군것질도 하고 온 식구가 먹는 양식도 마련할 수 있었던 어느 날 오전에 언니는 저를 방안에 혼자 두고 뒤꼍 우물가에 빨래하러 간 사이에 저는 마루로 나가보니 마당에는 한가롭게 닭들이 몰려다니고 있어 저는

"꼬꼬야."

하고 부르니까 닭들은 마치 알아듣기나 하는 것처럼 저를 쳐다보며 대답하기를

"꼬 꼬 꼬 꼬."

하는 게 꼭 대답하는 것 같이 들려서 저는

"너 있잖아. 여우한테 잡아먹히려다가 달아났지?"

"꼬 꼬 꼬 꼬."

하는 게 제게도 마치

"너 그걸 어떻게 아니?"

하고 대답하는 것 같아서 저는

"우리 빠빠야가 얘기해 주었다."

하고 말하는데 언니가 지나가다 말고

"너 누구하고 얘기하니?"

"음, 꼬꼬하고 얘기한다."

"꼬꼬하고 얘기 많이 해. 마루 끝에는 나오지 말구. 거기서 더 나오면 깡 한다."

하고 언니는 부지런히 뒤꼍으로 갔는데 제가 꼬꼬를 보니까 발로 땅을 헤치다가 저를 쳐다보고 꼬꼬거리는 게 제게는

"너는 내 이름을 알지만 우리들은 네 이름을 모르잖아? 네 이름이 뭐니?"

하고 묻는 걸로 상상이 되어

"나? 나는 애기구 명순이야. 그렇지만 빠빠 엄마는 나를 애기라고 부른단다. 아까 너도 우리 빠빠야 봤지? 너도 우리 빠빠야 좋지? 우리 빠빠야가 너도 이뻐하지?"

하고 저는 꼬꼬에게 열심히 얘기하는데 꼬꼬는

"꼬 꼬 꼬 꼬."

하면서 제 얘기는 다 듣지 않고 저쪽으로 가버리기에 저는 얘기를 다 못한 안타까움에서 저도 모르게 마루 끝인 줄 모르고 나와서

"얘 꼬꼬야. 왜 나하고 얘기하다가 가니?"

하고 말하다가 몸의 균형을 잃고 땅으로 떨어지면서 저는 정신을 잃고 말았는데 이럴 때 말순 언니가 빨래를 널려고 오다가 보고 소리치며 달려와서 저를 안아 일으키니 언니도 달려와 저를 방안에 데려다 눕혔는데 제가 정신이 돌아와 눈을 떠보니 엄마는 숟가락으로 물을 떠서 제게 먹여주시고 있었습니다.

꽤 높은 마루에서 떨어졌지만 다행히 다친 곳은 없었는데 아빠가 들어오셔서 애기 들으시고 언니를 꾸중하시기에 저는

"빠빠야, 언니 잘못 안 했다. 내가 꼬꼬하고 얘기하다가 꼬꼬가 내 말 다 안 듣고 조오 쪽…."

하고 띄엄띄엄 설명했더니. 제 말을 들으신 아빠는

"저런 나쁜 놈, 애기 얘기도 다 안 듣고, 이다음부터는 그 나쁜 놈하고 얘기하지 말게. 애기가 끝나기도 전에 저쪽으로 가다니."

하고 제 역성을 들어주셨습니다.

이럴 때 아침이면 큰오빠는 작은오빠를 데리고 오류대 저수지가에 장사하러 나가면서 큰오빠는 학교에는 못 가고 이렇게 장사나 한다고 풀밭에 주저앉으며 들고 가던 과자 상자를 메어치고는 울고 있으면 엄마나 언니가 나가 달래서 보내곤 했는데 엄마와 아빠가 나가시고 저와 둘이 들어앉은 언니도 학교 못 가는 화풀이로 쪼꼬렛이며 비싼 과자들을 벅벅 쥐어뜯어 저에게도 먹여주면서 언니는 그것들을 꾸역꾸역 먹으며 분풀이를 했는데 저녁 어두워질 때 장사 나갔던 큰오빠가 가지고 간 게 잘 팔려서 싱글벙글하며 들어오면 언니는 덩달아 좋아했습니다.

엄마는 저수지가에서 팔 물건을 국제 시장에서 가져왔는데 시장에 가지 않는 날이면 엄마도 큰오빠 장사하는데 나가 있었고 놀러 오는 사람들이 많은 일요일이면 아침 먹기 바쁘게 엄마는 큰오빠와 작은오빠를 데리고 저수지로 나갔습니다.

이럴 때 장교 훈련 받으러 온 군인들 속에 학도병으로 갔던 승기 오빠가 엄마를 먼저 보고 와서 만나게 되어 우리가 있는 집을 알려주어

일요일 외출 때 아빠, 엄마를 찾아와 마당에 들어설 때 군복 입은 승기 오빠를 알아본 저는 너무 반가워

"군인 아찌야."

하고 소리쳤고 승기 오빠는 이러는 저는 본 척 않고 방으로 들어가 먼저 아빠, 엄마에게 절하며 인사드린 뒤 저를 보고

"너 많이 컸구나. 네 이름이 뭐야? 말해봐."

하고 말하는데 저는 반가운 마음과 조금 전 저는 본 척도 않은 섭섭한 마음이 뒤범벅이 된 채인 벅찬 가슴 때문에 말이 안 나와 어물어물했더니 승기 오빠는

"이렇게 컸는데 제 이름도 몰라?"

하고 말하기에 섭섭하고 분해진 저는

"빠빠야, 응기 오빠가 그래."

하고 화를 냈더니 엄마가 듣고

"그 봐라! 승기야. 그것도 속이 있지? 절 이쁘다고 안 하고 나무란대서 그러잖니."

하니까 승기 오빠는 그제야

"으음, 난 몰랐지, 아이, 애기가 이렇게 말도 잘하고 거기다가 똑똑하고…."

라고 저에게 말하니까 아빠가

"어디 그뿐이냐? 옛날얘기는 얼마나 잘 아는데? 이다음에 커서 학교 가면 일등 할 거다."

하니까 승기 오빠는 아빠 말씀에 깜짝 놀란 표정을 하면서 저를 보고 웃으며 달랬습니다. 언니는 승기 오빠의 군복을 벗겨 빨아서 풀을 해

서 주름을 잡아 다림질해서 주었고, 엄마는 맛있는 것을 해 먹이느라고 바빴는데, 승기 오빠는 언니보다 반년 나중에 태어났기에 언니는 승기 오빠한테 어른 노릇했습니다.

  승기 오빠는 엄마를 일찍 잃어버리고 위로는 정남이 언니와 정기 오빠가 있었지만 배다른 형제여서 농아인 분남이 언니와 의지해서 계모 손에 자랐는데 제일 큰아빠가 돌아가신 뒤 가운데 큰엄마가 국민학교도 졸업하지 않은 승기 오빠를 기술 배우게 한다고 학교를 그만두게 하려는 것을 제 아빠가 승기 오빠를 불러 꾸중하시고 학비를 주어 공부하게 하시다가 지금에 이르렀는데 다음번 토요일 오후에 외출을 나와서 엄마, 아빠는 부산 가시고 아직 안 돌아오셨을 때 언니가 차려주는 저녁밥을 오빠들과 같이 먹으며 언니 보고

  "그때 작은아버지께서 나를 돌봐 주셨기에 망정이지 과수원 작은어머니 손에 그대로 있었다면 나는 지금 사람 꼴이 되지 못했을 거야."

하고 얘기했는데 지금 생각해도 제 사촌 중에 유일하게 승기 오빠만이 제 엄마, 아빠를 진심으로 따르고 그 이외의 누구 말도 듣지 않았습니다.

  승기 오빠는 이날 우리 방에서 같이 자고 다음 날 오후에 갔는데 이럴 때 비 오는 날이면 장사하러 못 나가는 큰오빠와 작은오빠도 집에서 쉬는 날이었습니다.

  이렇게 지낼 때 엄마가 오빠 장사하는데 같이 나가고 아빠도 부산 가실 일이 없을 때는 집안에 계셨는데 아빠가 저를 부르셔서 가지고 놀며 들여다보던 솔방울을 팽개치고 아빠에게 기어가면 아빠는

"옛날에 옛날에 바닷속에 사는 게가 세상 구경을 하고 싶어서 하루는 날씨가 좋은 날 물 밖으로 나와 큰 바위 위에 올라가 보니 거기에는 먹음직스럽게 보이는 커다란 주먹밥이 하나 놓여있어서 게는 그걸 집어 들고 기쁜 나머지 높이 치켜들고

'야, 이것 봐라. 난 맛있는 주먹밥을 얻었다.'

하고 큰소리로 자랑했단다. 그때 마침 근처에 있던 원숭이가 그것을 보고 가까이 와서 게한테 하는 말이

'게야, 어디 좀 보자, 이걸 내게 주면 대신 잘 익은 홍시를 따다가 네게 주마. 너 홍시 먹어봤니? 홍시가 얼마나 달고 맛있다고?'

하면서 원숭이는 게를 꾀어 게의 주먹밥을 빼앗아 먹고 나서 원숭이는 게를 데리고 감나무 아래까지 가서 게에게

'너는 나무에 못 올라가니 여기서 기다려라. 내가 나무 위에 올라가서 홍시를 따서 너한테 던질 테니 받아먹어라.'

하고는 나무 위에 올라간 원숭이는 빨간 홍시를 따서 게에게는 줄 생각도 않고 저 혼자 먹고 또 따서는 게를 내려다보며

'요것 봐라. 이게 얼마나 달고 맛있는지 아니?'

이러면서 저 혼자 다 먹으니 그 원숭이는 참 욕심쟁이다 그치? 그 욕심쟁이 원숭이는 이렇게 저 혼자 홍시를 다 따먹으면서 게에게는 안 주니 게는 속은 게 분했지만 참고 원숭이를 쳐다보면서

'원숭이야. 아까 내 주먹밥 얻어먹으면서 홍시 따주겠다고 약속했잖니? 왜 홍시는 나한테 안 주고 너 혼자만 먹니?'

하고 말하니까 이 나쁜 원숭이는 성을 내면서 말하였다.

'그래, 네 소원대로 따 주마. 받아라.'

하면서 새파란 생감을 따서 게에게 던지니 감은 게 등에 떨어져서 게는 등이 깨어져 아파서 엉엉 울며 집으로 가는 길인데 도중에 불을 만났단다.

불은 게 보고 왜 우느냐고 물어서 게는 지금까지 있었던 일을 얘기하니 다 듣고는 불은 화를 내면서 그 고약한 원숭이를 내가 혼내주겠다며 게를 데리고 원숭이가 올라갔던 감나무를 찾아갔더니 주먹밥을 먹고도 홍시를 저 혼자 다 따먹은 욕심쟁이 원숭이는 배가 부르니까 졸음이 와서 나무 아래서 낮잠이 곤하게 들어있는 걸 보고 불은 가까이 가서 원숭이 얼굴에다가 불길을 뿜으니 얼굴을 덴 원숭이는 두 손으로 얼굴을 감싸고 아파서 뒹굴 때 게가 달려들어서 집게발로 원숭이 꼬리를 싹둑 잘라주었고 불은 원숭이 엉덩이에다 또 불길을 뿜어주어 욕심쟁이 원숭이는 엉덩이까지 새빨갛게 데었기 때문에 원숭이는 그때부터 얼굴도 빨갛고 엉덩이도 빨갛고 꼬리는 짧아졌고, 게는 생감에 맞아 깨어진 자리가 남아있어 지금도 보면 게딱지에 흠이 져 있단다. 그러니 우리도 욕심부리지 말아야지?"

들려주는 아빠의 옛날얘기를 재미있게 듣다가 저는 낮잠에 들었습니다. 얼마나 잤는지 오줌이 마려워서 잠이 깬 저는 언니를 아무리 불러도 아무도 안 와서 급한 오줌을 어쩔 수 없이 옷에 싸고는 막 울었더니 제 울음소리를 들으신 아빠가 오셔서 보시고는

"아이 저런, 오줌을 이렇게 싸서 어떡하나?"

하시며 제 옷을 갈아입혀 주시고 나서 저를 업고 왔다 갔다 하시다가 방에 들어오셔서 저번에 제게 해주셨던 옛날얘기를 제게 물었습니다.

"애기야, 옛날에 옛날에 욕심쟁이 여우가 어떻게 했지?"

"응, 여우가 빵"

하고 대답하며 저는 흔들리는 두 손을 처들어 빵을 두 쪽으로 갈라놓는 시늉을 하면서

"속에 단팥, 많이 먹구 또 새집, 새 새끼 잡아먹구 배가 아야아야 해."

하고 띄엄띄엄 느리게 하는 말이지만 저는 그래도 열심히 설명하니까 아빠는

"음, 그렇지. 우리 애기가 아주 잘 아는구만. 그래서 고목나무 구멍 속에 들어가서 새 새끼들을 잡아먹고 나오려다가 배가 너무 불러서 구멍에 배가 꼭 끼여서 꼼짝 못 하고 있는 걸 나무꾼이 보고 잡다가 여우 목도리를 만들겠다고 잡아갔지? 그래서 아빠가 뭐랬더라? 사람은 너무 욕심부리면 안 된다고 했지? 우리 애기는 옛날 그 여우처럼 먹고 또 먹고 이러지 않지? 그러기에 아빠는 참 좋더라. 우리 애기는 먹을 만치만 먹고 더 먹으래도 안 먹지?"

하시며 제게 얘기하시는데 큰오빠와 작은오빠에게 장사하는 걸 맡겨놓고 돌아온 엄마가 저를 안아주시며 젖을 물려주시려고 하니까 아빠는

"젖도 조금 먹어야지 많이 먹으면 못쓴다."

하시기에 불만이 생긴 저는

"왜?"

"너는 젖만 먹는 게 아니라 밥도 먹고 과자도 먹으니까 이 배에 젖이 들어가면 싫다고 하는데, 그래도 자꾸 먹으면 아까 얘기했던 옛날 얘기 여우 배처럼 된단다."

3. 말순네 집

하시고는 엄마와 얘기하고 계셨습니다.

이러고 지낼 때 언니는 틈만 있으면 밥상을 갖다 놓고 책을 펴서 공부하다가 수본을 내어놓고, 수놓는 그림을 그리고 하다가 학교에 다니지 못해 속이 상했다면서 팔려고 갖다 둔 비싼 과자 상자를 벅벅 쥐어 뜯어놓고 저에게 주면서 언니는 화풀이로 과자를 꾸역꾸역 먹었는데 어느 날 오전 한가한 틈에 언니가 또 밥상을 가져다 놓고 공부를 하고 있을 때 말순 언니가 들어왔다가 보고

"요새 내 눈가에 주름이 생겼데이. 이기 주름 없애는 구루무인가?"
하며 언니가 공부하는 상위에 놓인 멘소래담 병을 집어 드는데도 언니는 한번 공부를 시작하면 어지간한 일이 옆에서 일어나도 모르고 공부하는 버릇이 있어서 말순 언니가 언니 앞에서 멘소래담을 눈가에 바르고는 눈이 아파서 눈물을 쏟으며 눈도 못 뜨고 있는 걸 모르고 있기에 제가 언니를 흔들며 손으로 말순 언니를 가리켰습니다.

그제야 책에서 눈을 뗀 언니는 사태를 알아차리고 말순 언니 보고
"이건 찜질 약이야. 어쩌자고 얼굴에 발랐니?"
하고 나무라며 눈을 못 뜨고 고통스러워하는 말순 언니에게 세숫물을 떠다 주며 얼굴을 비누칠해서 씻겨주었는데 이렇게 한바탕 소동을 치르고도 언니는 공부를 계속하다가 저녁때가 가까워질 때 아빠가 들어오셔서 언니한테 말씀하시기를 부산 나가셨다가 신문에 난 대학 입학시험 기사를 읽으시고 언니에게 알려주시려고 일찍 오셨다고 말씀하시며

"네가 대학 가기를 원했으니 시험을 치러 보아라. 천행으로 합격하면 내가 무슨 짓을 해서라도 공부시켜 주마."

하시니 언니는 좋아서 어쩔 줄 몰라 하며 저녁 준비를 했고 어두워져서 장사 나갔던 엄마와 오빠들이 들어오니 아빠는 엄마와 얘기를 하셨습니다.

 전쟁이 일어나고 정부가 부산으로 옮겨온 이때는 피난 오는 학생들을 위해서 그랬는지 몰라도 삼복더위가 한창 기승부릴 때인 팔월달에 대학 입학시험이 있어서 신문에 발표되었는데 언니는 아빠한테서 대학 진학을 허락받고부터 집안일을 부지런히 해치우고는 밤이나 낮이나 공부를 하다가 며칠 후 새벽밥을 먹고 나갔다가 저녁때 돌아온 언니에게 아빠는 시험을 잘 쳤느냐고 물으시니까 언니는
 "네. 다행히 모두 아는 문제였습니다."
하고 대답하기에 아빠는 걱정이 되셔서
 "원, 제대로 하고 했다는 건지 알 수 없구나."
하셨는데 며칠 후 언니는 합격자 발표를 보러 가야 하고 엄마는 큰오빠를 데리고 중학교 편입시키러 간다고 했으며 아빠는 부산에 볼 일이 있으셔서 가셔야 했기에 아침 일찍 모두 나갔고 저는 작은오빠와 둘이서만 있었는데 점심때가 됐을 때 입이 귀까지 돌아간 언니가 부산에서 돌아오니까 궁금했던 말순 언니가 제일 먼저 뛰쳐나오며 묻는 걸 언니는 합격했다고 말했습니다.

 기쁨에 젖어있는 언니는 신바람이 나서 작은오빠와 저에게 점심밥을 차려주고 저에게 밥을 먹여주는데, 궁금증에 못 이긴 말순 언니가 우리 방으로 쫓아와 언니에게 이것저것 물으니 언니는 아는 대로 대답해 주며 앞으로 언니가 다닐 이화여대 가정과로 진학했던 선배들의 얘기도 들려주었습니다.

오후 내내 말순 언니는 언니를 못 견디게 부러워하며 이것저것 물어대면서 자기네 집에 찾아오는 사람에게 언니가 이화대학에 다니게 됐다고 떠들어댔는데 저녁 어두워지고 나서야 아빠, 엄마는 큰오빠를 데리고 돌아오셔서 언니의 합격 소식을 들으시고 말할 수 없이 기뻐하시면서 큰오빠는 부산의 피난민 자녀들을 위한 연합 중학교에 여름 방학이 끝나고 개학이 되면 다니게 되었다고 말씀하시며 아빠, 엄마는 언니와 큰오빠를 공부시킬 일에 대해 의논하셨습니다.

언니의 입학 수속에 필요한 여고 재학 증명서며 성적 증명서가 필요했고 또 등록금도 마련해야 하는 데다가 큰오빠의 재학증명서와 성적 증명서가 있어야 편입이 되기에 아빠, 엄마는 의논 끝에 엄마가 강릉에 다녀오기로 하고 이틀 후 엄마는 자동차 편으로 출발했습니다.

엄마가 강릉으로 간 뒤에 저는 엄마 젖도 못 먹고 쓸쓸히 지내면서 있을 때 아빠는 제 마음을 아시고 부산에 안 가실 때면 저에게 옛날얘기를 해주시는데 우리나라 옛날얘기며 일본의 옛날얘기며 이솝우화를 차례로 들려주셔서 저는 모르는 게 없었습니다.

그래서 저는 아빠하고 얘기하다 보니 그전보다 말이 많이 늘었고 생각도 넓어져서 상상력도 제법 풍부해졌지만 저는 아직도 엄마 품 속에서 자라는 애기였기에 엄마가 보고 싶어져도 잘 참고 내색을 안 하느라고 했지만 불현듯 엄마가 몹시 보고 싶어지고 이렇게 되면 엄마젖도 생각나서 입맛을 다시니까 아빠는 제 생각을 아시고 저에게

"애기야, 아빠가 옛날얘기 해줄까?"

하시며 저를 무릎에 앉히시고 옛날얘기를 시작하셨다.

"옛날에 옛날에 어느 마을에 사는 총각이 산에 나무하러 갔는데…."

하시기에 저는 아빠 얘기를 듣고 제 생각을 말하기를

"빠빠야. 꽃 많은 우리 집에서 본 승기 오빠만 했지?"

"그래, 아이구 우리 애기가 이렇게 생각을 잘하는구나. 그렇지. 승기만한 총각이 산으로 나무하러 가서 나무를 하고 있을 때 개암 하나가 땍때굴 하고 소리 내며 떨어지니까 집어 가지고

'이건 우리 아버지 갖다 드리자.'

하고 허리춤에 차고 있던 주머니 속에 넣어두고 또 열심히 나무하는데 또 개암이 떨어져서

'이건 우리 어머니 드리고.'

하고 주머니에 넣고 나무를 하는데 또 개암이 떨어지니 이 총각은 땀을 닦으며

'이건 내 동생 갖다주고.'

하고 일하다가 보니 또 개암이 떨어지는 걸 집어 들며

'이건 내가 먹어야지.'

하고 나무를 다 해서 짊어지고 산에서 내려오는데 갑자기 하늘이 캄캄하게 흐리더니 비가 쏟아지기 시작하니 이 총각은 비를 피할 곳을 찾는데 저 아래 골짜기에 큰 기와집이 보여서 그곳으로 가봤더니, 사람이 살지 않는 빈집이었던 그 집에 들어가 비를 피하고 있는데 벌써 밤이 되어 사방은 캄캄했는데 밖에서 여럿이 떠드는 소리가 점점 가까이 들려와서 총각은 얼른 다락에 올라가 숨어서 보니까 총각이 있던 방에 도깨비들이 몰려들었는데 머리에 뿔이 나 있는 도깨비들이

붉은 도깨비도 있고 파란 도깨비도 모두 모여 앉아서 투전을 시작하면서 금돈 은돈을 내어놓고 노름을 하고 있었단다.

그래서 착한 총각은 숨어 있다가 보니 배가 몹시 고파서 주머니 속에 넣어 두었던 개암을 하나 꺼내어 입에 물고 꽉 깨무니 딱 소리가 나는 걸 도깨비들이 듣고

'아, 벼락이 떨어진다. 모두 달아나자.'

허겁지겁 달아났단다.

그래서 착한 총각은 숨었던 곳에서 내려와 도깨비들이 그냥 두고 달아난 돈주머니의 금돈 은돈을 가지고 다락으로 올라와 숨었는데 얼마나 있다가 도로 온 도깨비들은 자기들 돈이 없어졌다고 여기저기 찾다가 나중에는 다락을 살펴보자고 하고는 다락문을 열려고 하는데 멀리서 닭이 새벽을 알리는 울음을 우니 도깨비들은 날이 밝는다고 모두 도망갔단다.

이러고 곧 날이 밝아 착한 총각은 나무지게에 도깨비들의 돈 보따리를 짊어지고 땀을 뻘뻘 흘리며 집으로 돌아와 큰 부자가 됐는데 이 소문을 들은 욕심쟁이 총각이 착한 총각을 찾아와서 묻기에 착한 총각은 정직하게 모두 얘기해 주었더니, 이 욕심쟁이 총각은 저도 나무하러 간다며 지게를 지고 착한 총각이 나무하러 갔던 곳으로 가서 나무를 하는데 착한 총각 때처럼 개암이 하나 떨어지니까 욕심쟁이는 얼른 집어서 주머니 속에다 넣으며

'이건 뒀다가 내가 먹어야지.'

이러고 나무를 하는데 또 개암이 떨어지니까 얼른 집어넣으며,

'이것도 내가 먹어야지.'

이러고 또 개암이 떨어지니 이번에도

  '이것도 내가 먹고.'

이러다가 날이 어둑어둑할 때 나무지게를 짊어지고 산에서 내려오다가 빈집으로 가서 비도 안 오는데 그 집 안방 다락에 숨어있는데 한밤중이 되자 도깨비들이 몰려와서 금돈 은돈을 내놓고 놀음을 하는 걸 숨어서 보던 욕심쟁이가 개암을 꺼내서 꽉 깨무니 딱 소리가 나자 도깨비들은 성이 나서 일어나며

  '저번에는 이 소리에 속아서 우리가 달아났지만 이번에는 안 속는다. 지난번에 우리 돈을 훔쳐 간 놈이 또 우릴 속이려고 하는데 우리가 잡아서 혼내주자.'

하고 여러 도깨비들이 여기저기 찾다가 다락에 숨었던 욕심쟁이를 잡아내려 엎어 놓고 그 가시 돋친 몽둥이로 때려주면서

  '이놈이 우리 돈을 훔쳐 갔으면서 또 훔치러 왔으니 그냥 둘 수 없다. 얼굴을 우리같이 만들어주자.'

하고 저희들 같은 도깨비 얼굴로 만들어 내어 쫓으니 욕심쟁이는 죽을 매를 맞아서 제대로 걷지도 못하고 엉금엉금 기어서 집으로 오니 집안 식구들이며 부모가 보고 저놈은 도깨비지 우리 아들이 아니라며 내쫓아 버렸단다.

  이렇게 되니 동네 사람들도 도깨비라며 몽둥이를 들고 쫓아내서 깊은 산중으로 가서 숨었단다. 그러니 사람은 엄마 아빠 말 잘 듣고 욕심내지 말아야지?"

  옛날얘기를 듣다가 저는 낮잠이 들었습니다.

한여름의 무더위가 기승을 부리고 있을 때 오빠들은 장사 나갔고 언니는 더위 속에서도 신바람이 나서 부지런히 집안일을 해치우고 공부를 하고 있는 어느 날 저는 강릉 꽃 많은 집에서 엄마가 만들어 주던 찐빵이 생각나서 아빠를 쳐다보고

"빠빠야 빵."

했더니 아빠는 손가락으로 동그랗게 해 보이며

"이렇게 생긴 거?"

하시기에 지금 먹을 수 없는 불만 때문에 저는 제 손을 쳐들어 아빠 손가락 속으로 집어넣었더니 언니가 보고 웃으며

"아가야, 엄마 언제 오나 머리 좀 긁어 봐라."

해서 흔들리는 손으로 저는 머리 복판을 긁었더니 언니는

"아이고, 엄마 오실 날이 아직도 멀었구나."

하고 웃었습니다.

언니는 언니대로 엄마 오기를 눈이 빠져라 기다리고 있었고 저는 저대로 엄마가 보고 싶어 못 견뎌서 할 때인 어느 날 낮에 아빠는 제가 엄마 보고 싶어 하는 마음을 달래주시느라고 저에게 물으시기를

"옛날에 토끼하고 거북이하고 경주했지? 누가 이겼더라? 토끼가 걸음이 빠르니까 토끼가 이겼지?"

하시며 저를 보시기에 제가 대답하기를

"아니야. 거북이."

"그랬던가? 아빠는 잊어버려서 몰랐지. 그럼, 아빠가 다른 얘기를 해주지."

"옛날에 바닷속 용왕이 병에 걸려서 이름난 의원들은 다 부르고 별별 약을 다 썼어도 낫지 않았는데 하루는 한 의원이 찾아와서 진맥해 보고 하는 말이

'용왕님 병에는 약이 단 한 가지밖에 없습니다. 그것은 다른 게 아니라 살아있는 토끼의 생간올시다.'

하니 이 말을 들은 용왕은 귀가 번쩍 뜨여서 신하들을 불러 모아 놓고 누가 물 밖 육지에 올라가서 토끼를 잡아 오느냐를 의논하는데 신하 중에서 거북이가 얼른 나서며 자기가 잡아 오겠다고 나섰단다.

이렇게 해서 토끼를 잡으러 거북이는 바닷속에서 육지로 올라왔는데 산속으로 들어가 보니 털이 하얗고 눈이 새빨간 토끼가 깡충깡충 뛰어다니는 걸 보고 거북이는

'토끼야 잘 있었니? 내가 너를 바닷속에 있는 용궁 구경을 시켜 주려고 이렇게 왔단다. 나하고 같이 가서 용궁 구경도 하고 맛있는 것도 많이 줄게. 나하고 같이 가자.'

하고 말하니 거북이 말을 들은 토끼가

'너는 헤엄을 잘 치지만 나는 헤엄을 칠 줄 모르는데 어떻게 바닷속으로 들어가니?'

하니까 거북이는

'그건 염려 마라. 내 등에 올라타고 가만히 있으면 내가 너를 데려갔다가 구경 다 하고 다시 데려다 주마.'

해서 꼬임에 빠진 토끼는 거북이를 따라 용궁으로 갔단다.

용궁에 도착한 토끼는 생전 보지도 못한 좋은 구경을 하면서 으리으리한 용궁 구경을 하다가 커다란 상에 지금까지 들어보지도 못했

던 음식들을 차려주니 맛있게 배가 터져라 실컷 먹고 나서 거북이를 따라 용왕을 뵈었더니 토끼를 본 용왕이

'내 병이 몹시 중해서 낫지 않는데 네 간이 약이라고 한다. 네가 나를 위해 간을 준다면 봄, 가을 거르지 않고 네 제사를 지내 주마.'
하니 이 말을 들은 토끼가 가만히 생각해 보니 이곳은 바다 밑이라 도망갈 데도 없고 꼭 죽게 생겼기에 한 가지 꾀를 내어

'용왕님의 병이 나을 수만 있으면 제가 무언들 아끼겠습니까? 헌데 일인즉 아주 분하게 되었습니다. 사실은 제 간이 무슨 병에든 약이라서 육지에서도 제 간을 빼앗으려고 노리는 자들이 많아서 저는 제 간을 빼내어 깨끗이 씻어서 저만 아는 굴속에다가 감추어 놓고 다닌답니다. 아까 거북이가 저를 데려올 때 그 말만 했어도 제가 감추어 두었던 간을 가지고 오는 건데 이렇게 됐으니 세상에 이보다 더 분한 일이 있겠습니까? 그렇지만 용왕님을 위해 제가 거북이와 육지로 나가서 감추어 둔 제 간을 가지고 오겠습니다.'
하고 말하니 용왕은 토끼 말이 그럴싸하게 들려 토끼에게 속은 줄도 모르고 거북이를 딸려 토끼를 육지로 내보냈단다.

육지에 도착한 토끼는 거북이 보고

'이놈 거북아, 내가 너한테 속아서 죽을 뻔했다만 내 꾀로 용왕을 속여서 살아났다. 이 어리석은 놈아. 세상에 간을 빼놓고 다니는 짐승이 어디 있느냐? 그리고 내가 죽고 난 뒤에 봄, 가을 제사 지내주면 그게 나한테 무슨 이득이 되느냐? 너는 돌아가서 용왕한테 어리석은 생각 그만하라고 일러라.'
하고 뒤도 안 돌아보고 토끼는 산속으로 들어갔단다."

이렇게 들려주시는 아빠의 옛날얘기를 재미있게 듣는 동안에는 엄마 생각을 잊고 있었지만 옛날얘기가 끝난 뒤에 저는 또 엄마가 보고 싶어졌습니다.

이럴 때 언니가 대학 다니게 된 것을 한없이 부러워하던 말순 언니는 속이 상해 심술이 날 대로 나서 집안일을 하면서 심술을 부리니까 늘 집안이 편치 못했는데 머슴을 데리고 오양간을 손보던 말순 아빠가 언니를 보자 눈을 흘기며

"방도 없는 기 대학이 뭐꼬?"

하더라고 언니가 얘기하는 걸 들었는데 이러던 어느 날 낮에 기다리고 기다리던 엄마가 와서 엄마를 본 저는 반가워 소리치며 엄마에게 매달리니

"아이, 우리 애기가 착하게도 울지 않고 엄마 오기를 기다렸기에 엄마가 부지런히 왔단다."

하며 저를 안고 제 등을 두드려 주며 젖을 물려주며 아빠와 얘기하다가 일어나 말순 엄마를 만나보고 왔습니다.

아빠와 엄마는 의논 끝에 이곳에서 언니와 큰오빠가 학교를 도저히 못 다닐 먼 곳이어서 온천장과 가까운 곳으로 이사하기로 하고 우선 트럭에 싣고 온 짐을 온천장에 있는 중기 오빠네가 방 얻어 지내는 집 추녀 밑에 갖다 두기 위해 엄마는 작은오빠를 데리고 타고 온 트럭을 타고 온천장으로 갔습니다.

엄마는 짐을 싣고 가서 중기 오빠네가 방 얻어 들고 있는 집주인에게 사정 얘기를 하고 양해를 얻어 추녀 밑에 짐을 쌓아 놓은 뒤 작은오빠를 데리고 돌아왔는데 언니와 오빠들은 엄마가 왔기 때문에 좋

아서 어쩔 줄 몰라 했지만 저는 엄마 품에서 물러날 줄 모르고 엄마 젖을 만지고 있었습니다.

다음 날부터 아침 일찍 아빠, 엄마는 온천장 부근으로 방을 얻으러 나섰지만 부산 시내나 온천장 부근이나 각처에서 몰려온 피난민들 때문에 방을 구하기가 하늘의 별 따기여서 아빠, 엄마는 매일 같이 방 얻으러 나가시는 게 일이었습니다.

엄마가 강릉에서 돌아와 짐을 중기 오빠네 주인집에 맡겨놓고 와서 아빠에게 강릉에서 있었던 얘기를 했는데 저는 어렸기 때문에 잘 몰랐지만 엄마가 강릉에 도착하여 꽃 많던 집으로 가 보니 집은 폭격으로 불타 없어져 버렸고 빈 집터만 있었는데 우리가 피난길에 나설 때 아빠는 쓰시던 책들이며 물건들을 큰 독 속에 넣어 마당가 텃밭에 묻어 놓았는데 엄마는 계열 아빠며 동네 사람들 도움을 받아 묻혀있던 단지들을 파내어 그 속에 든 아빠의 책들이며 서류들과 물건들을 수습하고 나서 언니가 다녔던 강릉 여고로 갔더니 교장 선생님은 언니 대학 입학시험의 합격 소식을 듣고 무척 기뻐하면서 졸업증명서며 필요한 서류를 만들어 주었는데 큰오빠의 필요한 서류까지 다 만들었지만 즉시 부산으로 돌아오지 못한 것은 아빠의 바로 위인 제 고모가 몹시 위독했기 때문이었습니다.

우리가 피난길을 떠났을 때인 지난 겨울 제 가운데 큰엄마도 피난길에 나서며 고모에게 보따리를 머리에 이켜 길을 가고 있을 때 저녁때가 되어 어두워지니 처음 보는 젖먹이를 데리고 동행하던 아낙네가 길가에 앉아 애기한테 젖을 물리며 고모보고 자기가 보따리를 봐 줄 테니 인가로 가서 방을 얻어 보라고 해서 순진한 고모는 그 말대로 보따리를 내려놓고 방을 얻으러 돌아다니다 젊은 아낙네가 있던 곳으로 와보니 애기에게 젖 먹이던 아낙네는 고모가 가졌던 보따리와 함께 사라진 뒤였습니다. 고모는 가운데 큰엄마에게 구박받았는데 폭격까지 받게 되어 파편이 고모의 옆구리를 스쳤기 때문에 큰 상처를 입어 피를 흘리며 부근에 있는 어느 집으로 들어가니 그 집주인 할머니가 고맙게도 간호를 해주어 그 집에 고모 혼자 며칠 머물다가 혼자서 강릉으로 돌아왔는데 이해 여름에 고모는 이질에 걸려 아무도 돌아보지 않아서 거의 죽게 된 걸 엄마가 마침 강릉에 도착해서 발견하고 이웃 사람에게 부탁하여 고모를 손수레에 실어 병원까지 데려가서 진찰받게 한 다음 아빠 이름으로 고모 약을 지어다 먹이며 간호해서 살려냈습니다. 이때 가운데 큰엄마는 경기 오빠와 복기 언니를 데리고 있었고 경기 오빠는 강릉 비행장의 미 공군 문관으로 다녔고 복기 언니와 함께 금학동에 있는 집에서 있었으며 뒤채에는 결혼한 완기 오빠가 있었으며 가운데 큰엄마는 말산 과수원에 있으면서 함경도에서 혼자 피난 나와 과수원 머슴으로 들어온 박씨가 있었는데 중기 오빠보다 한 살 위인 이 사내와 놀아나서 남부끄러운 줄도 모르고 정신이 없더라고 엄마가 얘기했습니다.

 이때 가운데 큰엄마는 친손자 손녀들과 외손녀 외손자들을 둔 할머니였으면서 이토록 추잡하게 놀아났고 거기에다가 복기 언니를 군인들 상대로 몸 팔아 돈을 벌어들이라고 하다가 복기 언니가 듣지 않으니 가운데 큰엄마는 복기 언니에게 달려들어 뺨을 때렸다는 얘기를 듣고 엄마는 가운데 큰엄마를 매섭게 야단쳤다고 얘기하니 듣고 계시던 아빠가

"거 참 잘했군."
하시며 엄마 등을 뚜덕뚜덕 하시는 것을 제가 보고
"빠빠야는 엄마만 이뻐한다."
하고 말했더니 온 집안 식구들은 모두 웃었습니다.
 강릉에서 엄마가 돌아온 며칠 뒤 중기 오빠가 찾아왔을 때 아빠는 강릉 얘기를 하시다가 중기 오빠 보고
"네 에미를 내쫓아라. 집안 망신시켰는데 안 내쫓으면 너도 똑같은 놈이다."
하고 꾸중하시니 중기 오빠는 울먹이면서
"아무리 그래도 낳은 어미를 어떻게 내쫓습니까?"
하며 안경을 벗고 손수건으로 눈물을 닦는 중기 오빠를 보며 저는 영문도 모르면서 아빠를 번갈아 쳐다보면서 제 속으로
'빠빠야가 옛날얘기 해줄 적엔 안 그랬는데 왜 이렇게 무서울까?'
하고 생각하다가 엄마가 강릉에서 고모가 앓아서 죽게 되었던 참혹한 광경을 중기 오빠에게 들려줄 때 저는 꽃 많은 우리 집에서 고모가 저를 이쁘다고 업어주다가 감나무의 홍시를 장대로 따다가 숟갈로 퍼먹여 주던 일이 생각나서
'고모가 왜 아야, 아야 했지?'
하고 생각했습니다.
 이런 일이 있고 나서 아빠, 엄마는 부지런히 방을 얻으러 바쁘게 다니실 때 하루는 사람 편에 중기 오빠의 처인 종훈 엄마가 작은어머니인 엄마를 오시라고 연락해서 엄마가 갔더니 엄마가 갖다 놓은 짐 중에 있던 재봉틀을 중기 오빠가 자기 마음대로 팔아 쓰려고 살 사람을

물색하여 홍정하려고 한다며
"내 남편이지만 속이 껌껌하기가 꼭 도둑놈이에요."
하고 알려주어 엄마는 급히 부산 국제시장의 상인을 통해 재봉틀을 처분하여 그 돈으로 언니의 등록금과 큰오빠의 학비로 썼고 이때 마침 온천장에서 가까운 장전동에 방을 얻을 수 있어 그리로 이사하였습니다.

Chapter 4

자야네 집

자야네 집

새로 이사한 집은 대문에서 보면 왼편에 붙어있는 방이 우리가 있을 방인데, 방문 앞 마루는 조금 넓어 종이 상자를 구석에 쌓아 놓아도 다니는데 불편이 없었고, 마루 밑에 아궁이가 있어 사람이 꾸부리고 들어가 아궁이에 불을 땔 수 있는 공간이 있어서 엄마는 여기를 부엌으로 썼습니다.

집 주위 돌담 안은 푸성귀를 심어 놓은 텃밭이었는데 마당에서 보면 서편으로 높은 금정산 줄기가 쏟아질 듯 가깝게 보이는 곳이라서 이때만 해도 낮에 마당을 가로질러 뛰어가는 노루도 구경했습니다.

이 집에는 늙은 주인 내외와 방식이라는 열일곱 여덟 가량의 아들과 이제 국민학교 오 학년인 자야라고 부르는 딸이 있었습니다.

이 집에 이사 와서 작은오빠도 금정 국민학교 삼 학년으로 들어가서 학교 교실이 부족한 때였기에 이웃에 있는 공회당에서 공부했기 때문에 오전반이 되었을 때는 아침에 갔다가 점심때쯤 돌아왔고 오후반이 되었을 때는 점심 먹고 학교에 갔다가 저녁때 돌아왔습니다.

이럴 때 언니 오빠는 새벽 깜깜할 때 서둘러 밥을 먹고 학교로 갔는데 새벽에 나가보면 조그만 산짐승들이 자주 보인다고 했는데, 가끔 늑대가 내려와 돼지를 물어간다는 소문이 들리기도 했는데, 학교 갔던 언니와 큰오빠는 밤늦게 돌아왔는데, 엄마는 언니와 큰오빠가 학교 갈 때 같이 나가서 부산을 다녀오는 때가 자주 있었고, 아빠는 가끔 볼일이 있을 때면 작은오빠가 학교에서 돌아오고 난 뒤에 나가시곤 했는데, 작은오빠와 제가 있을 때면 작은오빠는 숙제부터 해놓고 저와 놀았고, 이러다가 제가 오줌이 마려워 작은오빠보고 말하면 요강 대신으로 빈 깡통을 갖다주어 저는 요강보다 불편한 깡통에 오줌을 누었습니다.

이러고 지내다가 가을이 되었을 때 아빠는 엄마와 의논 끝에 강릉에 다녀오시기로 하고 강릉으로 떠나셨는데 하루는 일요일 아침인데 새벽부터 가을을 재촉하는 비가 몹시 쏟아지고 있었고, 통학하느라고 고단했던 언니와 큰오빠는 학교 안 가고 쉬는 날이어서 쉬어야 한다고 방바닥에 드러누워들 있을 때, 철모를 쓰고 군용 우비를 입은 승기 오빠가 오랜만에 외출을 나왔습니다.

엄마는 반가워하며 승기 오빠를 맞아들였고 언니와 함께 찐빵을 만들기 위해 밀가루 반죽을 해서 따뜻한 아랫목에 파묻어 놓으며 승기 오빠에게 강릉 얘기를 들려주었습니다.

승기 오빠는 점심밥도 먹고 찐빵도 먹으며 이번 외출이 마지막으로 훈련이 끝나고 임관식이 있을 겨울까지는 못 올 거라고 얘기하고 엄마에게 친누나인 분남이 언니 소식을 물었는데, 엄마는 분남이 언니가 첫딸을 낳아 잘 키우고 있다고 들려주었는데, 분남이 언니는 육이오 사변이 일어나기 바로 전 해에 강릉최씨 집안과 혼인이 정하여져서 결혼식 날짜가 정해졌는데, 그때까지 실컷 부려 먹던 가운데 큰엄마는 서울에 있는 아들들한테 갔다 와야 한다며 서울로 가서 결혼이 끝나고 나서야 강릉으로 내려왔는데, 전통 혼례식으로 결혼할 때 아빠, 엄마가 혼수며 잔치 비용을 내어 분남이 언니를 시집보냈고, 시집가고 얼마 안 있어 신랑과 함께 친정 나들이 온 분남이 언니 내외를 우리 집에 머물게 하면서, 그 당시에는 보기 힘든 파마를 해주기 위해 미장원에 갔다 왔는데, 파마머리를 본 신랑은 입이 귀까지 돌아가며 좋아했고, 학교에서 돌아온 승기 오빠가 보고
 "젊은 색시들 중에 우리 누나가 제일 이쁘다."
하고 좋아했는데, 이날 저녁 우리 집에서 저녁밥을 먹은 승기 오빠와 분남이 언니 내외는 말산으로 내려갔는데, 분남이 언니의 파마머리를 본 복기 언니와 회산 정남이 언니의 큰딸 귀자가 달려들어 분남이 언니의 머리를 물 칠하여 빗으로 빗겨 파마머리를 다 풀어 놓아 아침에 발산으로 내려갔던 엄마가 이 꼴을 보고 못 된 두 계집애를 찾으니 시샘과 질투에 사로잡힌 두 계집아이는 이미 달아나고 없었고, 못된 짓 하는 걸 나무라지도 않고 구경만 했던 두 큰엄마는 엄마에게 야단을 같이 들어야 했고, 어리석게 두 계집아이 하자는 대로 했던 분남이 언니만 엄마에게 쥐어박혔고, 이런 일이 있고부터 분남이 언니와 승기 오빠는 아빠 엄마를 더욱더 따르게 되었는데, 이날도 승기 오빠는 이 얘기를 했습니다.
 승기 오빠가 가고 이내 김장철이 되었다가 겨울로 접어들었을 때 기다리고 기다리던 아빠가 오셨는데, 큰 보따리를 짊어지시고 오신 걸 풀어놓는 걸 보니 옛날 제 할아버지께서 돌보아 주신 순이 큰아버지께서 우리에게 갖다주라고 엿을 고아주셔서 엿이 많았고, 또 제법 큰 보따리를 언니가 푸는데 보니 약식이었는데 이것을 조금 떼어먹는 것을 본 저는 언니에게 달라고 했더니, 조금 떼어 제 입에 넣어주어 먹어보니 찌지 않은 약밥이어서 밥알이 까칠까칠하여 저는 이것

을 삼키다가 목에 걸려 캑캑하며 기침을 했더니, 엄마가 보시고 쪄서 먹어야 할 것을 저에게 주었다고 나무랐고, 이것을 보신 아빠가 언니를 꾸중하시니까 언니는 아빠 몰래 저한테 눈을 흘겼습니다.

아빠는 이날 저녁때 중기 오빠를 불러 강릉의 일들을 들려주셨고 경기 오빠가 보낸 쪼꼬렛이며 과자들이 든 보따리를 내어주니 중기 오빠는 이것들을 우리에게 주라며 나누어 주고 갔는데 이 덕분에 저와 작은오빠는 두고두고 엄마가 아껴서 주는 캔디며 쪼꼬렛이며 과자를 맛볼 수 있었습니다.

이럴 때 어느 날 승기 오빠가 왔는데 고된 훈련을 끝마치고 장교로 임관되어 전선으로 배치되기 직전 마지막 휴가를 나왔습니다.

아빠, 엄마는 승기 오빠를 반갑게 맞아들이고 아빠는 강릉 다녀오신 얘기를 하셨는데 다음날 아빠, 엄마는 승기 오빠를 조금이라도 잘 먹이고 싶으셔서 부산 국제시장으로 가셨고, 언니 오빠들은 학교 가고 없을 때 저는 엄마가 제 몫으로 내놓고 간 쪼꼬렛과 과자들을 가지고 흔들리는 손으로 제 보물들인 빈 크림 병이며 뚜껑들에다가 제 딴에는 너무 수고스럽게 정성을 다해 차려서 이것들을 가져갈 재주가 없는 저는 승기 오빠보고 이리 와서 이것 먹으라고 하는데, 책을 열심히 들여다보고 있는 승기 오빠는 건성으로만 대답하고 거들떠보지도 않아 저는 눈을 부릅뜨고 소리치며 승기 오빠를 때렸더니, 그제서야 저를 본 승기 오빠는 모든 사태를 알아차리고 저처럼 눈을 부릅뜨며 저하고 한바탕 싸웠습니다.

이러다가 점심때가 되니 꽁꽁 얼어붙은 얼굴을 한 작은오빠가 돌아와서, 엄마가 가기 전에 차려 놓고 간 점심을 모두 같이 먹고, 작은오빠는 숙제한다고 하다가 숙제를 끝마치고 저하고 놀기도 하고, 승기 오빠한테 군인들 얘기며 총 쏘는 얘기를 묻기도 했습니다.

저녁때가 되어갈 때 부산에서 돌아오신 아빠, 엄마는 미군 부대에서 흘러나온 소고기며 닭고기들을 사 오셔서 엄마는 이것들로 찌개 끓이고 저녁밥을 지으셨는데 소고기와 닭고기들은 원래는 통조림으로 나왔던 것이어서 찌개 끓는 냄새가 아주 맛이 있게 풍겨 와서 저는 입에 침이 돌아 꿀꺽 힘을 삼키며 보니 작은오빠도 침을 삼키고 있었습니다.

나중에 제가 커서 알았지만, 이때 사다 먹은 이 고기들은 미군 부대 식당에서 쓰고 남은 것들인데 조사가 심하기에 한국인 종업원들은 이것들을 쓰레기통 속에 숨겨 가지고 나와 시장에서 파는 것들이었습니다.

아무튼 피난 생활에서는 보기 드문 진수성찬이 차려지니 승기 오빠는

"작은어머니, 저 때문에 이렇게 수고하시지는 마십시오. 제가 온 것은 전선으로 떠나기 전에 한 번이라도 더 작은아버지와 작은어머니를 뵈려고 왔을 따름입니다."

"네 마음은 안다. 하지만 추운 일선으로 가는데 이렇게나마 너를 먹여 보내지 않으면 작은아버지와 내 마음에 걸려서 어떡하겠니? 염려 말고 많이 먹어라."

"그래, 네가 출전하는데 아무 생각 말고 많이 먹어라. 사람은 그저 먹는 게 제일이니 잘 먹도록 해라. 일선에 가면 어떤 경우가 닥칠지 모르니 잘 먹어 둬야 한다."

하시며 아빠는 승기 오빠에게 많이 먹도록 권했습니다.

이렇게 되어 저와 작은오빠도 덩달아 맛있는 반찬을 끼니때마다 먹을 수 있었는데, 승기 오빠의 일주일 휴가는 금방 흘러가 버려서 엄마, 아빠는 승기 오빠가 명령받은 집결지까지 같이 가서서 거기서 다시 부산 정거장까지 따라 나가 열차 편으로 전선을 향해 떠나는 승기 오빠를 전송하시고 돌아오셔서, 승기 오빠가 동부전선으로 배속받았다고 말씀하셨습니다.

엄마, 아빠가 모두 부산으로 가시고 아직 돌아오시지 않을 때 밤이 되면 작은오빠는 등잔불을 켜놓고 저와 놀면서, 아빠, 엄마와 언니와 큰오빠가 돌아오기를 기다리고 있을 때면, 우리들이 허기질까 봐 자야 엄마는 늘 찌개며 국이며 밥을 차려서 갖다주어 작은오빠와 저에게 저녁밥을 먹도록 해주었는데, 이때는 식량도 귀하기 짝이 없을 때였고 남을 돌볼 여유가 없는 때였는데도 이렇게 돌보아 주었습니다.

이날도 승기 오빠를 배웅하러 엄마, 아빠가 가셔서 아직 돌아오시지 않았고, 언니와 큰오빠도 아직 안 왔을 때, 등잔불 아래서 놀고 있는 우리에게 자야 엄마는 저녁밥을 갖다주어 배고픔을 모르고 지냈기에, 저는 그때의 고마움은 제가 죽을 때까지 잊혀지지 않을 것입니다.

이럴 때 계절은 점점 깊은 겨울로 접어들며 언니가 제일 먼저 겨울방학을 맞았고, 그래서 언니는 엄마 아빠가 나가신 뒤에 저를 돌보아 주어서 좋았는데, 우리나라 남쪽 끝인 이곳 부산에도 간간이 눈발이 날리기도 하다가 말곤 할 때, 작은오빠와 큰오빠의 방학이 되었을 때, 저는 큰오빠에게서 처음으로 크리스마스라는 명절이 며칠 안 남았다는 얘기며, 부산 시내 번화가에 화려하게 장식된 상가 진열장 얘기에 크리스마스트리에 대해 얘기 들으면서, 예수님이 탄생하신 날이라고 난생처음 들었지만, 저에게는 멀고 먼 딴 세상 얘기로만 들렸습니다.

　이러면서 크리스마스도 저에게 아무런 모습도 보여주지 않고 그냥 지나쳐 버렸고, 뒤를 이어 양력설이 되었을 때, 엄마는 부산 국제시장에서 미군 부대 고기와 핫케이크 반죽을 사와 낮에 핫케이크를 만들어 주어 아무것도 모르는 작은오빠와 저는 이것을 먹는 기쁨이 이루 말할 수 없이 컸습니다.

　설이 지나고 며칠 되었을 때, 매서운 추위가 기승을 부릴 때인데 하루는 뜻밖에 강릉에서 복기 언니가 부산으로 와서 중기 오빠네 집에 들렀다가 찾아왔는데, 아빠와 엄마에게 자기도 대학 진학을 하기 위해 왔다며 대학 시험을 쳐보고 안 되면 영문 타자를 배우겠다고 하며, 엄마 아빠 밑에서 눌러있을 생각이어서 엄마 아빠는 아무 말씀 안 하시고 며칠 동안 그대로 있게 내버려두었는데, 이때 우리들은 월남이나 태국에서 건너온 피난민 구호용 안남미를 엄마가 시장에서 사가지고 머리에 이고 가져와 먹고 있을 때여서, 이 쌀로 만든 밥맛은 형편없이 나쁜 데다가 우리들 외에 복기 언니까지 있게 되니, 쌀은 눈에 띄게 빨리 떨어져서 쩔쩔매게 되어 견디다 못해 아빠는 복기 언니 보고 우리의 사정 얘기를 하면서 앞으로 공부나 타자를 배울 동안 중기 오빠네와 같이 지낼 형편이 못 된다며 너 혼자서 자취할 방을 얻어야 하는데, 방 얻을 비용이며 생활비며 학비를 엄마에게서 받아다 공부해야지, 이토록 혼란한 속에서 처녀애가 고학한다는 것은 큰일 날 일이라고 타일러주어 복기 언니는 강릉으로 돌아갔지만, 늦게 바람이 나서 정신 모르는 가운데 큰엄마가 복기 언니의 학비를 마련해 줄 리는 만무해 끝내 대학 진학을 포기했는데, 아빠가 강릉에 가셨을 때 정남이 언니의 남편 심상만씨가 아빠를 만나서 이런 혼란 속에 딸을 대학에 보내면 애를 버리게 된다며 언니를 대학 다니지 못하게 하라고 권했다고 말씀하신 적도 있었습니다.

복기 언니가 강릉으로 돌아가던 날 밖에 나가 놀다 들어온 작은오빠는 이날 밤 열을 내며 몹시 앓았는데 감기인 줄 알았던 병이 홍역이어서 저에게 전염이 되어 저도 앓기 시작했습니다.

작은오빠와 저는 이렇게 되어 심하게 앓으니 엄마는 급히 부산 국제시장으로 가서 이 당시 우리나라에 처음으로 알려진 미군 부대에서 흘러나온 항생제 페니실린 정제를 사 와서 작은오빠와 저에게 알약 사분의 일로 쪼개어 시간 맞추어 먹이니 무섭게 앓던 저와 작은오빠는 위험한 고비를 넘겼습니다.

이럴 때 평소에 병약하여 겨울이 되면서 자리에서 일어나지 못하던 자야 아빠가 운명하여 장례를 치르게 되었기에 아빠는 자야네 친척 어른들과 상의하여 자야네 집에서 한참 떨어진 자야네 친척집으로 임시 옮겨 있기로 하고 앓고 있는 저는 엄마가 업고 제 머리서부터 뒤집어씌워 그 집으로 갔고, 작은오빠도 담요를 뒤집어쓰고 아빠에게 업혀서 옮겨왔는데 몹시 지독하게 앓았기에 저는 다리가 아파서 칭얼거리면 아빠가 주물러 주시곤 했지만, 무슨 병에든 신기할 정도로 약효를 발휘하는 페니실린인데도 작은오빠와 저는 열이 내렸다가 도로 올라서 아빠 엄마를 애타게 했습니다.

이렇게 홍역을 치르는데 자야네 장례는 끝났고 작은오빠와 저는 올 때처럼 아빠 엄마에게 업혀서 돌아왔는데 이러고 나서 며칠 후 작은오빠와 저는 홍역에서 벗어나 회복기에 들었고 아빠는 저 때문에 얼굴에 살이 빠지시고 야위기까지 했습니다.

지난 겨울 작은 오빠와 제가 홍역을 치르기 전일 때 산속에 덫을 놓아 노루를 잡아 와 동네에서 노루 고기를 파는 걸 본 작은오빠가 먹고 싶어 하는 걸 엄마가 보고 노루 고기를 사다가 불고기를 해서 온 식구들이 먹은 적이 있었는데 지금 봄이 되어갈 이때 여우를 잡아 와 고기를 판다며 자야 엄마는 엄마더러 저에게 먹여보라고 해서 엄마는 여우고기를 사다가 맛있게 양념하여 숯불에 구워 저에게 먹여주는 걸 저는 소고기인 줄 알고 맛있게 먹었는데 나중에 엄마는 그 고기가 여우고기였다고 알려주었습니다.

겨울 방학은 벌써 끝났지만 홍역 회복기여서 학교에 못 가던 작은오빠는 학교에 다니기 시작했는데 어느 날 학교 갔다 온 작은오빠는 아프다고 하며 드러누워 앓기 시작하며 열이 몹시 올랐는데 이렇게 앓고 있는 작은오빠를 보신 아빠, 엄마는 성홍열이라고 하며 걱정하셨지만, 작은오빠와 같이 있는 저는 전염이 안 되어 괜찮았지만 몹시 심하게 앓던 작은오빠는 회복기에 접어들자 온몸에 붉은 발진이 나타나 온 얼굴이며 목이며 손등 팔목 할 것 없이 빈틈없는 붉은 점으로 덮여 있으면서도 밖에 나가지 못하는 갑갑증에 어쩔 줄 몰라 했는데 지난 일요일에 언니가 빨래하며 꺾어다 물 담긴 깡통에 꽂아둔 진달래꽃이 방문 밖 마루에 놓여 있어 여기에 꿀벌들이 날아드니 아무도 없는 때라 작은오빠는 종이를 접어 집게를 만들어 바람 쐬지 말라는 엄마, 아빠 말을 어기고 마루로 나가 벌을 잡아 침을 뽑은 뒤 저에게 갖다주어 저도 이것들을 들여다보며 놀았는데, 이날 밤을 자고 난 작은오빠는 양쪽 귀밑 붙이 심하게 부어올라 마치 혹이 난 것처럼 되어 입도 못 벌리고 또다시 앓기 시작했습니다.

다시 앓기 시작한 작은 오빠는 학교는커녕 방문 밖에도 못 나가고 오랫동안 앓았는데 겨우 자리에서 일어난 작은오빠는 양쪽 볼이 쑥 들어가 있었습니다.

이러고 회복기를 무사히 보낸 작은오빠는 그전과 같이 건강해져서 학교에 다니기 시작했는데 이럴 때 어느 날 아빠, 엄마가 모두 나가시고 저와 작은오빠가 둘이서만 있을 때였습니다.

작은오빠는 저한테

"내가 하라는 대로 해야지. 안 하면 너 혼자 있게 내버리고 난 엄마, 아빠한테로 간다."

하고 말하기에 저는 오줌 누는 것도 물 마시는 것도 작은오빠의 도움 없으면 안 되기 때문이고, 무엇보다 혼자 있게 된다는데 겁이 덜컥 난 저는 말도 제대로 못 하면서 그러겠다고 했더니 작은오빠는

"좋아. 그러면 내 하라는 대로 하는 거다."

하고 다짐을 하고서 구구법을 가르쳐 주는데 저는 작은오빠가 저를 버리고 도망갈까 봐 기를 쓰고 따라 했더니 반나절 사이에 다 외웠습니다.

이러다가 밤이 되어 아빠 엄마가 들어오셔서 엄마는

"엄마 없는데 잘 놀았니?"

하고 묻기에 저는 낮에 혼이 났던 일을 띄엄띄엄한 말로 이르기를

"오빠가 나 내버리고 간다고 해서 무서워서 오빠 하라는 대로 했다."

"어떻게 하라는 대로 했는데?"

하기에 저는 낮에 외웠던 구구법을 외워 보였더니 깜짝 놀란 엄마는 작은오빠를 불러서

"아니 쬐끄맣고 말도 잘 못하는 애를 그렇게 어려운 걸 시켰어? 절 내버리고 간다고 해서 무서워하며 애가 얼마나 애쓰구 구구법을 외 웠겠니? 다시는 그러지 마라."

하시는데 밖에서 세수하시고 들어오시던 아빠가 무슨 일이냐고 물으시니 엄마는

"우리 작은아들이 애기한테 말 안 들으면 내버리고 간다고 구구법을 외우라고 해서 애기가 구구법을 외웠대요."

하니 아빠는 이 말을 들으시고

"그래?"

하시고 작은오빠를 불러 저에게 그런 어려운 것은 왜 가르치면 안 되는지를 설명해 주시고는

"이젠 그런 짓 다시는 하지 마라."

하시고 타이르셨습니다.

이러면서 세월은 흘러 꽃피는 사월이 가고 오월의 청명한 계절이 되어 낮이면 제법 더워 그늘을 찾을 때 학교길이 너무 멀어 힘들어하는 언니와 큰오빠를 위해 아빠, 엄마는 학교와 좀 더 가까운 동래 쪽에 방을 구하기 시작했습니다.

Chapter 5

화야네 집

화야네 집

 오월 말이 다 지나갈 무렵 방을 구한 아빠 엄마는 유월 초 일요일을 이용하여 이사하기로 하고, 이날 이사 갈 집주인 안씨가 소가 끄는 우차를 가지고 와서 이삿짐을 싣고 이사를 했는데, 새로 이사 간 집은 주위가 논으로 둘러싸인 농가였고, 대문에 들어서면 바른편 채는 안채였고, 왼편 채는 우리가 있을 방 두 칸과 부엌이 있는 곳으로, 부엌 옆으로 오양간이 붙어있었는데 장지를 넘어 윗방의 조그만 방문을 열면 저 멀리 동래역으로 들어가는 철길이 보이고, 기차가 다니는 게 보였고, 이 방문 앞 뚝 아래 앞집 마당이 내려다보였습니다.
 주인집에는 큰딸이 다섯 살이었는데, 화야라고 불렀는데, 저는 말을 띄엄띄엄 하는데다가 발음도 변변치 못해 아빠, 엄마나 집안 식구들만 제 말을 잘 알아들었지 다른 사람들은 잘 알아듣지 못했는데, 제가 이 집으로 이사 오자마자 이상하게도 화야는 제 말을 알아듣고 저와 서로 말이 잘 통했습니다.
 화야에게는 배다른 언니가 있었는데, 제 언니보다 두 살 위로 이때는 어떤 군인과 결혼하여 임신 중이었고, 화야 동생은 계집아이로 젖먹이였는데, 화야 엄마는 애기를 두꺼비라고 불렀는데, 언니 오빠들이 학교 가고 나면 아침밥 먹고 난 저에게 화야는 하루도 빠짐없이 놀러 와서 저하고 같이 놀았는데, 이럴 때 주로 하는 놀이가 소꿉질이어서 사금파리에 제가 갖고 있던 빈 크림 병이며 다 동원되어 방구석에 풀잎, 꽃잎으로 소담스러운 상이 차려지는데, 저는 손이 흔들려 이나마 참견 못 하고 구경만 하는데, 이럴 때면 언제고 화야는 제가 엄마라고 하며 아빠가 사다 준 깡통을 우그려 빨갛게 칠한 쥐와 매미가 애기로 둔갑하여 화야는 이것들을 안고 젖 먹이는 시늉을 하면서 노는 걸 제가

"나도 엄마 좀 하자."

"걷지도 못하는 기 엄마가 뭐꼬?"

하며 화야는 저에게 눈을 흘기기에 저도 화가 나서 한바탕 싸우고 나면 화야는 저에게 눈을 흘기면서 안채로 가버렸습니다.

이러고 나서 다음 날 아침 화야가 저에게 놀러 왔을 때 아침밥 먹고 있던 저는 어저께 화야가 밉게 굴었던 생각 때문에

"화야 가. 어제 나보고 뭐라고 했니? 밉다고 했지? 너하고 안 논다."

하며 더듬거리는 말로 화풀이하니까 아빠가 보시고는 화내는 이유를 물으시기에 저는 어저께 일어났던 일을 얘기하니까 아빠는

"화야는 너보다 두 살이나 어리니까 언니가 용서해야지."

하시고 저를 달래주셨는데 방구석에 서서 아빠와 제 눈치만 살피던 화야는 제가 밥을 다 먹기를 기다렸다가 저하고 놀다가 갔습니다.

화야네 집으로 이사 오고부터 큰오빠는 제가 잠이 깨기 전 아침 여섯 시 기차를 타고 가느라고 일찍 집을 나섰지만 화야네 집에서보다 늦게 나갔고 언니는 큰오빠와 같이 갈 때도 있고, 아빠와 작은오빠가 집을 나설 때 같이 나갈 때도 있었고, 때로는 아빠보다 더 늦게 갈 때도 있었는데, 이때 아빠는 동래의 법무사 사무실에서 그 법무사가 못 하는 사건 의뢰가 들어오면 아빠가 알아서 하셨기 때문에, 아빠는 매

일 같이 작은오빠가 학교 가는 시간에 아빠도 나가셨는데, 작은오빠는 이제 사 학년이기에 오후에 학교에서 돌아왔고 조금 있다가 언니가 돌아올 때도 있었고, 저녁때 아빠가 돌아오시고 난 뒤에 돌아올 때도 있었지만 큰오빠는 어두워지고 나서 돌아왔습니다.

　이렇게 되니 저는 언니하고 같이 있는 시간이 많아져서 좋았는데 화야네 집으로 이사 와서부터 간식이라곤 하나도 없었기에 어느 날 오후 화야도 안채로 건너간 뒤 저 혼자 놀다가 강릉 꽃 많던 우리 집에서 제가 먹던 간식들 이것저것이 생각났는데 그중에 밭에 열려 익어서 빨갛게 된 토마토가 먹고 싶어서 저는 저도 모르게 그만 입 밖으로 말이 튀어나오기를

　"아 토마토가 먹고 싶다."
하는데 옆에서 공부하고 있던 언니가 제 말을 듣고

　"뭐? 토마토? 너 어떻게 토마토를 아니?"

　"왜 몰라? 꽃 많은 집 밭에 있었잖아?"

　"아이고 토마토를 알고, 이제 아버지가 돈 많이 버시면 그런 건 실컷 먹을 거야. 조금만 참아."
하며 저를 달랬는데 저녁때 들어오신 아빠는 승기 오빠가 전쟁하면서 큰 공을 세워 신문에 났는데 일 계급 특진하고 훈장을 받았다며 대견해하시며 몹시 반가워하셨습니다.

　우리가 화야네 집으로 이사 온 이때 중기 오빠는 젖먹이까지 삼 남매를 데리고 강릉으로 이사했다고 아빠, 엄마가 얘기하는 것을 들었는데, 저는 강릉이란 말을 들을 때면 폭격으로 불타 없어져 버린 꽃 많던 우리 집이 제 눈앞에 떠오르곤 했습니다.

날씨는 점점 무더워지는 유월 말경인데 화야 아빠는 밭에서 보리와 밀을 추수하여 가마니에 담아다가 방마다 가득 쌓아놓을 때 뇌염이 창궐하여 국민학교는 모두 휴교령이 내렸기에 작은오빠는 학교에 안 가고 집에서 저와 놀기도 할 때, 화야 언니는 산월이 되어 있다가 해산을 하게 되어 보리 가마가 방마다 쌓여 있으니 부득이 우리 윗방에서 해산해서 아들을 낳았는데, 이때 산모에게 주는 미역국과 하얀 쌀밥은 참으로 구경하기 힘든 귀한 음식이었기에 저는 보기만 해도 먹고 싶어 침을 삼킬 때, 제 심정을 알기나 한 것처럼 화야 언니는 밥과 미역국을 남겨 제 차지가 되어, 저는 말순 언니네 집에서 마지막으로 먹고 그 후 처음인 우리나라 논에서 난 쌀밥을 엄마가 먹여주는데, 받아먹으니 얼마나 맛있던지 밥이 그냥 굴러 들어가는 것 같았습니다.

이렇게 되어 맛있는 쌀밥을 얻어먹게 된 행운이 계속되다가 화야 언니는 몸을 일으킬 수 있게 되어 애기를 데리고 보리 가마가 쌓여있는, 여물 가마가 걸린 자기 방으로 돌아갔지만, 엄마의 간호가 고마웠던 화야 언니는 산모가 먹는 흰 쌀밥과 미역국을 남겨서 저에게 갖다 주며

"이거 맹수이 묵으라."

하며 갖다주어 엄마는 제게 먹여주며 작은오빠에게도 조금 나누어 주었는데, 피난민 구호용 안남미로 엄마가 지은 밥을 먹으렸더니, 밥에서 이상한 냄새도 나고 맛도 없어서 도저히 먹을 수가 없었습니다.

이럴 때에 우리 집 형편은 더욱 나빠져서 냄새나는 안남미나마 살 수 없어서 엄마는 귀리의 억센 껍질을 벗겨낸 뒤 보드라운 속껍질을 벗겨 파는 걸 사 와서 이 밀기울과 보리쌀을 섞어 밥을 지어 아빠에게

만 솥발에 모인 보리밥을 퍼드리고 엄마는 언니와 오빠들에게 밀기울밥을 퍼 주니 작은오빠가

"어머니 이게 뭐지요?"

"이건 닭밥이라는 거란다."

하고 대답했는데 언니는 이밥을 참고 억지로 몇 숟갈 먹는 체하고 학교로 갔지만 큰오빠와 작은오빠는 이밥을 몇 숟갈 먹고는 속이 뒤틀려 애쓰며 기운을 잃고 드러누워 일어나지도 못했기에, 큰오빠는 이날 학교도 못 가고 있을 때, 한낮이 되어 화야네 집에서 점심으로 끓인 수제비국 한 그릇을 가져온 걸 저와 오빠들이 나누어 먹고, 그제서야 일어나지도 못하던 오빠들이 일어났는데, 이날 오후 아빠는 수입이 조금 생겨 그 돈으로 엄마가 고구마를 사다가 쪄서 저녁밥 대신으로 맛있게 먹었는데, 그때의 그 고구마 맛은 무엇에도 비길 수 없이 기막히게 맛이 있었습니다.

어느 날 낮에 화야는 마당가 밭에 심어 놓은 가지를 따서 들고 날것을 그대로 으적으적 먹으며 왔는데, 이럴 때 저는 과일이라고는 구경도 못 할 때여서 화야가 먹고 있는 가지가 과일같이만 생각되어 저도 먹고 싶어져서 화야 손에 든 가지를 한입 달래서 조금 베어 물고 맛을 보았더니 가지의 비린내가 풍겨서 저는 그나마 먹지 못하고 뱉어야 했는데, 화야는 비린 냄새도 모르는지 이걸 먹으며 저하고 소꿉질하며 놀면서 자기가 엄마 되어 외가에 저를 데리고 간 것으로 하며, 이번에는 화야가 외할머니가 되어 저를 보며

"우리 앨라가 외가에 왔는데 뭐 줄게 어데 있노? 가마이 있그라 외할무이가 밭에 나가 고구마 캐다가 쪄 주꾸마."

하며 잘 놀다가 이 놀이가 싫증이 나서 안채로 가면서 화야는
"맹수이 밉다."
하며 눈을 흘기고는 달아났습니다.
    이럴 때 엄마는 강릉에서 가지고 온 짐 속에 있는 옷감들을 아끼고 아껴두었다가 언니와 큰오빠의 학비며 교통비가 필요할 때면 부산 국제시장에 가서 팔아 썼는데 이날 국제시장에 갔던 엄마는 미군 부대에서 흘러나온 핫케이크 반죽을 깡통에 담아 싸게 파는 걸 보고 사 가지고 와서 언니는 신이 나서 프라이팬에 익혀 주기에 저와 작은오빠는 맛있게 먹고 있을 때, 밭에 나가 일하던 화야 아빠가 연장을 가지러 왔다가 보고 풍로 곁에 주저앉아 들여다보고 있기에, 엄마와 언니는 핫케이크를 익혀서 주니 맛있다고 하며 아주 많이 먹고 나서야 일어났고, 언니는 부지런히 핫케이크를 부쳐내어 화야 엄마에게 갖다주었는데도, 화야는 부지런히 나와 풍로 곁에 붙어 섰다가 엄마나 언니가 하나 주면 받아 들고 안채로 들어갔다가 조금 있다 또 와서 얼어가는 화야를 보고 낮에 저에게 욕했을 때 속상하고 골이 났던 감정이 다시 일어나 저는 화야에게 눈을 부릅뜨며
"엄마, 화야 주지 마."
"에이, 화야가 너한테 밉게도 굴지만 감탕이라도 따오면 너한테 새까만 것만 주잖니."
하며 조금 있다가 다시 오곤 하는 화야에게 핫케이크를 하나씩 주었는데, 엄마 말을 듣고 보니 바닐라 향이 물씬 풍기는 맛있는 핫케이크가 아깝긴 했지만, 저는 아무 말도 못 하게 되었습니다.
    우리가 화야네 집으로 이사 오고 얼마 안 되었을 때 동네 사람들에

게서 소문을 듣고 현우 언니가 뜻밖에 찾아와서 언니는 반갑게 만났는데, 현우 언니는 제 언니보다 여학교 일 년 선배였는데, 전쟁 중에 은행원으로 있다가 일본 동경의 맥아더 사령부에서 근무하던 문관과 결혼하여 시댁에서 남매를 낳아 기르고 있었는데, 시집이 화야네 집에서 멀지 않아 가끔 엄마에게 된장이나 장아찌를 가져오곤 했습니다.

이럴 때 뇌염으로 휴교령이 내렸던 국민학교는 그대로 여름 방학으로 들어갔고, 날씨는 무더운 삼복더위를 맞았을 때, 심한 가뭄으로 화야 아빠는 논에 물대는 일이 걱정일 때 끼니때마다 상에 오르는 꽁보리밥 때문에 화야의 울음 섞인 투정이 들려오기를

"어무이 이 밥 주가."

하며 떼를 쓰다가 종당에는 매 맞고 투정이 끝나기 일쑤였는데, 어느 날 낮 뙤약볕 아래서 논에 물 대는 일 때문에 사십 대의 화야 아빠는 이웃 논 임자인 오십 대 영감과 말다툼 끝에 급기야는 주먹싸움으로 번져 화야 아빠가 주먹질에는 이겼지만 고소당할 위기에 놓인 것을 아빠가 저녁때 얘기 들으시고 화야 아빠를 불러 피해자를 찾아가 사과하고 치료비를 물어주라고 타일러, 그대로 한 화야 아빠는 아빠 덕분에 무사하게 되고부터 아빠를 선생님이라고 부르게 되었습니다.

이러고 며칠 지난 어느 날 아침밥을 먹고 나서 놀러 나간 작은오빠는 점심때가 지나서도 집에 들어올 줄 모르는데 저녁때가 되고 어두워 가는데도 안 들어오니 걱정이 된 엄마가 이웃에 알아보니, 화야네 집에서 좀 멀리 떨어진 농가의 열대여섯 된 처녀애 둘과 함께 수영 바닷가로 해수욕한다고 갔는데, 그곳에서 작은오빠와 헤어져 다른 곳

에 들렀다 온 처녀애들은 벌써 돌아왔기에 걱정이 된 엄마, 아빠와 큰오빠까지 모두 작은오빠를 찾아 나섰습니다.

어두워진 늦은 밤 오른쪽 신발 바닥이 떨어져 나갔기에, 길에서 주운 전깃줄로 동여매고 철길에서 주운 석탄 덩어리를 양손에 나누어 쥔 작은오빠는 아빠와 엄마 그리고 큰오빠와 함께 집으로 왔는데, 지칠 대로 지쳐서 온 작은오빠는 그래도 세수하고 손발을 씻은 후 엄마가 차려주는 저녁밥을 허겁지겁 먹은 후 엄마가 묻는 대로 대답했는데, 아침에 놀러 나간 작은오빠는 우연히 두 처녀 아이의 수영 해수욕장으로 가는 의논을 듣게 되어 같이 가서 점심밥을 얻어먹은 후, 처녀애들과 헤어져 혼자서 바닷물에 들어가 놀다가 돌아올 때 철길을 따라 돌아오는데 신었던 신발이 너무 낡아 밑창이 떨어져 나가기에 전선줄을 주워 알맞게 잘라 신발을 동여매고 돌아오는 길에 저녁때가 되고 어두워져서야 동래역에 도착하여 집으로 향해 오다가 아빠를 만났고, 이어서 큰오빠와 엄마를 만나게 되었다고 대답하더니, 자리에 눕자마자 곯아떨어졌습니다.

이러고 나서 아빠는 아들 하나 잃어버리는 줄 알고 속으로 몹시 걱정을 하셨다고 말씀하셨는데, 아침에 일어난 작은오빠는 이날은 놀러 나가지도 못하고 누워만 있었습니다.

전선에서는 치열한 전투가 벌어지고 있었기 때문에, 부산 수영 비행장에는 뜨고 내리는 비행기들로 붐볐기에 우리가 있는 화야네 집 하늘은 늘 시끄러웠고 비행기들이 낮게 떠서 다녀 더욱 요란했는데, 이때 화야네 집에서 좀 떨어진 뒷산 꼭대기에 미국 군인들이 와서 며칠 작업하더니 그곳에 레이다 기지가 들어섰고, 밤이면 서치라이트가 하늘을 비추고 있어 저는 이상한 구경을 했습니다.

이러다가 말복이 되니 큰오빠와 작은오빠는 개학을 맞아 학교에 다니기 시작했고, 이어서 언니도 개학하게 되니 엄마는 아껴두었던 옷감들을 내다 팔아 언니의 등록금을 마련하기에 정신이 없었는데, 이러고 나서 아침저녁으로 시원해지더니 얼마 지나자 추석이 되었습니다.

추석이 되니 이곳 부산은 일 년 중 어느 명절보다 제일 큰 명절로 추석을 맞이했고, 화야 엄마는 음식들을 갖다주었는데 앞집 옥자네에서도 송편과 어린 박으로 끓인 국을 갖다주어 제가 맛있게 먹었던 기억이 있습니다.

추석이 지나서도 아침이면 화야는 어김없이 건너왔고 저는 화야와 소꿉질하면서 놀다 보면 언제고 헤어질 때 화야는

"맹수이 밉다."

하고 눈까지 흘겨대며 갔고, 저는 저대로 화가 나서 눈을 부릅뜨고 언짢은 소리를 하는 게 일과였는데, 아침저녁으로 제법 선선해졌을 때 화야 아빠가 이른 벼를 쪄서 정미한 찐쌀을 갖다 놓으니까, 화야는 한 주먹씩 손에 들고 다니며 조금씩 먹는 게 이상했던 저는 화야에게 좀 달라고 했더니

"너는 몬 묵는다."

하며 눈을 흘기고는 제 앞에 서서 야금야금 먹는 게 알미워진 저는

"너는 왜 우리 집에 와서 맛있는 거 먹었니?"

하고 한바탕 싸웠습니다.

이러고 나서 이내 화야와 화야 동생 두꺼비는 홍역에 걸려서 몹시

앓았는데 화야의 병세가 위독해지니 화야 엄마는 화야와 두꺼비가 죽는다고 울고불고할 때 엄마는 부산 국제시장에 갔던 길에 페니실린 정제를 사 와서 알맞은 양으로 시간 맞추어 먹여주어 두 아이를 살려주었습니다.

홍역을 치르고 회복기에 칭얼대던 화야의 떼가 없어졌을 때 만삭이던 화야 엄마는 해산을 했는데 바라고 기다리던 아들을 낳았지만 태반이 나오지 않아 위험해질 때 엄마가 돌보아 주어 화야 엄마는 무사하게 되었고, 이 덕분에 제게는 화야 엄마가 먹는 쌀밥과 미역국이 차례 와서 뜻밖에도 맛있는 햅쌀밥과 미역국을 얻어먹으면서 끼니때마다 이런 밥만 먹었으면 좋겠다고 생각했습니다.

이러고 나서 가을은 깊어져 서리가 올 때쯤 되었을 때 아빠, 엄마는 언니와 큰오빠의 학비를 마련하기 위해 의논하시더니 엄마는 김장철이 되기를 기다리며 강릉 다녀오기로 했는데 저녁에 들어오신 아빠는 신문을 보시다가 승기 오빠가 신문에 났다고 하시며 동부전선 전투에서 전공을 세우며 승리했기에 또 일 계급 특진과 함께 훈장을 받았다고 반가워하시며 기뻐하셨습니다.

김장철이 되어 엄마는 부지런히 김장을 해 넣고 김장이 익을 때까지 먹을 김치를 큰 단지에다 따로 해 넣고 강릉으로 출발했는데, 엄마 없는 저는 쓸쓸한 마음이었고, 언니는 밥을 해야 했고 학교도 가야 했는데, 이럴 때 언니는 엄마가 일러준 대로 아빠에게만 밥을 드렸고, 오빠들과 저에게까지 양식을 아끼느라고 김치를 썰어 넣은 죽을 쑤어 주었는데, 작은오빠가 조금이라도 불만을 표시하거나 하면 언니는 무섭게 몰아세우고, 때로는 여지없이 작은오빠를 쥐어박기에 저는 이걸 보고 겁이 나서 언니 눈치를 보며 김치를 너무 많이 넣어 죽이 매워서 고통스럽지만 언니 비위를 맞추느라고

"언니야 어쩌면 솜씨가 이렇게 좋나? 어떻게 이렇게 맛있게 했나? 난 언니가 한 게 이렇게 맛있다."

했더니 언니는 아무것도 모르고 그러는지 아니면 알면서도 속는 체하는 건지 몰라도

"맛있어? 맛있거든 많이 먹어."

하고 부드럽게 말했는데 평소에 언니는 저를 잘 봐주면서 이쁘다고 할 적도 있지만 제가 조금만 마음에 안 들면 야단도 잘 치기에 이럴 때 저는 속으로

'저건 지랄쟁이 언니야.'

하고 생각했지만 감히 눈 한번 부릅떠보지 못하고 오히려 언니 비위를 맞추어야 했습니다.

이럴 때 어느 날, 이날은 언니가 학교를 오후에 간다고 하여 집에 있을 때였는데, 저는 응가가 마려워 언니 눈치를 보며 야단칠까 봐 조마조마한 것을 억지로

"언니 아이 이뻐. 언니가 이렇게 이쁠 수가 없어."

했더니 공부하고 있던 언니가

"또 오줌 마렵니? 이쁘다고 하는 걸 보니 수상하다 생각했는데."

"응 언니. 응가도 마렵다. 그래서 언니가 이쁘드라."

있는 애교 없는 애교를 다 피우며 아양을 떨었더니 언니는 제 볼에다 뽀뽀해 주며 저를 안아 응가 시켜 주었는데 이러고 얼마나 있다가 작은오빠가 학교에서 돌아오니까 언니는 저를 맡겨놓고

"언니 학교 갔다 올게."
하고 갔습니다.

　이럴 때 언니는 제가 엄마도 없어 쓸쓸해하는 게 안돼서 저를 위해 솜뭉치를 헝겊으로 싸고 물감으로 얼굴을 곱게 그려 화려한 자투리 천으로 옷도 이쁘게 만들어 입히고 언니의 머리카락을 조금 베어 풀로 붙인 위에 머리까지 만들어 씌워 깜찍하고 예쁜 인형을 만들어 주어, 제게는 이 세상 어떤 것과도 비교 안 되는 보물이 되었는데, 저는 이 인형을 가지고 놀면서 화야가 오면 인형을 가지고 소꿉질하며 놀았는데, 화야는 인형 때문에 저에게 와서 같이 노는 시간이 아주 길어져 끼니때가 되어도 갈 줄 모르다가 화야 엄마가 불러야 겨우 갔습니다.

　저는 잠잘 때도 언니 곁에서 인형을 제 곁에 눕히고 같이 자면서 엄마 생각이 나는 걸 달래며 지낼 때인데, 작은오빠는 겨울방학이 며칠 안 남았다고 할 때 강릉 갔던 엄마가 돌아왔기에 저는 엄마에게 매달렸는데, 엄마가 가지고 온 커다란 보따리를 언니와 맞들어서 방에 들여다 놓고 풀어놓는데, 보따리 속에서 곶감, 엿, 과즐, 감, 그리고 제가 늘 먹고 싶어 하던 쪼꼬렛 상자가 들어있어 저는 무엇보다 반가웠는데, 엄마는 감이며 곶감이며 과즐을 덜어 놓으며 저보고

"이것들을 화야네한테 조금 갖다주어도 되겠지?"
하고 묻기에 저는 이제는 엄마도 있고 그렇게 먹고 싶던 쪼꼬렛도 많이 있기에 기쁜 마음에 들떠있던 차라 시원스럽게

"응."
하고 대답하니 엄마는 덜어놓은 것들을 안채 화야네한테 갖다주고 한참 얘기하고 건너왔는데, 저는 이제 엄마도 왔겠다, 언니에게 아쉬

운 것도 없을뿐더러 이제는 언니의 눈치를 보며 조마조마해야 할 일도 없을 테고 게다가 제 곁에 엄마가 있으니 기가 난 저는 엄마에게 띄엄띄엄하고 어둔한 발음으로

"엄마, 엄마 내 말 좀 들어봐. 언니가 김치죽을 쑤어서 그것만 줘서 매워 혼났다."

"아이고 그랬어? 이놈에 언니 못 쓰겠다. 언니야 너 왜 우리 애기 맵게 김치죽을 쑤었니? 우리 애기가 매워서 혼났다고 한다."

"하하하--- 저런 구렁이. 나보고는 언니야 언니 솜씨가 어떻게 이렇게 좋나? 하고는 맛있다고 하더니 엄마가 오니 딴소리야?"
하고 언니는 엄마와 막 웃었습니다.

엄마가 곁에 있으니까 저는 제 보물인 인형까지도 거들떠보지 않고 엄마 곁에만 있으려고 했는데 작은오빠가 학교에서 돌아오고 아빠가 들어오시고 큰오빠까지 돌아왔을 때 저녁밥을 먹고 난 저는 엄마 곁에 붙어 앉아 엄마 가슴에 제 얼굴을 파묻고 엄마 냄새를 실컷 맡고 있는데, 엄마는 아빠 얘기를 들으시고 강릉에서 있었던 얘기를 하는데 엄마가 강릉에 도착해 가운데 큰집으로 들어가 보니 온천장에서 이사한 중기 오빠네가 있는데 종훈이, 종옥이, 종철이 삼 남매를 둔 종훈 엄마는 중병을 앓고 있었는데, 병세가 위독했고 말산으로 내려간 엄마는 고모를 찾아봤더니 고모는 지난번 여름이 다 지나갈 때 학질에 걸려 떨면서 앓고 있었는데, 지난 가을 가운데 큰엄마는 빨랫거리를 기가 막히게 내어놓아 고모한테 빨게 해서 가뜩이나 몸이 쇠약해진 고모는 그 많은 빨래를 다 해놓고 심하게 앓기 시작했는데, 이렇게 되니 가운데 큰엄마는 고모가 폐병에 걸렸다고 하며 전염이 될

까 봐 무섭다고 하니, 동네 사람들조차 발그림자도 안 하는 가운데 불도 못 때어 얼음장같이 차가운 방에서 피골이 상접하여 눈도 못 뜨는 참혹한 모습을 보게 되어, 엄마는 급히 이웃집에 방을 얻어 불을 따뜻이 때고 고모를 그리로 옮겨 놓은 뒤 미음을 끓여 먹이고 이웃 사람들에게 부탁하여 고모를 손수레에 태워 병원으로 데려가서 치료받게 하고 약을 지어와 먹이면서 매일 같이 고모를 데리고 병원으로 드나들며 간호하면서 볼일을 보며 고모 곁에서 자며 간호를 해서 회복기에 들었을 때 병세가 위독하던 종훈 엄마는 끝내 죽고 말았답니다.

어린 종훈이 삼 남매만 남겨두고 저 세상으로 엄마는 갔기에 가엾은 이 애들은 의지할 곳이라곤 없었는데 할머니라는 가운데 큰엄마는 이럴 적에도 머슴인 박씨와 사랑놀음으로 정신이 없어 동네 사람들의 손가락질도 개의치 않았는데, 종훈이 엄마를 화장하고 나니, 겨울을 재촉하는 비가 몹시도 쏟아지고 있는 날, 엄마는 볼일을 보기 위해 강릉 읍내로 나왔다가 저녁때 고모에게 가보니, 아직 완전히 회복되지도 않은 고모를 불러낸 가운데 큰엄마는 무섭게 쏟아지는 빗속에 또 빨래를 시켜, 차가운 그 비를 다 맞으며 빨래하고 난 고모는 또 열이 오르며 앓기 시작해서, 우리들을 걱정하고 돌아오려던 엄마는 또 고모의 병간호로 꼼짝 못 하게 되었다고 했습니다.

고모를 살려내고 가운데 큰엄마와 승기 오빠 계모인 큰엄마를 눈이 빠져라 야단치고 강릉을 떠났다고 엄마가 얘기했는데 작은오빠는 며칠 안 있어 겨울 방학을 맞았고 큰오빠도 방학이 되고 이내 크리스마스가 되었는데 이날 새벽 저는 산타클로스 할아버지의 선물인 사탕 한 봉지가 제 머리맡에 놓여있어 아침에 잠이 깨어 사탕 봉지를 손에 쥔 저는 그림에서 본 산타클로스 할아버지가 처음으로 좋게 생각되었고, 일 년 내내 과자라곤 구경하기가 힘들었던 저는 요즘 들어 아주 부자가 되었는데, 아침밥 먹고 나서 놀러 온 화야한테 저는 사탕봉지를 들어 보이며

 "화야 난 이렇게 선물 받았다. 너는 못 받았지? 이제부터 내 말 잘 들어야지, 그러지 않으면 이거 안 준다."
하고 저는 기세등등해서 화야를 몰아세우니 기가 죽은 화야는 평소와는 달리 말대꾸도 못하고 제 눈치만 보고 있는 화야가 안 됐던지 큰오빠는

 "화야한테도 좀 줘라. 그래야지 이다음 크리스마스 때 또 좋은 선물 많이 갖다주시지. 남 먹고 싶어 하는데 안주면 나쁜 애라고 선물 안 주셔."
라고 말하기에 겁이 더럭 난 저는 봉지 속의 사탕 한 개를 얼른 꺼내어 화야에게 주었더니 받아 들기 무섭게 입속에다 넣어 볼이 불룩하게 된 화야는 여느 때와 같이 저와 소꿉질을 하며 놀다가 가면서 제가 부자 되기 전에 하던 짓처럼 저한테 욕도 안 하고 갔습니다.

 저는 엄마가 아껴두고 조금씩 주는 쪼꼬렛을 먹으며 만족해서 놀며 지내던 깊은 겨울 아빠도 엄마와 상의하시고 강릉으로 이사할 것을 결정하시고 나서 언니와 큰오빠는 공부를 계속하게 화야 집에 그대로 있기로 하셨는데 엄마는 부산으로 가셔서 엄마의 친정 사촌 오라버니 되는 이종국씨를 찾아보느라고 이틀 동안 집에 없었는데 돌아온 엄마는 친정 큰어머니이신 이종국씨 어머니가 이제는 애기가 되셨고 사촌 언니 되시는 이종국씨 바로 위의 누님인 봉이 아주머니

의 시중을 받으며 지내시는데 봉이 아주머니는 옛날 결혼하시고 두 딸만 슬하에 두셨고, 남편 되시는 분은 제정 로서아 시절 로서아로 건너가셔서 그곳으로 오라는 편지가 있었지만 친정 부모님들의 반대로 일생 동안 혼자 깨끗이 지내신 분이라고 얘기했습니다.

이러고 나서 엄마는 또다시 강릉으로 갔는데 겨울방학 중인 언니는 저를 돌보아 주면서 작은오빠의 스웨터를 틈틈이 부지런히 뜨고 있다가 다른 일을 하느라고 잠깐 방바닥에 놓아둔 것을 제가 만지는 걸 본 언니는

"만지지 말어. 이 코가 빠져."
하고 말하면서 제 코끝을 손끝으로 건드리기에 저는 속으로

'이상하다. 이것도 코가 있나?'
하고 생각하면서 다시는 이것을 건드리지 않았는데 다음날 놀러 왔던 화야는 언니가 부엌에 나간 사이 방에 놓인 뜨개질감을 건드리는 걸 제가 말리는데도 듣지 않고 바늘을 잡아 뽑고 실을 잡아당겨 언니가 애쓰고 떠 놓은 것을 풀어 놓다가 방에 들어온 언니에게 들켰고 화를 억지로 참고 말없이 뜨개질감의 바늘을 다시 꽂는 언니의 험악한 얼굴을 쳐다본 화야는 겁이 나서 언니 눈치를 보면서 살살 뒷걸음질치다가 쥐처럼 소리 없이 방 밖으로 도망쳤습니다.

강릉 갔던 엄마는 이번에는 오래 있지 않고 열흘 만에 돌아왔는데 피난 전에 아빠에게 신세 졌던 분들이 이제 음력설이 며칠 안 남았다며 과즐, 강정, 엿, 떡을 해다가 엄마에게 주어 엄마는 이것들을 잔뜩 가져왔기에 저는 또 한 번 부자가 되어 놀러 온 화야에게 호기를 부리며 음력설을 맞았습니다.

언니와 큰오빠는 개학이 되어 새벽밥을 먹고 학교에 다니는데 아빠와 엄마는 강릉으로 이사할 준비를 하면서 아빠는 일하시던 사건의 마무리를 하시느라고 며칠을 더 지체하시다가 강릉으로 출발하는 날 언니와 큰오빠는 제가 잠이 깨기도 전에 학교로 간 뒤였고, 아침밥을 먹은 뒤 가지고 갈 많지 않은 짐들을 수습해서 아침나절에 집을 나설 때, 전날 외가로 갔기 때문에 저는 화야와 작별도 못 한 채 떠났는데, 화야 아빠가 지게로 우리 짐을 동래 버스 정류장까지 저다 주며 버스 오길 기다려 버스에 짐을 실어주고 작별했는데, 버스 안에는 사람들로 꽉 차 있어서 기장이라는 곳까지 서서 오다가 기장에 도착하여 자리가 나서 앉으며, 엄마는 저를 엄마 곁에 앉히고 제 옆에 작은 오빠가 앉았는데 이때 아빠는 저를 보시고

"우리 짐짝."

하시며 웃으셨지만 저는 아빠가 사주셨던 장난감 쥐와 매미를 양손에 꼭 쥐고 있었습니다.

언니가 만들어 주었던 예쁜 인형은 그동안 저와 화야의 손때가 묻어 새까맣게 된 데다가 여기저기 터지기도 해서 솜까지 삐죽이 내미는 걸 언니가 보고 너무 더러워졌으니 버리자고 제 허락을 구한 뒤 아궁이 속에 넣어 태워 버렸기에 지금 제가 손에 꼭 쥐고 있는 것들만이 제가 아끼는 보물들이었습니다.

저는 난생처음으로 오랜 시간 버스 여행을 하면서 멀미도 안 하고 변해가는 창밖 경치를 바라보며 저녁때까지 달려서 평해에 도착하여 여관에서 하룻밤을 지내고 이튿날 새벽같이 버스를 타고 하루 종일 흔들리며 여행하다가 저녁때가 되어갈 때 강릉에 도착했습니다.

Chapter 6

고향, 신기 오빠네 집

고향, 신기 오빠네 집

　제가 태어난 강릉에 도착하여 버스에서 내린 엄마, 아빠는 버스부에서 가까운 성남동 거리에 엄마가 미리 얻어놓은 집으로 갔는데, 이 집은 이층 목조건물로 아래층은 동쪽 끝이 우리 방이고, 우리 방 옆문 앞은 시계방이 자리 잡고 있었고, 시계방 옆으로 이층 계단이 있는데 이름은 사진관이었고, 우리 방에서 서쪽인 시계방 옆 칸막이한 곳이 삼영사 책방이었고, 우리 방 남쪽인 건물 전면으로 창문이 있어 창문 유리를 통해 성남동 길거리를 내다볼 수 있었고, 우리 방으로 들어오자면 길에서 이 집 바로 옆 이층 건물 사이로 난 좁은 골목을 통하여 이 집 뒷마당에 들어서면서, 전면은 원래 창고로 쓰이던 가건물이 지금은 과자공장이 되어 양과를 구워내는 곳이고, 왼편 부엌문 밖에 펌프와 수조가 있어서 이 펌프에서 긷는 물이 식수도 되고 과자공장에서 쓰는 물이 되었고, 수조 너머 이 집 건물 밑은 포도나무가 있고, 그 앞은 텃밭으로 여기에 고추며 푸성귀들이 심어져 있었으며, 부엌 안으로 들어서면서 보면 바른편 부뚜막 옆 방문은 이 집 주인 방이고, 전면 부뚜막 옆 방문은 우리 방으로 들어오는 문이었으며, 우리 방 옆문은 그 앞이 시계방이라 사용 못 하고, 부엌을 통하는 문이 유일한 출입구가 되었습니다.

　이 집 주인은 할머니와 제 언니보다 한 살 아래인 고등학교 졸업한 손자가 있었는데, 이 손자의 아빠이자 이 집 할머니의 큰아들은 일찍 세상을 떠났고, 둘째 아들은 지금 군인 가 있다고 들었는데, 부엌을 같이 쓰는 주인 할머니는 고향이 안동이어서 경상도 억양으로 말했는데 아빠, 엄마가 잘 알고 가깝게 지내던 강릉에서 포목상 하는 경안상점 주인 영감님과 그 집 할머니도 고향이 안동이었고, 그곳에 있을 때부터 이 집 할머니와 이웃하여 살았다고 했습니다.

아빠는 강릉에 도착한 다음 날 엄마가 미리 얻어놨던 사무실로 나가셨는데, 다음날부터 엄마는 저를 아침밥 먹여 놓고 나서 아빠 사무실에 나가서 아빠 심부름을 했기 때문에, 저는 우리 방에서 혼자 놀고 있다 보면 점심때가 되어도, 엄마가 혹시 못 올 때면 안집 할머니는 저보고

"맹수이 배 고프제?"

하고 가톨릭 신자인 이 할머니는 손에 들고 있던 묵주를 허리춤에 꼬고 국을 데워 제가 먹을 만치 밥을 말아 부추김치 해서 저에게 먹여주면 저는 맛이 있어 만족해진 마음에

"아 맛있다." 하고 말하면,

"맛있어? 맛이 있거던 많이 묵으라."

말하며 밥을 순갈로 떠서 제게 먹여주는 이 할머니는 천주교 신자답게 기도 생활도 열심히 하면서 집 안 구석구석 먼지 하나 없이 청소해 놓았고, 이 집에 세들어 있는 서점이며 시계포며 이층 사진관까지, 조금이라도 이 할머니 비위에 맞지 않는 일이 있으면 야단치는 것을 사양할 줄 모르는 벼락같은 할머니였는데, 서점을 하는 백씨가 술 마시고 바람을 피워서 속이 상하다는 백씨 처의 말을 듣기만 하면, 이 할머니는 짤막한 담뱃대를 손에 들고 담배를 박박 피우며 서점에 들어

서는데, 이때가 대략 저녁 무렵으로 학교에서 돌아오는 학생들과 퇴근하는 직장인들로 서점은 한창 붐빌 때이건만, 이렇다고 사양할 할머니도 아닌지라 아직도 연기 나는 담뱃대를 든 손을 까딱까딱 흔들어대며

"삼봉이 니 내 말 좀 듣그라."

쇳소리를 내기 시작하면 이웃 가게 장사꾼이며 할 일 없는 아낙네들과 아무것도 모르는 조무래기들까지 모여들어 서점 앞은 삽시간에 사람들로 장벽이 이루어져서 큰길을 막게 되니, 강릉 비행장의 공군 트럭이며 미군 트럭이 통행할 수 없어서 경적을 울려대고, 할머니 사설을 듣고 구경꾼들은 폭소를 터트리게 되니, 서점 주인 입장으로는 망신살이 톡톡히 뻗친 날이기도 했기에, 서점 주인은 이 할머니를 빨리 쫓아 보내려고 설설 빌어도 보지만 한번 시작된 이 할머니 사설은 쉽게 끝나지는 않고 계속되기를,

"네 이놈 삼봉아, 그래 나이 사십이면서 기집 자석은 우예 됐든 동 술집에 들어앉아 며칠이고 집에 안 들어 가문 우예 기집이 어린 자식들을 키울 수 있노? 그래 그 더러분 화냥년들이 그렇게 좋더나? 니 술이 그렇게 좋거던 술집 갈 돈을 니 기집한테 주고 안주해 돌라캐서 집에서 술 묵으문 니 어린 자석도 애비 덕에 고기 한 점 안 얻어 묵나?"

구구절절이 옳은 말만 사설로 늘어놓으니 챙피하고 장사도 못 하게 된 책방 주인은 울상이 되어 진땀까지 흘리며 쩔쩔매는데, 이 할머니는 그래도 쉬지 않고 쇳소리로 나중에는 성서 구절까지 들추어가며 혼내주다가 성당이나 교회하고는 인연도 없어 근처에는 얼씬 않는 서점 주인을 하느님께 사죄하게 하고 지켜지지도 않는 맹세까지

시키고 나서, 이 할머니는 득의만만해서 끝으로 이번만은 내가 용서하지만 또 그러면 그때는 가만 안 둔다고 엄포까지 놓고 다짐을 받은 뒤, 개선장군이 되어 짤막한 담뱃대를 지휘봉같이 휘두르며 돌아오는 일이 종종 있었습니다.

이뿐만 아니라 이층 사진관에 온 손님들이 발걸음을 조금이라도 크게 떼어 목조건물인 이 집의 마룻바닥이 울려 천정에서 소리라도 울려오면 이 할머니는 천정을 처다보며

"와 이래 시끄럽노?"

하고 고함을 치니 사진관 하는 사람도 울상이 되고 말았고, 낮에 우리 방에 이 할머니가 들어와 있는 눈치면 시계포 주인도 손님이 없으면 할머니를 피해 책방으로 가 있었고, 뒤뜰 과자공장 직공 오빠들이 두 명이서 일했는데 이 할머니의 잔소리와 야단을 도맡아 놓고 들었습니다.

엄마는 제 점심밥 때문에 부지런히 집으로 왔다가 제가 안집 할머니에게서 점심밥을 얻어먹었으면 엄마는 안집 할머니하고 점심밥을 먹은 후 집안일을 돌보고 나서 저를 업고 시장으로 나갈 때도 있었는데, 저는 방안에서만 갇혀있다가 엄마에게 업혀서 밖으로 나오니 우선 시원했고, 많은 사람들이 붐비기에 사람들도 구경하며 있을 때, 엄마가 어물전에 들어서니 생선 비린내가 풍겼는데, 저는 엄마에게 업혀서 이것저것 구경하다가 돌아올 때, 야채 파는 옆의 길가에 떡 장사들이 줄지어 앉아 있는 가운데 유독 제 시선을 끄는 떡장수 아줌마가 있었습니다.

이 떡 장수 아줌마는 체격이 요즘 TV에 나오는 씨름선수와 똑같아

서 키도 그렇게 큰 데다가 우람하여 앉은키도 꼭 다른 사람의 두 배는 되어 보였고, 손은 제 아빠 손보다 더 컸고, 발은 어찌나 크던지 신고 있는 신은 물에 떠 있는 배만 해 보였는데,

"아주머이 이 떡을 사서 언나줘요."

하고 말하는 목소리는 깊은 우물 속에서 울려오는 소리 같아 질려버린 저는

"아유 무서워. 엄마 빨리 가자."

하고 엄마를 재촉해서 집으로 왔는데 우리 방에 들어와 보니 안집 할머니도 경안집 할머니하고 얘기 중이었는데, 경안집 할머니가 하는 말이 젊어서 영감하고 부부싸움을 할 때 화가 나서 영감 다리를 꽉 깨물었더니 영감이 아파서 펄펄 뛰더라는 얘기를 하며 웃어대기에 저는 '개인가? 마구 깨물게.' 하고 속으로 생각했습니다.

저는 시장에서 봤던 떡장수 아줌마의 모습이 눈앞에 얼른거리며 없어지지 않았기에 저녁에 돌아오신 아빠보고 이 얘기를 했더니 아빠는

"그게 네 엄마란다."

"우리 엄마 여기 있는데?"

"저 엄마는 널 기른 엄마고 그 엄만 니를 낳은 엄마지 뭐."

"그럼 우리 엄마라면서 왜 따로 살아? 그러니까 아니지 뭐."

"그건 네 엄마가 널 낳아서 길에 내다 버린 걸 아빠가 주워 왔단다."

하시기에 저는 화가 나서 눈을 부릅뜨고 소리치며 아니라고 떼를 썼지만 이후로부터 아빠는 저를 떡 장수 딸이라고 불렀습니다.

이러던 어느 날 초여름의 오전 중일 때 저 혼자 있어 심심해서 열려 있는 방문 앞으로 간 저는 시계방 아저씨가 일하는 걸 들여다보다가

궁금한 생각에 띄엄띄엄한 말을 시계방 아저씨보고 말을 걸으니 이 아저씨는 처음엔 못 알아듣다가 차차 제 말을 알아듣기에
"아저씨 아저씨도 빠빠야 있어요?"
"음, 아저씨가 이렇게 나이 많은데 빠빠야가 어떻게 있어?"
"그럼 엄마는요?"
"엄마? 엄마는 있지."
"아저씨 엄마도 이뻐요?"
"글쎄, 후채 (후에) 우리 집 가자하문 같이 가보자."
하고 말하는 시계방 아저씨 너머로 책방 집 대여섯 살 된 아들이 들어오는 게 보이는데 손에 들고 먹는 것이 있어 보니 손에서 새까만 땟물이 줄줄 흘러 저는
"아이 지지."
하면서 상을 찡그리며 무얼 먹는지 궁금해서
"그게 뭐니?"
"어름이다."
"그런데 손이 지지야."
하니까 시계방 아저씨가 돌아보고
"그래게 말이지. 손을 씻고 먹아라."
하고 말하니까 이 애는 듣기 싫었던지 도로 나가 버렸는데, 이때 밖에서 많은 아이들이 떠들며 지나가고, 이어서 많은 애들이 노래를 부르며 지나가는 소리가 들려 저는 부지런히 창문 앞으로 가서 앞에 놓인 상자를 손으로 잡고 서서 창밖을 내다보니 국민학교 학생들이 열을 지어 행진하면서

"압박과 설움에서 해방된 민족, 싸우고 싸워서 세운 이 나라…."
하고 합창하며 지나가는 것을 구경하고 있었는데 제가 커서 알았지만 이때의 행진은 휴전 반대 데모였다고 들었습니다.

이때 전쟁은 치열했는데 UN군 주도하에 북한 김일성과 휴전 협상을 진행하고 있어서 이때 국민학교 오 학년인 작은오빠도 이 행렬에 들어있었다고 했습니다.

이러고 나서 보니 시계방 아저씨도 어디론지 가고 없고 저 혼자 있자니 심심하기도 해서, 저는 규칙적으로 들리는 듣기 좋은 소리를 내 보고 싶어 숟가락을 집어 들고 제멋대로 흔들리는 손으로 빈 그릇을 두들겨 보았는데, 불규칙해서 시끄럽고 듣기 싫은 소리만 났습니다.

이렇게 몇 번이고 다시 두들겨 보고 있을 때 안집 할머니가 들여다 보며

"시끄룹다. 그라문 문대이가 잡아가."
하고 나가기에 저는 이것마저도 못하고 집어치웠는데 뒤꼍 과자공장으로 간 할머니는 과자 하나를 집어 와서 제 앞에 획 던져 주고 나갔는데, 저는 이게 좋아서 강아지처럼 과자를 집어 들고 먹었습니다.

이라고 며칠 안 있어 휴전 협정이 체결되었다고 하더니 또 얼마 안 있어 부산에 있던 정부가 서울로 환도한다고 했고, 부산으로 피난했던 학교들도 서울로 옮긴다고 한 것을 신문에서 보신 아빠는 엄마와 상의하셨고, 엄마는 부지런히 말산으로 가서 고모를 데려다 놓고 다음 날 제가 잠이 깨기 전인 깜깜한 새벽에 부산으로 언니와 큰오빠에게 갔는데, 고모는 밥을 해서 아빠와 작은오빠가 아침밥을 먹은 후, 아빠와 작은오빠가 나간 후, 한가하게 된 고모는 저를 업고 큰길 건너

국수를 만들어 말려두고 파는 집으로 갔는데, 그 집 주인 아줌마는 뚱뚱했고 고모 나이하고 비슷해 보였고, 고모를 잘 대해주는 아줌마여서 그 집 방 안에 들어가 저를 내려놓고 앉아서 이 얘기 저 얘기 하고 있을 때, 옆에서 뜨개질하던 시집갈 나이의 이 집 딸이 대나무 뜨개바늘로 갑자기 제 다리를 쿡 찌르기에 저는 아파서 깜짝 놀라고는 화를 내며 눈을 부릅떴더니, 이 처녀는

"이것도 아픈 걸 안다야."

하고 혼잣말처럼 중얼거리니 이 모양을 본 이 집 엄마가

"세상에. 아픈 거를 모리는기 어데 있싸? 니 한번 찔러봐라 아프나 안 아프나. 사람이 우떠 그러두 인정머리가 읎나?"

하고 나무랄 때 화가 나 있던 저는 고모 보고 빨리 가자고 하는데, 고모로 듣지 않고 그대로 있기에 심한 모멸감까지 느꼈던 저는 고모보고 빨리 가자고 재촉했더니, 그제서야 할 수 없이 고모는 저를 업고 그 집을 나와서 정남이 언니 집으로 갔더니 정남이 언니는

"맹수이가 이러 왔는데 줄 것도 없고 하니 밥 주래?"

"가 가 음매나 밸라다고 남어집 밥으 먹나?"

하고 고모가 대신 말하니까 정남이 언니는 선반 위에 두었던 항아리를 내려 꿀을 저에게 먹여주었습니다. 이러고 나서 고모와 정남이 언니는 얘기하고 있다가 점심때가 되니 밥을 차려 왔는데, 정남이 언니와 고모가 저에게 권하며 고모는 제게 밥을 먹여주었고 밥을 먹고 나서 저는 정남이 언니 집에서 놀다가 저녁때가 되어갈 때 고모에게 업혀서 돌아왔습니다.

어느 날 저녁에 저녁 진지를 잡수신 아빠는 고단하셔서 졸고 계셨

고, 작은오빠는 교자상에 앉아 공부하고 있을 때, 고모는 설거지를 끝내고 나서 저를 업고 주인 할머니 집으로 갔는데, 제가 방안을 둘러보니 고상이며 성모상이 있었고, 벽에는 상본들이 걸려있어서 제가 고상을 가리키며
　"할머니 저게 뭐야?"
　"예수님이다."
　"예수님이 뭐야?"
　"예수님은 하느님 아들인데 우리를 위해 저렇게 죽으셨다가 다시 살아나셔서 천당에서 하느님하고 같이 있다."
하는데 공부하던 작은오빠가 궁금해서 이방으로 건너온 걸 보고 저는
　"오빠, 할머니가 이상한 얘기 해줬다."
하고 말하니 오빠는 웃으면서
　"뭔 얘기?"
　"오빠, 저거 알아?"
하고 제가 고상을 가리켰더니 작은오빠도 할머니와 비슷한 얘기를 하기에 저는 이해가 안 갔지만 그런대로 가만히 있다가 성모상을 들여다보고는 주인 할머니 보고
　"아이, 이쁘다. 나도 이렇게 이뻐 봤으면."
　"그기 누군지 아나? 이쁘게?"
　"누구야?"
　"예수님 어무이다."
하고 말하기에 제가 알아듣기에는 너무 이해가 안 가기에 가만히 있었더니 안집 할머니는

"니도 걸음을 걸으면 성당에 가야제?"

하기에 저는 성당이 어떤 곳인지 알지도 못했고 무슨 뜻의 말인지도 몰랐는데 안집 할머니는 하잖은 음식이라도 먹기 전에 꼭 이상한 손짓을 했기에 제가

"이게 뭐야?"

하고 할머니가 한 것 같은 손짓을 했더니 안집 할머니는

"하느님, 이 음식을 주셔서 감사합니더 하고 묵는 기란다."

하고 가르쳐줬지만 저는 뭐가 뭔지 알 수가 없었습니다.

저는 엄마와 떨어져 지내며 쓸쓸한 마음으로 자주 엄마가 그리워졌지만 그런대로 참고 지냈는데 엄마가 떠난 지 오래되어 이제는 엄마가 안타깝게 보고 싶어질 때 어느 날 고모는 저녁때가 되자

"오늘은 느 엄마가 오겠지."

하고 저녁밥을 해놓고 기다리다가 저를 업고 이 집에서 얼마 떨어지지 않은 버스부에 나가 보았지만 엄마가 오지 않자 속이 상한 고모는

"이 백여우 같은 년이 왜서 얼른 안 오나?"

하고 욕을 하며 돌아와서 있다가 아빠가 들어오셔서 저녁밥을 먹는데 밥에 둔 감자를 본 저는 고모에게

"이걸 숟갈로 긁어줘."

하고 말해서 고모가 감자를 숟가락으로 긁어 먹여주는 걸 보신 아빠가

"저런 봤나, 감자를 그냥 먹는 거지 누가 숟갈로 긁어 먹나? 그러면 못 쓴다."

"이렇게 먹으면 맛있어 빠빠야. 빠빠야도 한번 이렇게 먹어봐."

"그렇게 먹으면 나중엔 이가 다 빠진다. 이가 없으면 어떻게 먹으려고 하나?"
하시기에 저는 속으로
'이상하다? 이가 왜 빠질까?'
하고 생각하며 아빠를 쳐다보다가, 감자를 좋아하는 제가 밥은 내놓고 감자만 먹는 것을 본 엄마가 감자만 먹으면 안 된다고 하며, 그렇게 하면 기운을 차릴 수가 없으니 밥도 같이 먹어야 한다며 의붓엄마 같으면 내버려둘 거라고 하면서 밥을 안 먹고 감자만 먹으면 얼굴이 아주 아주 미워진다고 하던 말이 생각났습니다.

이러고 며칠 안 있어 엄마는 언니와 큰오빠를 데리고 왔는데 큰오빠는 용돈을 아껴서 제 발에 맞는 빨간색 우단 샌들과 셀르로이즈 소꿉질 그릇 세트를 사 왔는데, 저는 이 소꿉질 그릇들이 너무 앙증맞아 제게 제일 소중한 보물이 되었습니다.

이렇게 되어 저는 큰오빠가 제일 좋았는데, 다음 날 저녁밥을 먹은 후 큰오빠는 제게 빨간 샌들을 신겨 제 뒤에서 제 양쪽 겨드랑이에 손을 넣어 저를 붙들고 조금 걸려보다가, 제가 도저히 제대로 걷지 못하고 힘들어하니까 저를 들쳐업고 골목길로 해서 큰길로 나가 전등불이 환하게 켜진 상점들이 즐비한 거리를 천천히 걷다가 빙과를 파는 상점 앞까지 갔는데, 상점 안 탁자 사이에 철재로 만든 조그만 분수대에서 물이 뿜어져 떨어지는 게 제게는 꼭 빗방울이 떨어지는 것 같이 보여 저는

"야, 비 온다. 큰오빠 저긴 비가 오는데 여긴 왜 안 오지?"
"글쎄 이상하지? 이제 그만 보고 집으로 가자. 힘들지?"

하고 집으로 돌아왔는데 저는 방에 들어오자마자 제가 본 신기한 것을 언니에게 자랑하느라고

"언니야 나 비 오는 것 봤다."

"어디서?"

하고 물으니까 큰오빠가 저 대신 얘기하니 언니는

"참 좋은 것 봤구나."

하고 웃었는데 큰오빠는 저를 위해 그림책을 사 온 게 있어 그걸 펼쳐놓고 제게 읽어주며 따라 하라고 하며

"이것 봐. 아버지 어머니."

"뭐야?"

"아버지 해봐."

"아냐 빠빠야다."

"그래? 그건 그렇고 어머니."

"아니다 엄마다."

"참, 꾀꼬리가 꾀꼴꾀꼴 노래 부릅니다 해봐."

"그게 뭐야?"

"종달새가 하늘 높이 날아갑니다."

"아이 못 하겠다."

"창기야 그건 그 애한테 너무 어렵다. 말도 제대로 못 하는데 어떻게 할 수 있니? 이다음 말이 좀 더 익숙해지고 나서 가르쳐라."

하고 언니가 말렸기에 저는 큰오빠 말을 따라 하려고 애쓰며 땀까지 흘리다가 그만둘 수 있어 겨우 안심했습니다.

저는 제 보물인 소꿉질 그릇들을 방바닥에 펼쳐놓고 놀고 있던 어

느 날 낮에 언니는 빨래 손질을 하며 물 담긴 그릇을 옆에 놓고 물을 손끝에다 묻혀 빨래에 뿌려가며 손질하면서 제가 몸을 일으키니 언니는

"명순아, 가까이 오지 마라. 물 엎지른다."

주의했는데 저는 언니가 빨래 손질하는 걸 보다가 제게 생각난 얘기를 하려고 언니에게 가까이 가다가 그만 그릇에 담긴 물을 엎지르니까 언니는 화가 나서

"언니가 가까이 오지 말했는데 왜 오니?"

하며 소리 지르기에 저도 화가 나서 대꾸하려 했더니 말은 안 나오고 답답해진 저는 울면서 언니에게 달려드는데 큰오빠가 방으로 들어와서

"우는 애는 내다 버려야지!"

하며 저를 업고 뒤꼍 포도나무 아래로 가서 나무 걸상에 저를 앉혀 놓고 아까 왜 그랬느냐고 묻고는 제 대답을 듣고 있을 때 안집 할머니가 빨간 꽈리를 따와서 저에게 주기에 받아 들고 놀다가 큰오빠에게 업혀 방으로 들어오니 언니는 참외를 깎고 있다가

"다 깎아놓고 부르려고 했더니 벌써 들어오는구나, 이리 와서 이것 먹어라."

하기에 저는 아까 언니한테 야단 들었던 분이 아직 풀리지 않았기에

"언니, 암만 그래도 이거 안 준다."

하고 손에 들고 있던 꽈리를 들어 보이니까 언니는

"그래도 언니한테 좀 다오. 아까는 너도 잘못했잖니!"

하고 달래면서 참외를 얇게 저며 저에게 먹여주는 걸 먹으면서 저는

6. 고향, 신기 오빠네 집

"언니가 이쁘면 주고 안 이쁘면 안 준다."
하고 말해 주었습니다.

　이럴 때의 어느 날 저녁때 길 건너 국숫집 옆 사탕 만들어 파는 과자집에 놀러 갔던 작은오빠가 노랑 고양이 새끼를 안고 싱글벙글하면서 방으로 들어와 얻어왔다고 하며 우리가 기를 거라고 했기에 저는 좋아하며 들여다보니 예쁘고 재롱스러워서 흔들리는 손으로 만져보고 쓸어도 주고 하다가, 저녁밥을 먹을 때 고양이가 밥 먹는 걸 들여다보기도 했고, 방 아랫목에 가서 옹크리고 앉아 졸고 있는 걸 들여다보다가 엄마가 저를 재우기에 잠이 들어 잤는데, 이튿날 아침 제가 일어나니 언니가 말하기를 고양이가 새벽녘에 밖으로 나가겠다고 요란스럽게 울어대서 잠이 깨신 아빠가 주무실 수 없다고 내보내라고 하셨고, 잠이 깬 작은오빠는 울려고 했지만 아빠에게 꾸중을 듣고 고양이는 결국 밖으로 내보내 줬다고 했고, 얘기 듣던 제가 섭섭해하니까, 엄마는 지금은 고양이를 기를 형편이 못 된다 해서 저는 엄마 말을 듣기로 했습니다.

　이러던 어느 날 저녁때가 가까운 오후에 다른 날보다 일찍 들어오신 아빠가 언니를 불러 양춤(댄스)을 추러 다녔느냐고 물으시며 강릉에 소문같이 났다고 하시면서 언니를 추궁하시니까, 겁이 난 언니는 극구 부인하고는 살짝 달아나 버렸는데, 전날 저녁때 이웃집 아이가 작은오빠를 보고 공군들하고 춤추더라고 해서 작은오빠는 아무에게도 말하지 않다가 저녁 먹은 후 언니가 외출하고 난 뒤, 얼마나 있다가 작은오빠는 이웃집을 넘겨다볼 수 있는 담장에 매달려 엿보니 여름밤이라 방문들을 모두 열어놓고 전축에서 흘러나오는 음악에 맞추어 공군 장교들과 춤추고 있는 언니를 보다가, 사태의 심각성을 안 작은오빠는 가만히 엄마에게만 얘기해서 엄마는 작은오빠와 담장 틈으로 엿보고 확인했는데, 언니의 춤 상대는 다름 아닌 언니 친구 진순이 언니의 오빠 되는 김진형씨였는데, 김 중령은 강릉 비행장에 주둔하는 제10전투비행단에 근무하고 있었으며, 결혼하여 아들과 딸 남매를 두고 처와 강릉에서 살림하고 있었고, 후에 언니를 중매하여 결혼시킨 분이었습니다.

그러나 처녀의 몸으로 외간 남자와 어울려 춤추는 꼴을 보고, 기가 막힌 엄마가 방에 들어온 언니를 뒤곁 포도나무 아래서 조용히 꾸짖으며 네가 어떤 상황에서 공부하고 있는 줄 아느냐고 하니, 언니는 이화여대에서 체육 시간에 댄스를 배우기 때문에 체육 학점을 채우려고 배웠다고 거짓말하고 위기를 넘긴 것 같았으나, 새벽에 아빠에게 혼나는 언니의 울음 섞인 소리에 잠이 깬 제가 보니, 아빠는 언니의 머리카락을 움켜잡으시고 바른손에 가위를 들고 언니의 머리카락을 사정없이 베어 버리시며

"내가 이 고생을 하며 말이지만 너를 공부시키는 게 네 덕 보자고 그러는 줄 아느냐? 학문과 학식을 갖추어 벌어먹고 살라고 내가 이 고생을 하는데 너는 보답이 고작 춤바람이더냐? 이토록 가문에 치욕을 안겨주었으니 너는 절에 가 중이 되어 일생을 속죄하며 지내든가 아니면 이 치욕을 죽음으로 청산해라."

하고 말씀하시는 아빠의 모습은 제가 지금까지 보지 못했던 무서운 모습이었습니다. 언니도 울며 아빠에게 빌고 또 빌고 엄마도 옆에서 용서해 주시라고 간청을 해서 아빠는 언니를 놓아주시긴 했지만 용

서하시지는 않으시고 아침에 사무실로 출근하셨는데, 언니의 고백으로 언니를 불러냈던 장본인인 김진형 중령은 아빠에게 불려 와서 불호령을 듣고 빌고 갔다고 들었습니다.

이 덕분에 언니는 이날부터 개학할 때가 되어 부산으로 떠날 때까지 두문불출하고 집안에서 근신하는 신세가 되어 방안에 용케도 갇혀 지내다가 개학할 때가 되어 언니는 큰오빠와 부산으로 갔습니다.

이러고 나서 다음 날 죽헌 아주머니가 오자마자 엄마를 보고

"아들이 벌써 갔구만? 난 있는 줄 알고 이거를 반찬 해 주라고 가주 왔는데."

하며 방안에 들어오면서 조카딸이라며 데리고 들어온 애는 저보다 두 살이나 어리다고 했는데 얼굴이 빡빡 얽은 곰보였지만 저는 늘 혼자 놀다가 같이 놀 친구가 생겼다고 좋아서 큰오빠가 사다 준 소꿉을 가져와서 늘어놓으며

"얘, 우리 이거 가지고 놀자."

하니까 이 애는 제가 가진 것들을 보더니 저와는 놀 생각 않고 갑자기 엄마와 얘기하고 있는 죽헌 아주머니를 흔들며

"큰어머이 빨리 가세."

하고 보채더니 재빨리 와서 제가 벌려놓은 소꿉들을 휩쓸어 입고 있던 원피스 앞자락에 모두 싸쥐면서

"이거 마커 내끼야. 마커 내가 가주간다."

하며 재빨리 방 밖으로 나가서 부지런히 신발을 신으며 방안의 죽헌 아주머니를 향해 큰 소리로

"큰어머이 얼른 나와."

하고 소리치는데 저는 너무도 뜻밖의 일이라 몹시 놀라고 화가 나서 흥분한 상태여서 평소에도 더듬거리는 말이 더욱더 안 나오다가 이때서야 말문이 열려
 "그건 내 꺼잖아? 내놓고 가."
하고 더듬거리며 소리쳤더니 사태를 알아차린 죽헌 아주머니가 저보고
 "가마이 있싸. 니가 달라문 가가 주나? 갈직에 내가 찾아주고 가꺼니. 걱정 마라."
하며 달래놓고 엄마하고 얘기를 계속하다가 간다고 일어나더니 밖에 나가서 조카딸을 달랬는지 몰라도 어쨌든 제 소꿉을 찾아다 주면서
 "밥공기 두 개는 암만 얼르고 타일러도 안 내놓잖는가. 난중에 내가 찾아다 주께. 걱정하지 말고 있싸."
하면서 갔습니다.
 저는 같이 놀 수 있는 애가 왔다고 반갑고 좋아서 이 애와 잠시 동안이지만 재미있게 놀려고 제 보물을 내놓았다가 밥공기 두 개만 잃어버리고 제 호의는 심한 배신감으로 돌아와 제게 깊은 상처가 되었는데 훗날 어쩌다 가끔 이 애를 볼 때도 있었는데, 이 애 태도는 커서도 무경우해 보이는 데다가 제가 장애자라고 멸시하는 표정이 박박 얽은 곰보딱지 얼굴에 주르르 흐르니 그렇지 않아도 추한 얼굴이 더군다나 추악해 보였습니다.
 제가 이 집으로 이사 오고 낮에 엄마가 나가고 없어 점심때가 되면 주인집 할머니는 밥도 먹여주고 잘 봐줘서 좋았지만 엄마가 있을 때면 제게 심한 장난도 해, 저를 울려 놓기도 했는데, 어느 날 아침나절에 안집 할머니는 우리 방에 들어와 저와 사이좋게 얘기도 하고 놀다

가 엄마가 아빠 사무실에서 돌아오고 나서 안집 할머니는 손에 들고 피우던 담뱃대의 대진을 손가락 끝에 묻혀가지고 가만히 제 입에다가 칠해주는 데 쓰겁고 고약한 냄새의 대진이 입술에 묻으니 저는 지금까지 안집 할머니가 제게 해롭게 하지 않으리라던 믿었던 마음이 일시에 무너지면서 심한 모욕감과 배신감으로 인해 불같은 분노가 일어나서 얼굴을 붉히고 뇌성마비 장애자들이 몹시 성을 낼 때 누구나 그렇듯 양쪽 팔꿈치는 몸통에다 붙이고 양쪽 손은 주먹을 쥐고 쳐들고서 분노에 찬 외마디 고함을 치다가 울음이 터졌습니다.

부엌에 나갔던 엄마는 급히 들어와 제 입술을 닦아주고 저를 업고 부엌을 지나 뒤곁으로 나와서 왔다 갔다 하며 저를 달릴 때 펌프 가에서 세수하느라고 양치질하던 과자집 직공 오빠가

"왜서 우나? 퀀 할머이 하고 또 싸왔나? 우지 마라, 이따가 과자 주께."

"그러게, 괜히 우는 거지. 할머니가 이쁘다고 하시는데 그것도 모르고 싫다고 이렇게 울어서 아주 귀찮아."

"아 그 할머니가 뭐 보통이요? 공연히 남어 일에 간섭도 심하고요. 잔소리가 이만 아니래요. 그 할머니가 남어 일이라문 가마이 모있싸요. 그래니 그 할머이를 누가 좋다 하겠소? 그 할머이 참 못됐싸요."

하는데 언제 밖으로 나갔는지 주인 할머니는 공교롭게도 이때 밖에서 뒤곁으로 나무문을 밀치고 들어서다가 끝에 말만 듣고 으레 자기 욕인 줄 지레짐작하고는

"뭐라꼬? 할무이가 몬됐다꼬? 이노무 자석."

하며 빨랫방망이를 집어 드니까 그 오빠는 입가에 치약을 허옇게 묻

어있는 채로 피해 달아나며

"아니래요. 할머이 소리가 아니래요."

"뭐시 우째고 우째? 내가 밖에서 들었는데 아니라꼬?"

하고 안집 할머니는 한 걸음씩 다가가니 직공 오빠는 공장 안으로 꽁지가 빠져라 달아났고, 이 광경을 보고 있던 저는 엄마에게 업혀서 웃다가 얼굴을 들지 못하고 엄마 등에 파묻었습니다.

안집 할머니는 손에 들었던 빨랫방망이를 팽개치고 아까 들어올 때 문 여느라고 문 앞에 내려놓았던 약병아리 세 마리를 가지고 들어와 군대 가서 휴가차 온다는 둘째 아들한테 먹인다며 병아리들을 잡는데 닭 모가지를 뱅 틀어쥐고 잡아 뜯으니 묘하게도 닭 머리만 떨어져 나가고 머리 없는 몸뚱이는 안집 할머니 손에 잡힌 채 날개를 퍼덕이며 피 흘리는 처참한 모양을 본 저는 소름이 끼쳐져서 상을 찡그리며 고개를 반대편으로 돌리고 다른 데를 보는데 제가 하는 모양을 흘깃 본 안집 할머니는 벌써 세 마리째의 닭을 잡으며

"이거 푹 과서 니 좀 주께 묵을래? 이거 맹수이 좀 즐기다."

하며 싫다고 고개를 도리질하는 저를 보며 웃었습니다.

이러다가 9월 초 어느 날 저녁에 아빠는 신문을 보시다가 정부가 서울로 환도하는 데 따라서 피난 온 학교들이 서울로 옮기게 되고 큰오빠가 다니는 피난민 연합 중학교도 해체되어 서울의 원래 다니던 학교에 가든가 그렇지 못하면 전학을 해야 한다고 말씀하시면서 엄마와 의논하셨는데, 저는 아무것도 모르지만 또 엄마와 떨어져 지내야 할 것 같아서 싫지만 내색 않고 있었습니다.

엄마는 다음 날 말산으로 가서 고모를 데려다 놓고, 다음 날 새벽 엄마는 부산으로 떠났고, 아침에 아빠가 나가시고 작은오빠도 학교로 간 뒤에 한가해진 고모는 저를 업고 길 건너 국숫집으로 가려고 해, 저는 그 집 딸이 제게 하던 짓이 생각나서 정떨어지는 곳이기에 고모에게 업힌 채로 싫다고 떼를 쓰니까 고모는 영문도 모르고
"야가 왜서 이래내이?"
하고서는 길가에 서서 그 집 엄마와 몇 마디 주고받고 다른 데로 간다는 것이 우리 집 뒤꼍 과자 공장 옆 이층에 있는 예식장인데, 안에는 많은 사람들이 들어서 있었고, 이때 낮에는 전기가 송전 안 되기에 촛불을 켜놓고 결혼식이 진행되는데, 예식장 안은 어두워서 제게는 아무것도 안 보이고, 공기는 혼탁해서 싫었기에 고모는 저를 보고 구경하라고 하는 걸 제가 싫다고 떼를 썼더니, 영문도 모르는 고모는 가는 곳마다 제가 싫다며 떼를 쓰니까 화가 나서
"이 지지바가 왜서 이래나?"
욕하며 집으로 도로 왔는데 제가 돌아온 걸 보고 안집 할머니는
"어데 갔다 왔노? 맹수이 이거 묵으래이."
하며 옥수수로 만든 떡을 제게 주었고, 이것을 받은 고모는 작은오빠한테 두었다 준다며 그릇에 담긴 것 중에 절반을 덜어서 간수했는데, 저는 이것을 맛있게 먹었습니다.
우리가 이 집에 이사 오고 나서 종종 보는 일이지만 안집 할머니는 다 큰 손자와 싸우기도 잘했는데, 손자인 신기 오빠는 부리부리한 눈을 부릅뜨고 소리소리 지르며 싸울 때는 다른 사람이 있건 없건 개의치 않고 서로 성난 소처럼 서로가 양보도 없는 싸움이었는데, 그도 그럴 것

이 그 옛날 큰아들이 살아 있을 때, 이 할머니는 신기 오빠를 낳은 엄마를 이혼시켜 내쫓았기 때문에, 그 원한으로 이때 손자인 신기 오빠한테 원망같이 받으며 싸웠다는 것을 훗날 제가 커서야 알았지만, 아무튼 이럴 때의 싸움 구경은 제게 무서움만 안겨주는 싸움이었습니다.

우리 엄마가 없는 이때 안집 할머니와 손자가 또 싸움이 벌어져 고래고래 소리치며 싸우는 것을 본 고모는 저를 업고 부엌에 섰다가 신기 오빠를 보고

"총각이 참아야지. 할머이한테 그래문 씬? 누가 할머니한테 그러대드는가?"

"아주머이는 모르면 가마이 있싸요."

하며 신기 오빠는 그러지 않아도 부리부리한 눈을 부릅뜨고 고모에게 쏘아붙이니 고모는 아무 말 않고 저를 업은 채 밖으로 나와 버렸습니다.

다음날 아침나절에 우리 방문 앞 부뚜막 옆에 나가 앉았던 저는 밖에서 들어와 자기네 방문 앞 부뚜막 옆에 걸터앉는 신기 오빠를 보고 제딴에는 좋아서

"신기 오빠"

하고 웃음을 띠고 부르니까 아무 말 없이 저를 돌아다보고는 가만있더니 저를 이쁘다고 할 줄 알았던 기대와는 달리 신기 오빠는 주먹을 쥔 팔을 둘러메며 하는 소리가

"니 맞을래?"

하기에 정나미가 뚝 떨어진 저는 얼른 방으로 들어와 버렸는데 조금 있다가 신기 오빠의 친구들이 찾아와서 방으로 들어간 신기 오빠는

뒤꼍에 있는 과자공장에 가서 생과자를 사다가 친구들을 대접하면서 저 혼자 방 안에서 놀고 있는데 생과자 한 개를 들고 들어와 제 손에 들려주며

"이거 먹어라."

무뚝뚝한 표정으로 말하고 나갔습니다.

엄마가 언니와 큰오빠에게 가고 제가 고모하고 있으면 어김없이 배탈이 자주 찾아왔는데, 그것도 그럴 것이 이때는 전쟁 직후라 먹을 것이 몹시도 귀할 때라서, 고모는 제게 많이만 먹이면 좋은지 알고 제가 싫다는데도 억지로 먹여서 일어나는 배탈이었는데, 제가 설사하고 토하며 열이 몹시 나서 앓으니까, 저녁에 들어오신 아빠가 보시고 엄마가 없을 때면 이렇게 앓으니 어떡하냐고 하시며, 제 이마를 짚어 보시고 이러다가는 엄마도 못 보고 죽겠다고 걱정하시기에

"빠빠야, 나 안 죽어."

"그럼. 죽지 말아야지."

하셨는데 다음날 제가 열도 내리고 편안해진 것을 보시고 아빠는 고모에게 감자와 마늘만 넣어 끓여서 저에게 먹이라고 하셨는데, 고모가 끓여온 감자와 마늘의 마음을 받아 마시던 저는 앓는 동안 비위가 약해졌던지 갑자기 토하고 말았습니다.

이러고 나서 배탈이 완전히 나았을 때, 고모는 저를 업고 또 길 건너 국숫집으로 가려고 해서 제가 가지 말자고 보챘더니, 고모는 국숫집으로는 안 가고 시장으로 가서 할 일 없이 왔다 갔다 하다가 들어왔는데, 엄마가 부산으로 떠난 지 벌써 보름이 다 되어 추석 전날이 되니까, 고모는 오늘은 틀림없이 엄마가 오리라고 짐작하고 저녁밥을

해놓고 저를 업고 버스 회사로 가서 매표소를 들여다보며

"서울 차 왔소?"

"네 서울버스가 다 왔어요."

하는 대답을 들은 고모는 집으로 향해 오면서

"요 백여우 같은 년 안죽도 안 오나? 오기만 해봐라 내 가마이 안 둔다."

하고 욕하기에 업혀있던 저는 고모 보고

"엄마 고향이 산이지?"

"왜서?"

"여우니까 산에서 낳잖아?"

했더니 고모는 당신이 욕한 것을 제가 이렇게 받아들이는 게 우스워 막 웃으며 돌아왔는데 조금 있다가 병호 아저씨와 형님 되시는 승택이 아저씨가 같이 와서 들렀다가 저 혼자 방에 있는 걸 보고 엄마는 어디 갔느냐고 묻고는

"아이, 명순이 많이 컸구나, 이젠 말도 잘하지."

하며 병호 아저씨는 쪼꼬렛 하나를 주머니에서 꺼내어 주며

"이것 먹어라. 너 주려고 사 왔다."

하고 승택이 아저씨와 일어나 갔습니다.

저는 엎드려서 쪼꼬렛을 앞에 놓고 좋아하고 있을 때 밖에 나가 놀던 작은오빠가 들어와 보더니, 언제나 하던 대로 반으로 똑같이 나누어 저에게 보여주고 나서 같이 먹는데 이것을 본 고모가 작은오빠 하는 것을 칭찬했습니다.

이러고 있다가 저녁밥을 먹고 나서 심심해진 저는 졸고 계신 아빠

곁에서 그림책을 들여다보며 아직 어려운 말들이라서 변변치 못한 말로 작은오빠가 읽어 들려줬던 대로 돼던 말던 띄엄띄엄 읽는 흉내를 냈더니 이것을 본 고모가
　"공부하나? 아이구 야가 공부도 잘하지."
하고 제 등을 투덕투덕 두드려 주었습니다.
　이튿날인 추석날 아침, 아침밥을 먹고 나서 좀 있다가 아빠는 작은오빠를 데리고 성묘 가신 뒤에 저는 추석도 개보름 쉬듯 했는데 고모는 엄마가 오늘은 꼭 올 거라며 기다렸는데 저녁에 버스부에 나갔다가 서울 차들이 다 왔는데도 엄마가 안 오니, 고모는 또 욕을 했는데 이튿날 저녁때 제가 그토록 보고 싶어 기다리던 엄마가 왔습니다.
　엄마가 오니까 큰일을 낼 것 같이 벼르고 벼르던 고모는 화내기는커녕 어린애같이 좋아만 하면서 엄마에게
　"자네 애썼네, 고단할 테니 며칠 푹 쉬게. 내 다해 줌세."
하며 좋아했지만 이튿날이 되니까 고모는 시원한 들에 나가 밭일하는 재미를 못 잊어 간다며 말산으로 달아나듯 갔습니다.
　엄마가 없을 때 고모는 낮에 할 일이 없어 부뚜막에서 저를 데리고 앉았다가 그대로 드러눕기를 잘했는데, 부뚜막에 비해 고모 키가 커서 머리가 가마솥에 닿으니까 솥을 베고 누워있기를 잘했는데, 엄마가 와있으니 안집 할머니는 당장
　"맹수이가 즈그 고모하고 부뚜막 솥을 비고 드러누버 우떻게나 의좋게 웃던 동 내사 심술이 안 났나."
하고 웃었는데, 이러고 며칠 안 되어 뜻밖에 승기 오빠의 전사 통지가 왔고, 며칠 후 유골이 왔기에 엄마, 아빠는 장례를 치르도록 해주어

유골은 동해 바다에 풀어주었다고 했는데, 아빠와 엄마는 몹시 애석하고 가엾다고 했습니다.

이렇게 되어 친누나인 분남이 언니에게는 연금 혜택이 안 돌아가고, 계모인 큰엄마에게 매달 연금이 나왔는데, 이 큰엄마는 종훈이 엄마가 강릉 와서 앓기 시작할 무렵부터 신이 올랐다고 미친 짓과 헛소리를 계속하더니 끝내 점쟁이가 되어 있었습니다.

지난번 엄마는 부산으로 가서 친정 사촌 오라버니인 이종국씨에게 부탁하여 해체되는 연합고등학교 학생인 큰오빠를 서울에 있는 학교로 전학하도록 부탁해서 휘문고교로 전학시켜 서울로 언니와 큰오빠를 데리고 가서 먼저 가 있는 이종국씨 집으로 가보니, 엄마에게 빌려주기로 약속했던 행랑채를 엄마의 사촌 올케 되는 황보씨가 이미 사람을 둔 뒤였기에 엄마도 할 수 없이 언니와 큰오빠를 데리고 마포에 있는 엄마의 작은고모 집으로 갔다는데, 이 집은 엄마의 작은고모님이 시집갈 때만 해도 장안의 갑부였다가 몰락하여 있을 곳이 없을 때 젖먹이였던 언니를 업고 서울에 와서 들렀던 엄마가 집을 사 주어 온 식구가 길거리에 나앉는 것을 모면했는데, 그 후 큰오빠를 낳아 가지고 서울에 들렀던 엄마가 보니, 전에 사 주었던 집마저 팔아먹고 셋방살이하다가 또 쫓겨나게 된 것을, 엄마는 또 한 번 집을 사주었던 것이 이때 살고 있는 마포의 오동 막살이여서, 여기에 언니와 큰오빠를 맡길 수 있었다고 얘기하며, 낯선 서울에서 모두 추석이라고 야단들이기에 엄마도 강릉으로 출발 못 하고 언니와 큰오빠하고 같이 있다 추석 이튿날 강릉으로 왔다고 했습니다.

이러고 가을은 깊어져 먼 산에 단풍이 곱게 물들기 시작할 때 엄마는 아침나절에는 늘 하던 대로 아빠 사무실로 가고 없었고, 저는 혼자서 놀다가 그림책을 들여다보고 있을 때 완기 오빠 처인 종수 엄마가 찾아와서

"작은어머니 안 계서?"

"응."

"작은어머니 오시거든 나 왔다 갔다고 그래."

하고 갔는데 한참 있다가 또 와서

"작은어머니 아직 안 오셨어? 아이 어쩌나?"

"왜?"

"응 알았어. 또 올게."

하고 바삐 갔는데 얼마나 있다가 엄마가 왔기에 저는 종수 엄마가 두 번씩이나 왔다 갔다고 얘기하니 엄마는 웃으며 오다가 종수 엄마를 만났다고 얘기하며 종수 엄마가 온 것은 시숙인 중기 오빠의 재혼 날을 받았다고 알릴 겸 잔치할 의논을 하기 위해 왔다고 들려주면서 종훈이, 종옥이, 종철이 어린 삼 남매가 계모를 맞게 되어 가엽다고 했는데, 이때 저는 옛날얘기 속의 나쁜 계모의 인상이 기억되어 계모가 어떤 존재라는 것을 어렴풋이 짐작하고 있을 때였습니다.

엄마는 저에게 가운데 큰집으로 가보자며 저를 업고 갔는데 이날부터 엄마는 아빠 사무실에 다녀온 후면 저를 데리고 가운데 큰집으로 매일 같이 갔습니다.

이러던 어느 날 제가 엄마에게 업혀서 가운데 큰집으로 가보니 가운데 큰엄마와 정남이 언니며 모두 모여 앉아 달비를 만지고 있기에 저도 이상해서 들여다보다가 옆에 있는 엄마에게

"엄마 이게 뭐야?"

"색시가 결혼식 할 때 이쁘게 하는 거예요."

하기에 긴 머리카락으로 땋아 기다랗게 만든 달비로 어떻게 새색시를 이쁘게 치장할까 하고 이상하게 생각했는데 제가 나중에 커서 알았지만 족두리 쓸 새색시의 머리에 달비를 덧붙여 비녀를 찌르는데 중기 오빠·결혼식 날은 새색시가 파마머리여서 달비는 쓰지 못하였습니다.

중기 오빠의 잔칫날이 되어 저는 엄마에게 업혀서 갔더니 이방 저 방 사람들로 가득 찼는데 조금 있다가 새색시가 온다고 모두 일어나 맞아들이느라고 술렁이다가 방으로 들어온 새색시에게 방바닥이 뜨겁다고 이불을 개켜 놓고 그 위에 앉혔는데 이불 위에 높이 앉아 있는 새색시는 조금 있다가 웬일인지 울기 시작하기에 저는 엄마에게

"엄마 색시가 울어, 왜 울어?"

"우는 게 아니에요. 골치가 아파서 아이구 골치야 하고 수건으로 얼굴을 가리고 있는데 그걸 몰랐지?"

하고 엄마는 제게 애써 변명을 해주었지만 그럴수록 저는 자세히 보니 분명히 울고 있어서 저는 속으로

'색시가 엄마하고 떨어지게 되니 나처럼 엄마젖도 못 만지게 되어서 슬퍼서 저렇게 우는가 보다.'

생각하며 보고 있는데 축하객 할머니들과 아낙네들이 몰려들어 신부를 가운데 두고 둘러앉아 색시가 인물이 잘됐느니, 시집오면서 예물은 뭘 해가지고 왔느니, 친정 집안은 어떠니 하며 왁자하게 얘기들을 하다가 새색시는 첫날밤을 맞으러 친정으로 간 뒤에 축하객 할머

니들에게 음식 대접을 할 때 말산 과수원 머슴 박씨도 할머니들 옆에서 따로 술상을 받아 가지고 싱글벙글하며 먹고 마시고 하면서 있다가 세 살짜리 종철이가 옆에 오자 붙들어 무릎에 앉힌 박씨는 종현이에게

"오늘이 기쁜 날이니 너도 한 잔 해야지비?"

하며 어린 애기에게 강제로 술을 먹이니 종철이는 싫다고 고개를 도리질하며 울기 시작하는데 옆에서 이 꼴을 보고 있던 가운데 큰엄마가 부끄러운 줄은 모르고 재미있다는 듯이 웃어대기에 저는 이런 것들이 보기 싫어 엄마를 찾으며 좌우를 살펴봐도 엄마는 보이지 않아 꼼짝 못 하고 사람들 가운데서 이 꼴을 보면서 제 속으로

'나보다 쪼꼬맣고 아직 말도 못 하는 애긴데 술을 먹이니 참 나쁜 사람이다.'

하고 생각하다가 주위에 할머니들이 일어난 틈에 저는 엉금엉금 기어서 옆방으로 갔더니 이 방은 조용했는데 종수 엄마가 종수를 안고 앉아서 젖을 먹이고 있기에 종수 엄마 방인 줄 알고 저는 마음 놓고 들어가 앉았는데 젖을 다 먹인 종수 엄마는 종수의 기저귀를 갈아 채우고는 종수를 자리에 눕힌 다음 기저귀를 가지고 벽장문을 열고 그 속에 던져 넣는데, 보니 빨지 않은 기저귀가 벽장 아래 칸에 가득 쌓여 있고 종수 엄마는 위 칸에서 새 기저귀를 꺼내어 돌아서서 기저귀를 차고는 바꾼 것을 벽장 아래 칸에 던져넣고 벽장문을 닫고 나가기에 저는 속으로

'어? 저게 뭐야? 응가 쌌잖아? 애기는 누워 있으니까 응가도 싸지만 다 큰 어른이 저게 뭐야? 에이지지.'

하고 생각하고 있다가 저는 너무 이상한 것을 보았기에 엄마에게 물어보려고 엉금엉금 기어서 마루로 나가는 문을 열고 나와서 엄마를 찾아봐도 안 보이기에 저쪽 마루 골방으로 기어가 열린 방문 앞에서 안을 들여다봤더니 그 방에는 남자 어른들이 음식상을 앞에 놓고 술 마시고 있었는데 뜻밖에 아빠도 거기에 계셨고 옥기 언니의 남편인 최종열씨도 다른 손님들과 술을 마시고 있었는데 저를 보신 아빠가 방문 앞으로 오셔서

"자네가 어떻게 여기까지 왔는가?"

"빠빠야, 엄마가 없어."

"엄마가 없어? 어디 갔나? 저쪽 방에 가서 고모한테 물어봐라."

하시기에 저는 새색시가 있다가 간 방으로 도로 갔는데 점쟁이 큰엄마가 종훈이에게 국수를 먹이고 있다가 저를 보더니

"국씨 먹이라."

하며 종훈이가 먹으맨 흘리맨 하던 국수를 먹이려고 해서 저는

"싫어, 안 먹을래."

하고 고개를 돌렸더니 점쟁이 큰엄마는 부엌에다 국수 그릇을 내놓으며 고모에게

"아제, 맹순이가 이 국씨를 안 먹겠다. 종훈이가 먹던 국씬대."

"가가 음매나 밸난 안데 남이 먹던 국씨를 먹소? 새로 말아 줘야지."

하고 국수를 새로 말아 국수 그릇을 방 안에 들여놓으며 고모는

"었소. 인제 명수이 메게 보오."

하니까 국수 그릇을 집어 든 점쟁이 큰엄마는 손으로 국수를 집어 둘

둘 말아 주기에 저는 받아먹을 생각 않고

"손이 깨끗해?"

"아이고 야야, 내가 씻고 또 씻고 했다."

웃으며 제 입에 넣어주는 국수를 받아먹고 있는데 이제까지 아무리 찾아도 안 보이던 엄마가 방으로 들어오기에 저는 반가워 엄마에게 매달리며 좋아했더니 엄마는

"응? 엄마 기다렸어? 엄마가 색시를 데리고 색시 집에 다녀왔어."

하며 저를 안아 주었는데 저는 여기서 지금까지 보았던 일들 중에 시집온 새색시가 울었던 것은 새색시가 저처럼 엄마젖도 만지고 하다가 엄마 아빠와 떨어지게 되니 쓸쓸하고 엄마가 보고 싶어 울었을 것이라고 생각되지만 가운데 큰엄마가 똑같이 먹으면서도 좋아한다는 박씨가 싫다고 우는 종철이에게 술 먹이던 일이며 종수 엄마방 벽장 속 기저귀 뭉치들은 제가 아무리 생각해도 모를 일이었습니다.

이렇게 해서 어수선하고 시끄럽기만 하던 중기 오빠의 잔칫날은 저물었고 저는 엄마에게 업혀서 돌아와 하루 종일 쌓인 피로에 눕자마자 정신 모르고 잠이 들었는데, 이러고 며칠 있다가 색시가 살러 왔다고 해서 저는 엄마에게 업혀서 가운데 큰집으로 가 중기 오빠 색시도 구경하고 어수선한 잔칫집에서 시달리다가 돌아왔는데, 이날 아침 제가 갔을 때 종훈이가 뭔지 잘못했다고 복기 언니에게 매를 맞아 코피가 터져 온 얼굴에 피칠을 하고 울어대는데도 할머니인 가운데 큰엄마도 모른척했고 아무도 종훈이를 달래주는 사람이 없어 저는 종훈이가 안돼 보였습니다.

이러고 나서 어느 날 아침 저는 엄마에게 업혀서 아빠 사무실로 가

보았는데, 엄마는 저를 안락의자에 앉혀 놓고는 아빠의 책상이며 사무실 바닥을 말끔히 청소한 다음, 손님들이 오니까 아빠가 법원에 가셨다고 하고 의자에 앉아 기다리게 하면서 저를 업고 아빠 오시기를 기다리다가 아빠가 오시니까, 엄마는 저를 업은 채 사무실 밖으로 나와 길가에서 저를 업은 채 쪼그리고 앉으니 제 발이 땅에 닿아 마치 제가 엄마 등에 기대어 서 있는 것 같이 되었는데 저는 길거리를 구경하다가 고모가 버스부에서 서울 차 왔느냐고 묻고 엄마가 안 올 때 욕하던 생각이 나서 엄마에게 묻기를

"엄마 고향이 산이지?"

"엄마 고향이 서울이지."

"그런데 고모는 엄마를 여우라고 그래서 고모보고 엄마 고향이 산이지 하고 물었더니 막 웃드라."

하고 얘기했더니 엄마도 막 웃었는데 아빠가 부르시니까 엄마는 저를 업은 채 사무실로 들어가서 아빠 심부름으로 우체국에 가서 인지를 사다 드리고 집으로 돌아와 부엌으로 들어가려는데 부엌문 앞에는 신기 오빠 친구들이 몰려서서 신기 오빠를 부르니까 안에서 안집 할머니는 내다보지도 않으며

"신기 없다아."

"어데 갔싸요?"

"모른다아."

하는 대답에 모두 몰려갔는데 이때 과자집 직공 오빠가 나왔다가 엄마에게 업힌 저를 보더니

"어데 갔다 왔나?"

"빠빠야한테."

"니 줄라고 과자 뒤뒀다."

하고 공장 안으로 들어갔다 오더니 속에 단맛을 넣고 둘둘 말아 썬 카스텔라 두 조각을 가져다 저에게 주며

"한 개는 니가 먹고 한 개는 오빠 줘라."

하면서 저를 이쁘다고 하고는 공장으로 들어갔습니다.

이날 밤에 계근치과 의사인 아빠 친구가 오셔서 아빠와 말씀을 나누시다가 저를 보시고 이런 노래 아느냐고 하시더니 작은오빠 학교 학생들이 행진하면서 잘 부르는 "압박과 설움에서 해방된 민족"하고 부르는 노래를 가사를 바꾸어 "앞바퀴 뒷바퀴 자동차 바퀴 돌고 돌아서 어디로 가나… 틀려?"

하시며 듣다가 엎드려 웃어대는 저를 보시고 물으셨는데, 훗날 제가 커서 안 사실이지만 일본의 식민지가 되었다가 해방을 맞았지만 이 땅에 민주주의와 함께 온 자유는 방종으로 변했고, 방종은 무질서를 부르고 하더니, 끝내는 공산주의의 붉은 마수는 전쟁을 일으키고 숱한 비극이라는 전쟁의 상처를 남겼으면서도, 부정과 부패가 이 땅을 온통 물들였기에, 이점을 개탄하시다가 이렇게 하셨는데, 이분은 전쟁 때는 군의관으로 계셨습니다.

이럴 때의 어느 날 오후에 경자 엄마가 찾아왔는데 경자 엄마는 사십이 가까워지는 나이의 과부로 이때 강릉에서 이름난 의사 선생님이 친정 오빠였지만 혼자서 아이들을 기르며 부산과 강릉을 오가며 옷감이며 잡화를 떼어다가 강릉의 상인들에게 넘기며 장사했다는데, 가는 곳마다 애인이 있었고 아이들은 저마다 성이 달랐습니다.

언니와 큰오빠가 부산에 있을 때 한 달에 한 번씩 엄마는 이 여자 편에 언니와 큰오빠의 학비며 용돈을 보냈는데 이때 찾아온 경자 엄마는 용한 점쟁이가 있으니 같이 가보자고 하면서, 싫다고 하는 엄마를 억지로 잡아끌어 엄마는 저를 업고 경자 엄마가 가자는 대로 같이 갔는데, 점쟁이 집에 들어설 때 보니 마당의 화단에는 여름꽃들이 시들어 말라버린 잔해들이 가을바람에 시끄럽게 투덜대며 서 있었고, 방 안으로 들어가 보니 기다란 얼굴의 넓은 이마에 움푹 들어간 흉한 눈을 가리느라고 색안경을 쓰고 앉은 맹인이 웃으며 경자 엄마를 향해 귀를 기울여 묻는 말을 듣고 나서 빨갛고 길쭉한 조그만 통을 집어 들고 흔드는데, 그 속에서 모래가 부딪치는 듯한 소리가 들리기에 저는 속으로

　'저걸 나 줬으면, 그러면 내 혼자 심심할 때 저걸 저렇게 흔들며 가지고 놀 텐데.'

하고 생각하는데, 이 점쟁이는 흔들던 통을 멈추더니 그 속에서 가느다란 꼬챙이 하나를 집어내어 만져보더니, 점괘를 얘기하니 듣고 있던 경자 엄마는 점쟁이를 마구 놀려대는 눈치였는데, 점쟁이는 웃으며 화도 안 내고 잘 받아주는 걸 보다가 엄마는 저를 업고 경자 엄마에게 나중에 오라고 말하고는 집으로 돌아왔습니다.

　바로 이럴 때 제 앞니 하나가 흔들리기 시작하기에 엄마에게 말했더니 엄마가 보고 이빨을 세게 흔들어 보더니 실로 이빨을 꼭 묶어 잡아채어 쉽게 뽑아주며 잘 참았다고 칭찬해 주기에 우쭐해지는 데다가, 뽑힌 이빨을 보니 신기하기도 하고 자랑스러워져서 부뚜막으로 나간 저는 저녁밥 짓는 엄마를 보고

6. 고향, 신기 오빠네 집

"엄마, 엄마 이 빼고 초 든 것 안 먹지?"
하고 말하는데 부엌에 있다가 이 말을 들은 안집 할머니의 경망스러운 장난이 또 나왔는데 마침 제 곁에서 나물을 무치던 이 할머니는 저에게

"맹수이 이거 봐라. 이기 초든 나물 아니냐."
하며 제딴에는 어렵고 큰일을 잘 참고 치렀다는 성취감에 신이 나서 엄마에게 조심할 것을 얘기하느라고 입을 벌리고 있는 제 입속으로 사정없이 나물무침을 쑤셔 넣는데 새콤한 식초 맛이 입안으로 퍼지기에 저는 기겁하여 뱉어 버리고는 말할 수 없는 분노를 소리치며 울어대니 안집 할머니는 웃어대며 그래도 잘했다고 한다는 소리가

"그래도 뱅신이 죽기는 싫어하잖나."
하면서 재미있다는 듯이 웃고 또 웃고 하는데 엄마는 저를 껴안고 달래며

"괜찮아, 안 먹고 뱉었으니 됐어. 안집 할머니가 이쁘다고 그랬는데 울면 써?"
하면서 엄마가 저를 달래주고 있을 때 안집 할머니는 더 이상 재미가 없었는지 밖으로 나갔고 한참 만에 진정이 된 저는 울음을 그쳤는데 이러고 얼마 있다가 누군가가 부엌문 밖에 서 있어서 제가 쳐다보니까 피난 전 꽃 많은 집에서 엄마의 시중을 들던 선녀 언니가 서 있어 뜻밖에 일이라 저는 반가워서

"언니."
하고 소리치는데 엄마가 돌아보더니

"아니 너 어떻게 왔니? 어서 들어오너라."

하고 반겼습니다.

　방에 들어온 엄마는 궁금하여 선녀 언니에게 이것저것 물었는데 선녀 언니의 대답을 들으니 그동안 선녀 언니는 시집을 갔는데 제 엄마가 보고 싶었고, 또 없어서 길렀던 작은오빠가 보고 싶어서 왔다고 했습니다.

　엄마는 더 이상 묻지 않고 선녀 언니를 쉬게 하고는 아빠가 들어오신 뒤 아빠와 얘기하시고 선녀 언니를 이삼일 집에 있도록 하시다가 조금도 여유 없는 형편이지만 엄마는 시장에서 선녀 언니 남편에게 보내는 양말과 내의를 사 오고 또 피난 전 꽃 많은 집에서 입었던 엄마 옷들을 찾아내어 주는데 이 옷들은 모두 제 눈에 낯익은 옷들이었는데 다음 날 아침 아빠는 나가시기 전에 선녀 언니 보고 타이르시며 다음에는 애기를 낳아 업고 와야 한다고 당부하시고 나가셨고, 엄마는 선녀 언니에게 차표를 끊어주어 버스를 태워 양양으로 보냈습니다.

　이러고 나서 엄마는 아빠 사무실에 갔다 왔을 때, 안집 할머니가 우리 방에 들어와 하는 얘기가 군대 갔던 아들이 곧 제대하고 올 텐데, 그렇게 되면 이 방을 자기네가 써야 한다며 손으로 방안을 가르며 방 절반은 그대로 방으로 쓰고 절반은 가게로 만들어 구멍가게를 내겠다고 하며 엄마에게 빨리 방을 비워달라고 얘기하니 엄마는 며칠 안 있어 언니와 큰오빠에게 갔다 와야 하는데, 그리고 나서 방을 비워주겠다고 했습니다.

　이럴 때 영무 숙모인 영길 엄마는 엄마에게 와서 영길이를 공부시켜야 하기에 일자리가 없겠느냐고 하며 일자리를 알아봐 달라고 애원하다시피 했기에 엄마도 영길 엄마와 함께 서울 가기로 했는데, 영길 엄마는 바느질 솜씨가 고왔고, 엄마의 사촌 올케인 황보씨는 침모가 필요하다며 엄마에게 구해줄 것을 부탁했기에 엄마는 영길 엄마를 데려가기로 했습니다.

이튿날 엄마는 영길 엄마와 서울로 갔는데 전날 저녁 데려온 고모와 저는 낮에 한가하게 있을 때, 고모는 제가 감자만 먹으려고 한다고 밥에 감자를 안 두고 따로 쪄줘서 쩐 감자를 먹기도 하고 있었지만, 엄마가 없으니 저도 쓸쓸하기만 했는데, 어느 날 저녁때 아빠가 들어오셨고, 고모는 저녁밥을 지으려고 쌀을 씻을 때 병호 아저씨의 형님인 승택이 아저씨가 와서 지금 양양에서 오는 길인데, 올 농사는 풍년이어서 소작료 받은 게 수십 가마가 됐다고 아빠에게 자랑했습니다.

아빠는 승택이 아저씨와 얘기하다가 얘기 끝에 어려운 사정 얘기를 하시고는 쌀 한 가마만 꾸어 달라고 하시니까, 저녁밥 먹고 갈 심산으로 앉았던 승택이 아저씨는 질겁하여 거절하며 간다고 일어나 벗어 걸어놨던 중절모자를 쓰고 있을 때, 고모가 막 밥상을 들여오는 참이어서 아빠는 일어나셔서 승택이 아저씨를 만류하시며

"내 쌀 꾸어 달라고 않을 테니 저녁이나 먹고 가게. 강릉 부자가 다 굶어 죽어야 내가 굶어 죽지 그전에는 굶어 죽지 않을 테니 안심하고 저녁밥이나 같이 먹세."

하고 붙잡는데도 못나고 인색한 승택이 아저씨는 뿌리치고 가버렸습니다.

이럴 때가 가을이었기에 엄마는 서울 갈 때, 저와 작은오빠를 위해 감과 밤을 사 놓고 가서 낮이면 고모가 제게 이것들을 깎아 주었는데, 이럴 때면 안집 할머니는 용케도 알고 우리 방으로 들어와 저하고 같

이 먹었는데, 그 후부터 고모는 한가하면 안집 할머니 방에서 살다시피 해서 저는 혼자 있게 되었기에 부엌이고 밖이고 살펴봐도 고모가 안 보이다가 안집 할머니 방에서 나오면서 치맛자락에 밤껍질을 싸 안고 나와 아궁이 앞에 버리는 것을 보면 굉장히 많았는데 이렇게 되어 저와 작은오빠는 밤도 얻어먹지 못하게 되었고 엄마가 서울 갈 때 밤을 깎아 밥에 두어 아빠에게 드려 달라고 신신당부한 부탁도 물론 지켜지지도 않았습니다.

엄마가 없어 쓸쓸해하는 저와 작은오빠를 위해 아빠는 사탕을 한 봉지씩 사다가 놓으셨는데 낮이면 고모는 이것도 안집 할머니한테 부지런히 집어다 주며 엄마의 흉질과 욕질로 세월을 보내니 호사가인 안집 할머니는 그러지 않아도 남의 말이라면 밥 먹다가도 쫓아가 듣는데 고모가 감이며 밤이며 사탕까지 갖다주며 떠들어대니 아주 재미있어했고 그 덕분에 저는 낮이면 사탕이라곤 구경도 못 했고 아빠가 들어오신 뒤에야 차례가 왔는데 사탕은 사흘도 못 가서 다 없어지고 말지만 아빠는 제가 먹는 줄 알고 부지런히 사다 놓으셨습니다.

이러다가 엄마가 서울서 돌아왔고 고모는 뒤도 안 돌아보고 말산으로 가버렸는데 지금까지 고모의 비위를 맞추던 안집 할머니는 엄마에게

"맹수이 고모가 우떻게 용한지 맹수이 주라꼬 사놓은 밤을 내방에 가주와 다 묶어 빼리잖나."

하고 자기가 한 짓은 쏙 빼고 일렀지만 엄마는 다 짐작하면서도 아무 말 않았습니다. 이번 서울 간 엄마는 이종국씨 집으로 영길 엄마를 데려다주고 마포에 있는 엄마의 작은고모 집으로 가서 언니와 큰오빠

에게 학비와 용돈을 준 뒤에 찢어지게 가난한 이 집에서 방학할 때까지와 개학 후에 먹을 김장을 담가 놓고 내려오느라고 시간이 걸렸다고 얘기했습니다.

Chapter 7

오랑캐 꽃집

오랑캐 꽃집

　엄마는 안집 할머니와 약속대로 방을 비워주기 위해 집을 구하다가 이 집 뒤편 큰길 건너 옛날 기와집 행랑채를 얻었는데, 이 행랑채의 큰길 쪽 절반은 가게로 꾸며져 있어 양복점이 들어 있었고, 마당 쪽으로 방 두 칸과 부엌이 있는 곳으로 구해 이사를 했습니다.
　이사를 하고 나서 방도 넓고, 윗방도 있고, 방문 밖 쪽마루에 나가 보면 화단이 건너다보이는데, 파란 보랏빛 꽃들이 많이 피어 있었는데, 엄마는 오랑캐꽃이라고 말했고, 마당도 넓어 시원해 좋았지만 무엇보다도 이제부터는 안집 할머니한테 시달림을 받지 않게 된 것이 저는 제일 좋았습니다.
　이 집 대문은 마당의 꽃나무에 가려 잘 안 보였지만 안채 저쪽이었고, 우리 윗방 추녀 밑 섬돌을 따라가면 쪽대문이 있어 사람들은 이리로 드나들었는데, 쪽문 곁 우리 방 맞은편은 가건물들이 들어서서 큰길을 따라 가게로 꾸며져서 있었고, 마당 쪽은 부엌과 살림방으로 되어 있는데, 이 중의 한집은 과자집으로 눈깔사탕 만들고 종이에 싼 캔디며 구워 만든 과자며 이런 것들을 만들어 파는 집이어서, 이 집에서 사람들을 데리고 우리 방을 빌려 조그만 예쁜 색종이에 캔디를 싸는 일을 시켰기에, 이 덕분에 저와 작은오빠는 캔디며 눈깔사탕을 매일같이 먹을 수 있었습니다.
　이 과자집에 다섯 살 되는 옥자라는 딸이 있었는데 제게는 이 애가 부산 화야보다 더 미운 애였는데 엄마가 아빠 사무실로 가고 내가 낮에 저 혼자 있는 걸 알면, 우리 방 마루 끝에 와서 방안을 들여다보며
"야, 나하고 놀자."
하고 부르기에 저는 심심하던 차에 반가워 부지런히 마루로 기어나가니까 옥자는 기다렸다는 듯이 손을 쳐들어 제 얼굴을 사정없이 때리고 달아나서 뜻밖에 얻어맞은 저는 아프기도 했고 몹시 분해서 어쩔 줄을 몰라 하면서
"또 오기만 해라. 내가 이렇게 붙들어서 너 왜 나를 때리니? 이러고 무섭게 야단해야지."
하고 분해했지만, 이 이후에도 마루에 나가 앉았다가 어느 결에 몰래 다가온 옥자에게 곧잘 얻어맞고, 달아나는 옥자를 보며 소리치고 성을 내는 걸 한번은 옥자 엄마가 보고 때려 주었지만, 매 맞은 옥자는 여전히 틈만 있으면 저를 괴롭히지 못해 했습니다.

저는 이 집으로 이사 오고부터 엄마는 아침에 설거지만 해놓고 아빠 사무실로 갔기 때문에, 늦게 일어난 저는 제 손으로 밥을 먹어야 했는데 무척이나 힘들었고, 흔들리는 손 때문에 밥은 방바닥 여기저기에 너저분하게 흩어졌지만, 저 혼자 자꾸 먹어 버릇하니까 그런대로 힘은 조금 덜 들었지만, 많이 흩어지는 것은 여전했습니다.

엄마는 나갈 적에 방안에는 커다란 빈 놋대야를 놔주었고 마루에는 세숫물을 떠다 놓고 나갔기에, 저는 놋대야에다가 응가를 하고 나서 이 방에 그대로 둘 수 없어 옷방으로 옮겨 놓으며 비위가 뒤집혀 헛구역질하기가 일쑤였지만, 어쨌든 제가 이만큼 자랐다는 것은 사실이었습니다.

7. 오랑캐 꽃집

날씨는 점점 선선하여 방문을 닫지 않으면 추울 때였는데, 저녁밥을 짓고 있는 엄마는 부엌에서 바빴고, 저는 작은오빠와 방에서 놀고 있을 때 할아버지 산소지기인 문씨가 산소에 있는 감나무에서 땄다며 감을 큰 자루에 담아 짊어지고 와서 웃방에 놓아주고 갔기에, 엄마는 밤마다 감을 깎아 새끼줄에 꿰어 방문 밖 마루 위 추녀 밑에다 매달아 놓았습니다.

이럴 때 우리가 먼저 있던 집, 신기 오빠는 모르는 게 있으면 아빠에게 물으러 왔는데, 아빠는 자세히 가르쳐 주시며 어려운 한자를 잘 모르는 신기 오빠를 보시고,

"허. 허. 멀쩡한 애들을 저렇게 까막눈으로 만들어 놓았으니 이 나라 꼴은 뭐가 되려고 저러나? 한심하구나."

하시고 탄식하셨습니다.

엄마가 곶감을 만들고 남겨둔 생감들이 웃방에서 저절로 물러져서 떫은맛이 없어지고 달고 맛이 있어서 저는 이것이 맛있어 먹기 시작했을 때인데 하루는 병호 아저씨가 엄마에게 혼인을 정했다며 자세한 얘기를 하는데 옆에서 듣고 있던 제가

"아저씨, 아저씨, 색시가 이뻐요?"

"응 이뻐."

"나보다 이뻐요?"

"응, 너보다 미워."

하며 막 웃었는데 이럴 때 저는 혼자 있을 적이면 그림책을 들여다보며 작은오빠가 읽어 주는 대로 외웠던 말들을 기억해 내며 읽는다고 흉내내고 있었기 때문에 말이 조금씩 조금씩 늘고 있을 때였습니다.

이 집에 이사 오고 나서 제게는 한 가지 의문이 생겼는데 우리 방문을 열면 건너다보이는 안채는 늘 방문이고 부엌문이고 닫혀 있었고, 드나드는 사람이라고는 오직 주인 남자 혼자였지만, 며칠 만에 한번 그것도 잠깐 어딘지 나갔다 이내 돌아와 방으로 들어가면 다시는 안 나왔지만 지난번에 꽃밭 정리하느라고 나와서 반나절 일하고 들어간 적도 있었는데, 언제나 방문이 꼭 닫힌 채로 있어 빈집 같았지만 우리 방 앞에 누가 찾아와 뭘 묻거나 하면 안채의 주인은 방문 틈으로 밖의 동정을 엿보는 것을 알 수 있었는데, 제가 커서 알았지만 이때 주인아저씨는 의처증으로 어린 두 딸을 기르는 처와 별거하여 혼자서 지냈고, 비록 지금은 병에 걸렸지만 대학 나온 지식인이었다고 했습니다.
　어느 날 아침나절에 저는 혼자서 밥을 먹고 나서 놀고 있을 때, 동네 조무래기 아이들이 이 집 주인 몰래 몰려와 놀다가 주인아저씨가 나오면 우르르 달아나곤 하다가 이날은 운이 나쁘게 한 아이가 주인아저씨에게 붙들려 혼나고 있어서, 저는 방문을 열고 내다보다가 혼나는 꼴이 보기 싫어 얼른 방문을 닫아 버렸는데, 잽싸게 달아나서 엿보던 아이들은 제가 혼자 있으면서 방문을 열고 내다보는 걸 본 모양이어서, 주인아저씨가 방으로 들어간 뒤 애들은 우리 방문 앞에 몰려와 방문을 빼꼼히 열고 들여다보며 서커스의 괴물이라도 구경하듯 저희들끼리 시시덕거리며 구경들을 하기에, 저는 속이 상해서 이 애들이 겁이 나라고 아빠를 내세워 위협할 생각으로 평소에 제가 쓰는 말인 빠빠야라고 하면 못 알아들을 것 같아서
　"우리 빠빠지가 보면 너희들 혼나."
　"빠빠지? 빠빠지가 뭐냐?"

"몰라. 니는 아나?"

"난도 몰라."

하고 저희들끼리 떠들다가 제가 말하는 흉내를 내어 저를 놀리기에 저는 지지 않고

"우리 빠빠지 힘이 이 집보다 더 세어."

하고 위협했지만 닳고 닳은 이 애들은 웃어대며 더욱 기승을 부리며 저를 놀려대는데 이웃집 엄마들이 보고 소리치며 야단치니까 이 애들은 우르르 앞을 다투어 달아났습니다.

일어나서 이날 오후에 병호 아저씨는 혼인 정한 색시를 데리고 우리 집에 왔는데, 색시집이 서울 부근 소사였기에 잔칫날까지 우리 집에서 지내기로 했다고 엄마가 제게 얘기했고, 병호 아저씨도 와서 있었기에 저에게는 아주 좋은 점이 많았습니다.

우선 옥자나 동네 애들이 저 혼자 있을 때처럼 성가시게 굴지 못해서 제가 편했고, 다음날부터 아침에 제가 응가할 때면 이 아줌마의 도움을 받을 수가 있어서 저는 아주 좋았는데, 이럴 때 보니 아줌마 배가 좀 불러 보여 저는 이상하게 생각하면서도 아줌마에게 묻지 못했습니다.

엄마가 없을 적이면 저 혼자 밥 먹느라고 힘들어 땀까지 흘리며 몇 번이고 쉬어가며 먹는데, 숟가락 든 손이 마구 흔들려 밥을 헤치며 먹던 것도 이 아줌마가 먹여주어 저는 힘 안 들이고 밥을 먹으면서 제가 고맙다고 하면 웃는데 볼에 패이는 보조개가 예뻤습니다.

저녁때 엄마가 부엌에서 저녁밥 짓는 걸 내다보면서 저는 궁금했던 걸 엄마에게 물어보기를

"엄마, 있잖아⋯."

"응."

"병호 아저씨 색시가⋯."

"병호 아저씨 색시가 뭐야? 아줌마지."

"아니 그건 그렇고. 그런데 밥을 많이 먹어서 그래? 배가 왜 불러?"

"아줌마는 뱃속에 이쁜 애기를 기르기 때문에 배가 부르단다."

하고 엄마는 웃으며 가르쳐 줬지만 저는 이상하기만 했습니다.

  날씨는 몹시 추워져서 얼음이 얼고 드나들 때 방문으로 추운 바람이 방 안으로 들어오는 걸 느끼게 되었고, 추녀 밑에 매달았던 곶감에 분이 뽀얗게 났을 때 언니와 큰오빠가 방학이 되어 집으로 와서 저는 혼자 있지 않게 되어 아주 좋았는데, 이러고 얼마 안 있어 병호 아저씨의 잔칫날이 되어 갈 때 병호 아저씨는 아줌마를 데리고 승택이 아저씨네 집으로 갔습니다.

  이러고 나서 며칠 후 엄마는 큰오빠를 데리고 승택이 아저씨네 집으로 먼저 갔고, 다음날 아빠는 작은오빠를 데리고 죽헌으로 가셨는데, 저는 언니하고 둘이서 집에 있으면서 그동안 있었던 미운 옥자 얘기며, 동네 애들이 몰려와 놀려댈 때 아빠가 무섭다고 위협하던 얘기며, 병호 아저씨 색시가 배가 부르기에 엄마에게 밥 많이 먹어서 그러냐고 묻던 얘기를 하니까 언니는 우습다고 하며

"아이, 이젠 말도 잘하지. 그래서?"

하며 제 얘기를 재미있어하며 열심히 들어주었습니다.

  이러다가 언니는 잔칫집에 다녀온다고 갔는데, 저는 혼자 있어 심심해서 방문을 조금 열고 밖을 내다보는데 매섭게 차가운 겨울바람이

무섭게 몰아쳐서

"아이 추워."

하고 방문을 닫고 방안에서 혼자 놀고 있노라니 저녁때가 될 때, 버스 타고 온 언니가 들어와서 가지고 온 잔치 음식을 풀어 놓는데, 보니까 강정이며 과즐이며 있는데 과자 같은 게 있어 저는

"이게 뭐야?"

"그거? 약과야"

하기에 저는 약과 표면에 물엿이 칠해져 있어 제 손으로 집어 먹기 곤란하여

"이것 좀 먹여줘, 먹어보자."

"그래. 맛이 어떤가 먹어봐라. 맛이 있니?"

하고 저에게 먹여주고는 물었습니다.

저는 언니하고 둘이 있었는데 다음 날 아침 일찍 아빠가 오셨다가 사무실에 나가시고, 엄마나 오빠들은 오지 않고 있다가 며칠 후에 돌아왔는데, 이러고 이내 양력설이 되어 엄마는 만둣국을 끓여 오랜만에 엄마가 만든 만둣국을 먹었습니다.

엄마는 설빔으로 제게 빨간색 스웨터를 사다 주셨는데, 빨간색이어서 제 마음에 들었지만 모양은 어쩐지 제 마음에 안 들어 불만이었는데, 저도 엄마가 입혀주는 대로 있으면서도 늘 불만스러움은 없어지지 않았다가, 스웨터가 더러워져 엄마가 빨다가 뜨거운 방바닥에 널어 말릴 때, 저는 엄마를 보고 스웨터가 깨끗해졌으니 제 마음에 드는 것으로 바꾸어 와도 될 것 같아서 말하기를

"엄마 이거 도로 갖다주고 딴 거 가져와."

"안 되지. 그러면 못 써요."

"그거 빨아서 깨끗하잖아? 그러니까 갖다주고 딴 거 가져와."

"그러면 나쁜 사람이지. 그동안 입어서 낡아졌는데 딴사람은 새것 놔두고 그걸 사다가 입으면 쓰겠니? 너도 새것인 줄 알고 사 왔다가 보니 딴사람 입던 거였으면 좋겠니? 그러니 그런대로 입다가 엄마가 또 네 마음에 드는 걸로 사다 주면 되지."

하면서 저를 달래어 주어 가만히 생각해 보니 그것도 그럴 것 같아 그만두었습니다.

양력설이 지나고 며칠 있다가 할아버지 제사가 되어 아빠와 엄마는 큰오빠만 데리고 말산 점쟁이 큰엄마 집으로 갔고, 저는 언니와 작은오빠하고 잤는데 날씨가 무섭게 추워 병풍을 문 쪽에다 치고 잤습니다.

다음 날 아침 아빠, 엄마와 큰오빠가 왔고 이렇게 추운 날씨에도 작은오빠는 냇물에 얼음 지치러 가고 없었고, 저는 추워서 아랫목에 엎드려 이불을 둘러쓰고 그림책을 보면서 놀았는데, 이럴 때 아빠 친구가 사냥을 나갔다가 잡았다며 장끼 한 마리를 보내와서 제가 보니 울긋불긋한 털이 너무 이뻐 엄마에게

"엄마, 이게 이쁘니까 그냥 놔둬."

하고 부탁했더니 엄마는 장끼의 목을 잘라 저에게 주면서

"자 이건 가지고 놀아라."

하기에 받아 들고 보니 이쁜 털로 덮여있어 제게는 새로운 보물이 생겼기에 밥 먹을 적에도 잠잘 때도 저는 손에 쥐고 놓지 않았습니다.

이렇게 뜨거운 방바닥에 굴리니 이삼일 지나자 꿩 대가리는 썩기 시작해서 냄새가 나고 진물이 흐르게 되니 아빠가 보시고

"이제 그만 가지고 놀고 내다 버려라. 내가 그보다 더 좋은 장난감 사다 주마."

하시기에 저는 할 수 없이 내버렸습니다.

이럴 때 큰오빠는 오죽헌 승택이 아저씨 집으로 놀러 가서 여러 날이 되도록 오지 않으니 아침에 아빠는 작은오빠 보고

"너는 승택이 집에 가서 형 빨리 오라고 그래라. 원 노는데 팔려서 정신이 없어서 집에도 안 오니 쓰겠느냐?"

하셔서 이날 아침 작은오빠가 갔는데 하루 종일 안 오다가 저녁때가 되어서야 큰오빠와 같이 왔고 조금 있다가 아빠가 들어오셔서

"공부하는 녀석이 공부는 안 하고 놀러 간 지가 며칠째냐? 그러려면 내일 당장 서울로 가거라."

하시며 꾸중하시니까 큰오빠는 중얼거리기를

"그곳 친구들하고 이웃집 닭서리 하기로 했는데…."

"뭐? 이 녀석 말하는 것 좀 봐라. 다른 아이들이 그런다고 해도 말려야 할 녀석이 그런 짓 해야 하느냐? 예끼 이 망할 녀석. 당장 내일 서울로 가거라."

꾸중하시니까 꼼짝 못 하고 앉아 있던 큰오빠는 속이 상해서 방구석에 앉았다가 그대로 잠이 들어 쓰러져 잤습니다.

저는 낮이면 큰오빠가 가르쳐 주는 대로 그림책을 들여다보며 언니와 큰오빠의 개학 날짜가 다가오니, 엄마는 돈을 구하기 위해 나갔다가 엄마가 처녀 적부터 알고 지내던 친구를 마주쳤는데 엄마를 보

고 어디 가냐고 물어서 엄마는 아이들 학비 때문에 돈 구하러 다닌다고 하니까, 얼마나 필요하냐고 물어 엄마가 대답했더니 이 아줌마는
 "그 돈 내가 꾸어 주께. 우리 집으로 가자."
 "그렇게 해도 될까? 그 돈 내가 써도 되겠니?"
 "갖다 써, 우리 영감 몰래 늘리려는 돈이니까."
하며 그 집으로 같이 가서 엄마에게 돈을 주었기에 엄마 아빠는 학비 마련할 걱정을 덜고 언니와 큰오빠를 서울로 보냈는데, 이러고 봄바람이 심하게 불던 어느 날 엄마가 아빠 사무실에 가고 없을 때에 뚱뚱한 아줌마가 와서 혼자 있는 저에게
 "어머이 음나? 어데 간?"
 "없어요. 아빠 사무실에요."
 "뭐이, 거게도 없더구만. 아이고, 애가 말라 죽겠네."
하며 얼굴을 붉히고 갔는데 며칠 후 엄마가 집에 있을 때 들이닥친 이 아줌마는
 "돈도 음는기 있는 척하고 아들 공부 씨긴다고 남어 돈은 가주 갔씨맨서 왜서 안 갚아?"
 화가 잔뜩 나서 싸우려고 들면서 꾸어간 돈 빨리 내놓으라고 하니 엄마는 부드러운 말로
 "얘, 조금만 참아라. 네 돈을 빨리 마련하려고 애쓰잖니? 그런데 돈일이라 마음대로 안 되어서 그렇잖니. 어렵드라도 조금만 참아다오."
 달래느라고 애썼는데, 이 아줌마는 매일 같이 찾아와서 돈 독촉을 하며 화를 내고 큰 소리로 야단치다가 갔지만, 때로는 기분이 좋아서 입안을 드러내며 웃다가 가는 때도 많았습니다.

이럴 때 엄마는 아빠에게 오늘도 '제술이'가 왔다 갔다고 얘기했는데 저는 옆에서 들어두고 다음 날 제술이 아줌마가 와서 난리 치고 간 뒤에 저녁에 아빠가 들어오셨기에

"오늘 또 개술이 아줌마가 왔다 갔어."

하고 얘기했더니 아빠, 엄마도 제 말을 듣고 웃으셨고, 이때부터 이 아줌마의 이름은 개술이가 되었는데, 어느 날 아침, 이날도 설거지를 마친 엄마는 아빠 사무실로 나가 청소하고 아빠가 법원에 가셨기에 빈 사무실을 지키고 있는데, 어떤 아저씨가 병아리 한 마리를 가지고 와서

"아주머니 이걸 누가 주는데 어떻게 해야 할지 모르니 아주머니가 기르시오."

하며 놓고 가는 걸 받아가지고 집으로 봐서 저에게 보여주며

"이것, 너 기를래?"

"응, 아이 이뻐, 엄마도 이쁘지?"

하며 노란 병아리를 들여다보며 좋아서 하다가 저는 병아리에게 밥도 주고 과자 부스러기도 주면서 기르기 시작했는데, 언니는 엄마, 아빠가 자기의 학비 때문에 너무 고생하셔서 안 되겠다고 생각하고 신학기 등록 전에 휴학하고 내려왔습니다.

이렇게 되어 저는 언니하고 같이 있게 되어 말할 수 없이 좋았는데 거의 매일 같이 오는 개술이 아줌마가 들이닥쳐 소리소리 지르며 엄마를 잡주니 보다 못한 언니가

"아이, 아주머니 누가 돈을 갚기 싫어서 그러나요? 돈이 되면 어련히 드릴까 봐 그러세요? 조금만 참아 주세요."

"뭐어 우째 이 간나야, 지금 나는 애가 마르는구만 버릇 때기 음씨 으런이 말하는데 이놈의 간나가 우째라고 나서나 나서기를."
하며 누가 개술이가 아니랄까 봐 달려들며 언니의 한복 저고리 앞섶을 잡아 뜯어 찢어놓고 언니의 머리칼을 움켜쥐고 두들기니, 화가 난 언니는 울며 입바른 소리로 대드니 싸움은 아주 치열해질 때 엄마가 언니를 때려주며 야단치기를

"누가 어른한테 버릇없이 이러느냐? 그러라고 너를 공부시킨다디?"
하고 야단쳐서 언니는 물러났는데 언니를 한바탕 두들기고 난 제술이 아줌마는 성이 풀렸는지 편안해져서 엄마와 얘기하다가 이렇게 소란을 떨어 남부끄럽다며 머플러로 얼굴을 가리고 갔습니다.

 일이 이쯤 되어 곤욕은 치렀지만 언니가 휴학했기에 언니의 등록금으로 쓰려던 돈과 아빠가 버신 돈을 합쳐서 제술이 아줌마 돈을 이자까지 계산하여 주었고, 이후부터는 제술이 아줌마의 단련을 엄마는 받지 않아도 되었습니다.

 봄이 한참 무르녹아 늦봄이 되었을 때 옥자네는 주문받은 사탕을 만들어 팔기 위해 우리 방을 빌려 동네 할머니들을 모아놓고 인쇄된 파라핀 종이에 하나하나 싸는 일을 하고 있었는데, 저희 엄마나 할머니를 따라온 대여섯 살 되는 애들이 제 흉내를 내느라고 무릎으로 기어다니며

"나는 못 걸아."
"난도 못 걸아."

하며 기어다니는 걸 본 엄마들이 무섭게 야단치니까 이 애들은 방 밖으로 쫓겨 나갔는데, 이때 옥자네 집에는 아직 시집 안 간 고모가 있어서 우리 방에 와서 할머니들 틈에서 과자 싸는 작업을 하고 있었는데 제가 제일 미워하는 옥자가 방문 앞에 오더니

"아제야."

하고 부르는 걸 보니 옥자 얼굴에는 사탕을 물들이는 물감이 묻어있어 저는 우스워 엎드려 일어나지 못하고 웃어댔습니다.

이럴 때에 아빠, 엄마는 큰오빠의 학비를 보내 주느라고 여유가 없어서 방세를 두 달 치 밀렸더니 정신병을 앓는 주인아저씨는 마당에 있는 펌프를 뜯어버려 이때부터 엄마와 언니는 이웃에서 물을 길어다 써야 하기 때문에 엄마의 고생은 하늘에 닿았습니다.

이런 속에서 남들은 건드리지도 못하게 하면서 제가 소중히 기르고 있는 병아리는 날이 갈수록 잘 자라서 이제는 병아리 소리만 내는 것 빼고는 수탉으로 변해 가면서 제가 엄마에게 업혀서 대문 밖에 나가거나 하면 제가 없는 동안 저를 찾으며 부르고 다니다가 제가 들어오면 멀리서 보고는 쫓아와서 좋아하는 애정의 표시를 하는 것이 이쁘기 짝이 없었고 이제는 방에 못 들어오고 마당에서 지내면서 제가 부르거나 하면 듣기가 무섭게 쫓아오는 게 귀여웠습니다.

이럴 때의 어느 날 점쟁이 큰엄마가 찾아와서 엄마에게 고모가 아파서 죽어간다고 얘기하니까, 엄마는 고모의 증세를 자세히 묻고 나서 고모가 땔나무나 있더냐고 묻고는 서둘러 말산으로 내려가면서 시장에서 장작 팔러 온 촌사람에게 장작을 사며 말산까지 장작을 가지고 같이 가자고 했는데, 이때는 어느 집이건 땔감으로 장작이나 나

무를 쓰는 때여서 나무를 산 엄마가 말산에 도착하여 보니 예상했던 대로 고모 방은 얼음장 같았는데, 고모는 심한 열을 내며 앓고 있어서 엄마는 우선 미음부터 끓여 먹이고 동네 사람들에게 부탁하여 손수레에 고모를 태워 데리고 왔습니다.

  이렇게 되어 앓는 고모는 우리 방 아랫목에 누워있었고, 엄마는 급히 한약을 지어다가 달여서 고모에게 먹였더니, 한잠 자고 난 고모는 열이 내리면서 미음도 잘 받아먹고 병세는 차도가 있기 시작하더니, 다음 날은 열이 내렸고 정신을 차렸지만 원체 오랫동안 추운 방에서 아무것도 못 먹고 앓아서 기력이 없어 일어나 앉지도 못했는데, 엄마는 아침이면 아빠 사무실에 갔다가 부지런히 돌아와서 고모한테 줄 한약을 달이며 고모가 먹고 싶어 하는 걸 만드느라고 바빴습니다.

  이럴 때 저는 마당을 내다보니 화단에 보랏빛의 고운 꽃들이 피어 있기에 엄마가 아빠 사무실로 가면서 언니에게 달이고 있는 한약을 조금 있다가 짜서 고모에게 먹이라고 이르고 나가려고 할 때 제가

  "엄마, 저 꽃이 이상하지? 하나 뜯어주고 가."

  "에이, 저 꽃은 주인아저씨가 심어 놓은 거니까 두고 보는 꽃인데 꺾으면 어떡하니?"

하면서 안된다는 것을 제가 하나만, 하나만 하고 조르니까 할 수 없이 엄마는 웃으며 오랑캐꽃 한 송이를 뜯어다 주고 나갔는데 꽃이 제 손에 들어와서 저는 기쁘고 만족한 마음에 손에 들고 들여다보며 놀았는데 엄마가 들어올 때쯤에는 제가 들고 있던 꽃은 벌써 시들기 시작했습니다.

  완쾌되어 기력을 도로 찾자마자 고모는 말산으로 가버렸고, 이내

초여름으로 접어들었다가 장마가 시작되어 보슬비가 내리는 날인데, 집주인 아저씨는 우산을 쓰고 나와서 비 맞고 있는 화분에다가 물을 주고 있을 때, 이 아저씨의 딸들이 찾아오니까 이 아저씨는 얼른 안채 방으로 들어가게 한 뒤에 딸들에게 줄 먹을 것을 사러 부지런히 나가다가 제가 방문 앞에 앉아 밖을 내다보고 있는 걸 보더니

"너는 언제부터 못 걷나?"

하고 묻는데 우연히 우리 방문 앞까지 왔던 옥자 엄마가 듣고

"가 가요. 어래서부텀 그랬다고 들었잖소."

대신 대답하자 옥자 엄마 말에는 대꾸 않고 부지런히 밖으로 나갔다가 잠시 후 들어오다가 저에게 봉지 속에 든 풋감자를 보여주며

"이거 쪄서 줄 테니 먹아라."

하고 들어가더니 얼마 후 국민학교 삼 학년인 큰딸애를 시켜서 찐 감자 몇 개를 그릇에 담아 보내 주었는데, 감자를 갖고 온 이 애가 얼굴도 이뻤기에 저는 이 애와 사귀어 보고 싶어서 머리에 꽂은 머리핀이 이쁘기에 제가 묻기를

"그 머리에 꽂은 게 뭐니? 아이 이쁘다."

"응. 이거? 가미도매."

하고 대답했는데 이때까지만 해도 우리가 쓰는 일용품들을 일본말로 부르는 걸 종종 들을 수 있을 때였기에 제게는 이상하게 들리지는 않았는데, 이 애는 제 말은 들으려고 안 하고 빈 그릇을 들고 이내 돌아가 버렸습니다.

장마가 끝나고 불볕더위가 시작되어 가만히 있어도 땀이 흐르는데 여름방학이 된 큰오빠가 와서 저는 무척 반가웠고, 기가 나서 세상에

무서운 게 없어 보였습니다.

  저는 큰오빠와 놀며 하루하루가 신이 났는데, 큰오빠도 저를 잘 보살펴주어 모든 일이 어렵지 않아 좋았는데, 하루는 옥자 엄마, 아빠가 해수욕 같이 가자고 엄마에게 말하니 엄마는 오빠들과 저를 생각하시고 승낙하셨는데, 언니는 햇빛에 피부가 검게 된다고 하며 같이 가자는 옥자 엄마 말에 싫다고 했는데, 이튿날 아침 아빠는 평소와 같이 사무실로 나가시고 나서, 해수욕이 싫다는 언니만 집에 남겨두고 옥자네와 함께 트럭을 타고 바다로 향했는데 엄마와 저는 조수석에 앉아 가고 큰오빠와 작은오빠는 옥자네 식구들과 화물 싣는 데에 올라타고 강릉 비행장을 지나 안민 바닷가에 도착하여 바위틈에 있는 모래사장에 천막을 치고 짐들을 내려놓은 뒤, 모두 바닷물 속으로 뛰어드는데, 보니 바다는 호수같이 잔잔했는데, 저는 바다 쪽이 모두 바위로 가려져 있어 파도가 들이치지 못하고 물이 얕은 곳이 있어, 엄마는 그곳에서 제가 놀도록 해주어 물속에 들어가 보니, 엉금엉금 기어다니는 제 허리까지밖에 물이 안 올라오는 곳이라서 마음 놓고 기어다녔고, 작은오빠와 큰오빠가 잡아다 주는 바위틈에 사는 까맣고 조그만 게를 들여다보기도 하고 물속을 기어다니며 하루 종일 놀며 시간 가는 줄 몰랐는데, 옥자는 파도치는 저쪽 물가에서 뛰어다니며 놀기도 하고 직공 오빠들을 따라 고무 튜브에 매달려 시퍼런 깊은 곳에도 떠다니며 노는 게 보였습니다.

  저녁때가 가까워질 때 날씨가 선선해졌다고 엄마는 저를 물 밖으로 불러내서 마른 옷으로 갈아입혀 주었는데 저는 하루 종일 강렬한 햇빛 속에서 놀았기 때문에 얼굴이 새빨갛게 되어 있었고, 조금 있다가

트럭을 타고 집으로 오니 언니는 저를 깨끗이 씻겨 놓고 나서 묻기를
 "바다에 가서 잘 놀았니? 어떻게 놀았니?"
 "응. 재미있게 놀았다. 옥자는 바다에서 놀고 나는 냇물에서 놀았다."
 "그게 어디 냇물이야? 바다지."
하고 웃었는데 제 말을 들으신 아빠도 웃으셨습니다.
 이럴 때 제가 기르고 있던 병아리는 병아리 소리를 내면서도 외모는 점점 수탉이 되어 가더니 언제부터인가 병아리 소리는 안 하게 되고 마당의 꽃나무 가지에 날아올라 "꼬끼오"하고 우렁차게 울기 시작하더니 이제는 심심하면 날갯짓까지 하고서 "꼬끼오"하고 울어댔는데 이러는 것을 보고 저는 부산 말순이네 집에서 아빠가 들려주시던 '수탉과 여우' 얘기가 생각나곤 했습니다.
 이렇게 커다란 수탉이 되었으면서도 여전히 저만 보면 좋아했는데, 아무 때나 제 잘난 것을 자랑했기 때문에 옥자네랑 이웃집들 사이에 말썽이 일기 시작하더니 엄마에게 말해왔는데 다른 것이 아니라 이 수탉이 초저녁에도 울어댔기 때문에 옛날부터 닭이 이러면 나쁜 일이 일어날 징조라고 해서 견디다 못한 엄마는 저에게
 "닭이 저녁에 울면 엄마가 죽는다고 하던데, 저 나쁜 놈이 엄마 죽으라고 저녁마다 저렇게 우네. 어떡하지?"
 "그래? 엄마 없으면 난 어떡하라고 저 녀석이 저녁에 울지?"
 "저 나쁜 닭은 잡아 없애야 하는데 우리 잡아서 큰오빠랑 같이 먹자."
 "응. 그게 좋겠다."

하고 엄마 말에 제가 동의했기에 제가 애지중지 길렀던 수탉은 초저녁에 울었다는 죄로 처형됐고, 저녁에 아빠랑 집안 식구 모두 살찐 닭고기를 저녁 반찬으로 맛있게 먹었습니다.

큰오빠는 저를 데리고 놀아주어서 저는 큰오빠가 제일 좋았는데, 이럴 때 제가 큰오빠와 놀고 있는 모양을 본 옥자 엄마는

"아이고 자가 그러 안 웃더니 큰오빠가 오니 저리 웃네. 큰오빠가 좋긴 좋구만."

하고 말했는데 한낮이 기울고 저녁때가 되어가는 이때 고모가 아플 때 엄마에게 장작을 팔고 말산까지 이고 갔다 온 아줌마가 찾아와서 엄마에게

"아주머이요. 내가 아침 일찍부텀 남구 팔러 왔는기 여적지 아무것도 못 먹고 허기가 졌잖소. 찬밥이 있거던 한술 주시우 예?"

하고 사정하는 걸 듣고 엄마는 밥을 차려주니 허겁지겁 맛있게 먹고 나서

"이러 신세만 지고 갑네다. 잘 먹었소 예."

하고 갔는데 이 아줌마는 이후부터 장작단을 머리에 이고 엄마에게 팔러 종종 들렀고, 또 허기가 진다며 밥도 곧잘 얻어먹었는데, 이 아줌마뿐만 아니라 엄마에게 나무를 팔았던 사람들은 누구나 다 엄마를 따르며 우리 집에 찾아들면 어려운 살림살이였지만 엄마가 이 사람들에게 밥을 주면, 모두 좋아하며 얻어먹고 기운을 차려 갔습니다.

처녀 적에 제 할머니가 돌보아 주어 시집을 갔던 분이 지금은 늙어 할머니가 됐는데, 강릉시장 노점에서 포목을 팔면서 강릉 남대천 건너 산다고 하여 엄마랑 모두 물 건너 집이라고 부르는 할머니가 있었

는데, 피난 전 명주동 꽃 많은 집에서부터 우리 집에 드나드는 이 할머니를 보아왔기에 저도 얼굴을 잘 기억하고 있었고, 우리가 부산에서 강릉으로 들어와 신기 오빠네 집에 있을 때 시장에서 장사한 돈으로 명태와 양채들을 사가지고 와서 이 할머니가 손수 찌개를 끓여 아빠와 엄마랑 모두 저녁밥을 맛있게 먹고 간 적도 있었는데, 이때도 얘기가 제 할머니의 후한 덕을 얘기하며 지난날 입었던 은혜를 잊지 못해 했는데, 이 할머니는 아들이 둘이나 됐지만 하나같이 속을 썩이기에 딸 하나를 믿고 의지해 산다며 엄마에게 속 썩는 얘기를 털어놓으며 하소연하니, 엄마는 그 얘기를 다 들어주며 점심밥 대접하면서 술까지 대접하니 이 할머니는 술도 곧잘 마시고 나서 일어나 가며
"이 집 어머이하고 얘기하문 내 속이 다 시원하다니."
하고 갔는데 가끔 잊지 않고 찾아오곤 했습니다.

이럴 때 하루는 낮에 엄마와 언니가 여러 개의 달걀을 풀어 넣고 밀가루 반죽을 하면서 베이킹파우더를 넣어 발효시킨 것으로 찐빵을 만들었는데 옥자 아빠가 보이니 엄마가 불러 마루 끝에 앉은 옥자 아빠에게 맛 좀 보아 달라고 하며 접시에다 찐빵을 담아 갖다주는데, 제가 제일 얄미워하는 옥자가 이것을 알고 제 아빠 곁에 오기에 저는 화가 나서
"엄마 주지 마."
"옥자는 안 준다. 엄마도 밉기 때문에 안 준다."
하고 저를 달래며 옥자 아빠에게 권하니까 옥자 아빠는 맛있다고 먹으며 제가 다른데 주의를 돌릴 때 옥자 아빠는 빵을 집어 저 몰래 옥자에게 주는 걸 눈치챈 저는 화가 나서 울음을 터트리며 소리치니 큰

오빠가 얼른

"에이 누가 옥자를 줬나? 옥자 아빠한테 줬지."

"그래도 옥자 아빠가 옥자한테 주는 걸 내가 봤어."

"어디 그래? 옥자 아빠가 맛있다고 먹었는데 잘못 봤지."

하고 억지를 하며 저를 달랬는데 이때 큰오빠의 억지가 서운했지만 저를 잘 보살펴주는 큰오빠 말이기에 듣고만 있었습니다.

이렇게 지내다 보니 어느새 큰오빠의 개학 날이 얼마 남지 않아 서울로 갈 때가 되었는데, 엄마는 큰오빠에게 고깃점이라도 더 먹여 보내려고 소고기를 사다가 볶아서 큰오빠에게 주니까, 언니가 달려들어 뺏어 먹다가 엄마에게 야단 듣고 머리끝까지 화가 올라 울면서, 엄마는 아들만 귀하게 여기는데 그래만 보라고 대드니 큰오빠는 그랬다고 언니와 싸우다가 끝내 고기 볶은 것은 못 먹고 말았는데, 이 싸움을 방문 앞까지 와서 구경하는 옥자는 재미있다는 듯이 생글생글 웃기까지 하고 있다가 저보고

"느네 언니하고 큰오빠하고 왜서 싸우나?"

"넌 가, 그것 몰라도 돼."

하고 화가 난 저는 눈을 부릅뜨고 볼멘소리로 야단쳤는데, 조금 있다가 이번에는 옥자 엄마가 와가지고 엄마에게 옥자처럼 묻다가 엄마에게 야단 듣고 말았습니다.

언니와 큰오빠는 개학 때가 되어 서울로 갔고, 무덥던 여름은 어느새 가고 아침저녁으로 시원해질 때의 어느 날 평소와 같이 엄마는 아빠 사무실에 갔고, 저 혼자 방 안에서 놀고 있을 때 경자 엄마가 와서

7. 오랑캐 꽃집 181

엄마가 없으니까, 들고 온 과자봉지에서 과자 한 개를 꺼내어 저에게 획 던져 주고, 과자봉지는 선반에 올려놓더니 저에게 엄마가 오면 자기가 왔다 갔다고 얘기하라며 갔는데 조금 있다가 엄마가 왔기에 저는

"엄마, 경자 엄마가 왔다 갔다. 그런데 있잖아. 내가 과자를 다 꺼내 먹을까 봐 저 선반 위에 올려놓고 갔어, 이거 하나 던져 주고."

"그러게 말이지. 우리 딸이 아무리기로 다 꺼내 먹으려고? 바보 같으니, 그치? 가만있자. 뭣 때문에 왔을까?"

하고 엄마는 생각하다가

"또 오겠지. 뭐"

하고 평소와 같이 바쁜 하루를 지낸 엄마는 저녁 준비로 바쁠 때 경자 엄마가 또 와서 엄마와 한참 동안 얘기하다가 갔습니다.

아빠가 들어오셔서 온 식구가 저녁밥을 먹을 때 엄마는 아빠에게 경자 엄마가 왔다 간 얘기를 하며 경자 엄마네가 있는 방 뒤채 방이 비게 됐다고 알려 주더라고 했는데, 이때 이 집 주인아저씨는 이제 방을 비워달라며 우리가 쓰고 있는 채를 개조하여 가게로 만들겠다고 방을 비워주기를 독촉할 때였습니다.

이런 사정이어서 엄마, 아빠는 이사하시기로 결정하셨는데, 다음 날 아침 아빠 사무실에 다녀온 엄마는 저를 업고 경자네가 세 들어 사는 집으로 가보니 그 당시 강릉 소방서 뒷동네로, 이곳도 명주동이었지만 피난 때 불타버린 집과는 멀리 떨어진 곳이었습니다.

정오가 가까운 시간에 경자 엄마가 사는 집 대문을 들어서 좁다란 마당을 따라 뒤채로 가는데 보니까 이 집은 꽃이라고는 담장 옆으로

맨드라미와 붓꽃이 담장 그늘에 가려져 있으면서 겨우 몇 송이 피어 있을 뿐이었는데, 뒤채의 비어 있는 방 앞에 가서 들여다보고, 이 방에 들어가서 엄마는 저를 내려놓고 따라온 경자 엄마와 잠깐 대문 밖으로 나갔다 들어왔는데 경자 엄마의 삼 남매 중 둘째인 아들과 막내딸이 와서

"엄마, 뭐가 먹고 싶어, 사 줘."

하고 조르니까 경자 엄마는 엄마와 얘기하다 말고 밖으로 나갔는데, 제가 이 방을 둘러보니 단칸방이지만 방은 넓었고 깨끗했지만 화단도 없고 꽃들이 없어서 불만이고 마당마저 손바닥만 한 것을 건너 바로 경자네 부엌이어서 답답했고 우리 방 앞 쪽마루는 사람이 겨우 걸터앉을 수 있는 좁은 곳이었습니다.

밖에 나갔던 경자 엄마는 사탕 한 봉지를 사 들고 오더니 자기 애들에게 나누어 주고 저에게도 주기에 받아먹었는데, 점심때가 되니 배가 고파져서 저는 엄마 귀에 대고

"엄마, 나 배고파."

하고 속삭인다는 게 경자 엄마에게도 들렸는데, 엄마는

"그래 조금 있다가 가자."

하니까 경자 엄마가 점심을 차리겠다며 서두를 때, 저는 어쩐지 경자네 밥이 먹기 싫은 생각이 들어 엄마에게 가자고 조르니까 엄마는 웃으며 저를 업고 집으로 왔습니다.

Chapter 8

명주동 셋방

명주동 셋방

　이러고 나서 이삼일 후 이 집으로 이사했는데 단칸방이지만 방이 넓고 깨끗한 데다가 본래 있던 집에서의 얄밉게 구는 옥자 꼴을 안 보게 되어 저는 무엇보다도 이 점이 제일 좋았습니다.
　우리 방 동쪽 창문 옆으로 뒷집 부엌과 통할 수 있었고 이 집 부엌은 밖에 수도가 있어서 우리는 이 수돗물을 길어다 먹었는데 하루는 제가 엄마에게 업혀서 뒷집으로 가보았습니다.
　뒷집으로 갔더니 그 집 엄마가 저를 보고 이쁘다며 엄마보고 들어오시라고 해서 들어갔는데 창문 밖 그 집 마당을 내다보니 작은오빠보다 작은 애들이 풀을 뜯어다가 닭장 속에 넣어주는 게 보였는데 이집 아줌마는 갓난애기를 안고 젖병의 우유를 먹이고 있기에 저는 애기 곁으로 기어가 들여다보며
　"아이, 애기가 이쁘다."
하는 말에 아줌마는 웃으며 저보고
　"이뻐?"
　"네, 이뻐요."
　"이쁘면 너 줄까?"
　"네, 나 줘요."
　"젖 있어?"
　"엄마젖이 있어요."

"아이, 애기가 엄마젖을 뺏으면 어쩌려고?"

하고 말하기에 저는 가만히 애기만 들여다보고 있을 때 엄마가 저보고

"어, 여기서 놀고 있어. 엄마가 저녁밥 해놓고 데리러 오께."

하고 건너간 엄마는 한참 만에 데리러 왔습니다.

저는 이 집에 이사 오면서 얄밉게만 구는 옥자를 안 보게 된 것만 좋아했는데 이 집에서 얼마 지나지 않아 제게 밉게 구는 애가 생겨 시달리게 되었는데, 다름 아닌 경자의 사내 동생이었고, 이 아이는 국민학교 이 학년이어서 학교에서 일찍 왔고, 집에 와서 노는 게 황잡하기 이를 데 없어 어른들조차 눈살 찌푸렸는데, 하루는 아무도 없을 적에 저 혼자 있는 우리 방에 자기 마음대로 들어와 이것저것 뒤지다가 엄마가 저를 위해 사다 놓은 과자가 눈에 띄니까, 마음대로 집어 먹으며 아빠가 쓰시는 물건도 망가뜨리고 서류도 모두 찢어놓고 나가버려 저는 속상하고 분해하다가 저녁에 아빠가 들어오셨을 때 낮에 일어난 일들을 말씀드렸더니, 아빠는 경자 엄마를 불러 망가뜨려 놓은 물건들과 찢어놓은 서류들을 보여주며 이러지 않도록 아들을 잘 가르치라고 말씀하셨고, 물러간 경자 엄마는 자기 아들을 붙잡아 사정없이 때려줬는데, 가끔 이렇게 심한 매를 맞으면서도 이 아이는 못된 버릇이 고쳐지지 않았습니다.

이럴 때의 어느 날, 경자 막냇동생인 여섯 살 난 계집아이가 경자네 집 단칸방에 하숙한다는 공군 소위의 구두를 작은 발에 꿰고 터덕터덕 나오니까 뒷집 심부름하는 처녀애가

"야, 그기 느 아버지 꺼나?"

하고 묻자 이 애는 금방 풀이 죽어 고개를 떨어트리며 힘없는 소리로

"아니다. 우리 아저씨꺼다."

"느 아버지는 음나?"

"그래, 없다."

하며 이번에는 화난 소리로 대답하며 획 돌아서 고개를 숙이고 맥없이 안으로 들어가 버렸습니다.

날씨가 선선해지기 시작할 때 저녁부터 때아닌 심한 비가 쏟아지더니 다음 날에도 심한 비가 쏟아져서 홍수가 지면서 마당에는 물이 가득 차서 점점 불어나다가 우리 방 문지방 끝에서 찰랑거리며 곧 물이 넘쳐 방으로 쏟아져 들어올 것만 같아 엄마는 저를 업고 작은오빠와 병호 아저씨가 세 들어 사는 단칸방으로 피해 가서 저와 작은오빠는 이곳에 있게 하고, 엄마는 도로 집으로 갔는데 이 집은 전쟁 때 병호 아저씨가 인민군에게 붙잡혀 갈 적에 제가 언니에게 업혀서 방공호 안에서 밤을 지냈던 집이었기에 병호 아저씨네 방 창문을 내다보면 제가 태어났던 꽃 많은 집의 빈터가 빤히 바라보였습니다.

이때 아줌마는 아들을 낳아 아랫목에서 잠자고 있는 걸 제가 들여다보며

"아이, 애기 이쁘다."

"이뻐?"

"네, 아줌마. 애기 이름이 뭐야?"

"덕형이란다. 이쁘지?"

하고 말하다가 시계를 보더니 부엌으로 나갔고 조금 있다가 어떤 낯모르는 아저씨가 들어오더니 잠이 깨어 눈을 뜨고 혼자 옹알거리는

애기를 안아주며 이쁘다고 하다가 저를 보더니
"너는 누귀냐?"
하고 묻는데 저는 갑자기 말이 안 나와 대답을 못 하고 쳐다만 보니까 이 아저씨는
"그중에 귀가 먹았나?"
하고 혼잣말처럼 중얼거리기에 제가 화를 내며 눈을 부릅뜨고
"귀가 먹긴 뭐가 귀먹었어?"
하고 대들었더니 어이가 없었던지 이 아저씨는
"허, 허. 참 잘못 봤네. 이다음엔 안 그러지."
하고 말할 때 덕형이 엄마가 밥상을 들고 들어와서 이 아저씨한테 밥을 퍼 주었고, 점심밥을 먹고 있는 이 아저씨한테 덕형이 엄마는 궁금한 이것저것을 물었는데, 이때 병호 아저씨는 방송국을 그만두고 전업사를 개업하여 사업을 했고, 밥 먹고 있는 아저씨는 전공으로 병호 아저씨 밑에서 일하고 있었습니다.

이러고 나서 아줌마가 저에게 밥을 먹여주고 있을 때 엄마가 오더니 우리 방에 다행히 물은 안 들어오고 마당의 물도 빠졌기에 방을 말끔히 치우고 아빠는 지금 방에 불을 때어 습기를 말려놓고 있는 중이라고 하고는 밥을 다 먹은 저를 업고 도로 우리 집에 왔습니다.

이러고 얼마나 지난 후 엄마는 언니와 큰오빠 학비를 준비하여 서울로 가고 고모가 와서 밥해주고 있을 때 아침에 아빠가 나가신 뒤 저를 밥 먹여 업고 늘 하던 버릇대로 마실을 나서는데 경자네 방으로 건너간 고모는 엄마의 흉과 욕을 늘어놓기에 저는 화가 나서 눈을 부릅뜨고
"왜 엄마 욕하고 흉봐? 엄마가 고모 아플 적에 살려줬잖아?"

하고 대드니 고모는 경자 엄마에게

"이거 좀 보오예. 즈 어머이라고 이것도 감싸는 꼴 좀 보오예, 야가 요 난지 을매 안 돼서 과수원에 뭐 먹을 기 있다고 왔다가 고뿔에 들래서 아까운 아가 병신이 됐잖소. 야가 클 적에 젖이 나야지. 뭐 으더 먹고 큰 줄 아오? 밥물을 찌워서 멀건 밥물만 매게서 키운다고 했으니 아가 뭔 꼴이 됐겠소?"

"설마 그럴라구? 얘 어머니가 애를 얼마나 위해서 기른다고?"

하며 경자 엄마는 고모를 상대도 안 해 주니 싱거워진 고모는 저를 업고 나와서 엄마의 험담을 받아주지 않던 경자 엄마를 향해 입에 담지 못할 욕을 하며 신기 오빠네 집으로 가자며 고모가 걸어갈 때 고모 등에 업힌 저는 신기 오빠의 할머니가 하던 말이 생각났는데, 얼마 전 엄마를 찾아온 이 할머니는 신기 오빠가 공부하고 있는 신학대학 행사에 갔더니 무슨 일인지는 몰라도 신기 오빠가 막 울어서 이것을 보고 온 할머니는 엄마에게 이 얘기를 하고 나서 하는 말이

"우리 신기는 신부 되는 기 싫었나 보오."

하기에 제가 나서서 참견하기를

"신기 오빠가 왜 울어? 바보같이. 나도 안 우는데."

"그래게 말이다."

하던 할머니 말이며 막 울더라는 신기 오빠 얘기가 생각나서 이상하게 생각되었지만 고모는 아무것도 모르고 자꾸만 걸음을 옮겼습니다.

고모는 저를 업고 신기 오빠네 집 부엌문 앞에 서서 부르니까 내다본 안집 할머니는

"아고 이기 누고? 맹수이 아이가? 어서 들어온나. 그동안 못 봤더니

얼마나 컸던동."
하며 반겨주고는 안집 할머니는 저에게
　"맹수이 밥 주까? 밥 묵을래?"
　"밥은 무슨 밥, 금방 먹고 왔잖소. 야가요 하도 할머이 생각을 해서 오늘은 이러 업고 왔잖소."
　"이 자석하고 나하고는 정이 푹 들어서 안 그랗나."
하고 밖에 나갔다 오더니 갖고 온 빨간 연시 세 개를 제게 주려고 하니 고모가 받아가지고 저에게 먹여주고는 안집 할머니에게 엄마 욕질하는데 안집 할머니는 전과 달리 잘 받아주지 않으니 재미가 없어진 고모는 조금 앉았다가 저를 업고 집으로 왔습니다.
　"지약에 반찬을 뭐르 하제."
하고 생각해 보더니
　"에이 고치나 따다가 쪄서 놓자."
하고 저를 업고 꽃 많던 옛 집터로 갔는데 그곳은 밭을 일구어 고추를 심어 놓아 고모는 저를 빈 장독대 위에다 앉혀놓고 열심히 고추를 따기 시작했을 때 저는 주위를 돌아보며
　"이전엔 꽃 많던 집이 왜 이렇게 됐을까? 계열이네 집이랑 낯익은 집들은 모두 그대로인데."
하고 생각하며 돌아보니 큰오빠가 학교 다니던 길이며 그 길 뒤쪽의 영무네 집도 그대로였는데 뒷길과 사이에 담장 대신 심어 놓았던 사철나무도 그대로 있었습니다.
　제가 이런 생각을 하며 주위를 둘러보고 있을 때 언제 왔는지 계열 엄마가 제 곁에 와서

"아이구, 명순이 많이 컸네."

하고 자기에게 업히라고 하여 자기네 집 안방으로 들어가 저를 내려놓고는

"명순이를 이렇게 오랜만에 보니 이전 생각이 난다. 이렇게 왔으니 고모는 먼저 보내고 너는 내가 고기 사다가 맛있게 저녁 해서 먹고 고모가 데리러 오거든 놀다 가거라."

"싫어요. 고모만 가면 아빠가 걱정해요."

"아이고 말도 잘하네. 이 말하는 거 봐."

하며 계열 엄마는 그토록 강릉에서 오래 살았건만 고향인 간성 지방 억양으로 이렇게 말하고 있을 때 고모는 고추를 따가지고 왔고 시장 갔다가 왔다는 계열 엄마의 조카며느리는 방에 들어와 저를 보자 이상해서 눈이 둥그레지다가 계열 엄마의 설명을 듣고는 그릇에다 강냉이 튀긴 것을 담아다 주었는데 저는 이것을 한 옴큼 집어 들어 세 살 난 애기가 들고 다니는 그릇에 넣어주었더니 계열 엄마가

"이제 그만 주고 니 먹어라."

"내가 이걸 다 먹어요?"

"아이고 말은 어디서 저렇게 다 배웠어?"

"가 가 집에서 공부르 움매나 하는데, 뭐 노는 줄 아오?"

"어떻게 공부를 하는데?"

"집에 가보오. 야 아버지가 책으 사다 줘서 엎드려서 곧잘 보는 기. 야, 인제 가자."

하기에 저는 얼른 고모 등에 업혀서

"안녕히 계세요."

하고 말하니 계열 엄마는 깜짝 놀라는 표정으로 저를 보면서 배웅해 줬고 돌아오는 길에 군인들이 보이기에 승기 오빠가 생각이 난 저는 고모에게

"고모 승기 오빤 어떻게 됐어?"

"승기는 죽었싸."

"언제? 내가 부산에서 봤어."

"죽었싸. 아까운 이가 고만에 죽었잖나."

하고 말해 신기 오빠네 집에서 아빠, 엄마가 승기 오빠 일로 슬퍼하시던 일이 생각이 났었기에 저는 아무 말도 안 했습니다.

　이럴 때 저는 방에서 혼자 그림책을 들여다보며 놀다가 문득 한 가지 의문이 생겼는데 큰오빠나 작은오빠가 그림책의 글을 읽어 주는 것과 이웃 사람들이나 고모가 쓰는 말이 아주 다르다는 걸 생각하게 되었고 부산에서 말순 언니나 자야 언니나 화야가 쓰던 말도 다르다고 생각되는 데다가 신기 오빠의 할머니가 쓰던 말도 부산에서 듣던 말과는 조금 다르게 생각되었고 엄마 말과 언니나 큰오빠나 작은오빠까지도 이웃 사람들이 쓰는 말과 조금 다르다는 걸 알게 되었습니다.

　그래서 저는 아무리 생각해도 모르겠기에 저녁에 들어오신 아빠에게

"아빠, 엄마가 말하는 거 하고 고모가 말하는 게 다른데 그게 이상해. 왜 그래?"

"음, 고모가 쓰는 말을 흉내 내면 얼굴이 미워진다. 그 말은 배우지 마라."

하셨지만 왜 사람들이 쓰는 말이 각각 다른지 이상하기만 했습니다.

아침이면 고모는 늘 하던 대로 세숫대야에 물을 떠 와서 세수하자고 부르면 아빠는 저 보고

"세수해라."

하고 말씀하셨지만 고모는 저를 씻길 적에 손으로 제 얼굴에 물을 찍어 바르기만 했기에 그게 불만이어서 싫어, 싫어하면서 고모에게로 가서 세수를 했는데, 저녁때 아빠가 들어오시면 세숫물을 따라서 제게 세수를 시켜주시는 데는 아빠의 손이 억세서 제 얼굴을 문질러 주실 때 아프기도 해서 저는 말할 수 없이 긴장이 되어 손을 씻길 차례가 되어도 주먹을 꼭 쥐어 손이 펴지지 않으니까, 아빠는 제게 옛날얘기를 들려주시는데, 옛날에 호랑이가 밤에 어느 집으로 들어갔는데 그 집 아이가 울어 엄마가 저 밖에 호랑이가 왔다고 해도 아이는 계속해 우니까, 이번에는 곶감 주겠다고 해서 아이의 울음이 그치기에 곶감이 저보다 더 무서운 걸로 생각한 호랑이는 숨으려고 오양간에 들어갔다가 마침 그곳에 숨어들었던 소도둑을 등에 태우고 밤새도록 달리어 혼났다는 얘기를 해서서 이 옛날얘기를 듣던 저는 저도 모르게 손이 펴져서 아빠가 씻기며 얘기를 들려주셨는데 어느 겨를에 손을 모두 씻겨 놓으셨습니다.

"엄마 언제 와."

"왜? 커단게 엄마젖이나 먹을라고? 엄마 곧 온다."

하고 말을 하셨지만 엄마가 없으니 쓸쓸하기만 했는데, 이렇게 기다려질 때 엄마가 왔기에 저는 엄마 곁에서 지내게 되어 좋았는데, 이렇게 며칠 지난 어느 날 저녁때 엄마는 저를 업고 옛 집터로 고추를 따러 가서, 엄마는 계열네 집으로 가 보니까 그 집에는 아무도 없었지만

엄마는 그 집 방안에 저를 내려놓고 가서 고추를 부지런히 따가지고 왔을 때 계열 엄마가 돌아와서 엄마가 저하고 있는 걸 보고 반가워하며 엄마에게 세상 얘기를 하다가

"명순이가 인제는 말을 잘 합디다. 전번에 고모가 데려왔을 때 내가 고모는 먼저 보내고 고기 사다가 맛있게 저녁 해 먹고 가라고 했더니 아 글쎄 뭐라고 하는지 아시우? 글쎄 고모가 혼자 가면 아빠한테 야단 듣고 아빠가 걱정해요. 이러지 않겠소. 그리고 우리 조카며느리가 광밥을 주니까 우리 손주 애한테 주고 쬐꼼 가지고 먹는다고 하더니 고모가 가자고 하니 업혀서 나보고 안녕히 계세요 하는 걸 들으니 놀랍고 신기해서 내가 안 보이도록 섰다가 들어왔다우."

하니까 이 말을 듣고 있던 창란 엄마가

"뒷집 언나가 다섯 살이 되도록 말도 모하고 엄마 소리도 모하더니 그러 말을 해도 잘 한다니 세사."

하며 놀랍다고 하니까 엄마가

"집에서 식구들이 웃는 것은 이 애 때문이라오."

하며 제가 말하는 것이 엉뚱해 우습다고 얘기하다가 계열네 집에서 나와 가지고 오던 길에 영무네 집으로 갔더니 영무 할머니는 책을 읽고 계시다가 저를 보시더니

"아이고 이게 누구야? 앞집 애기가 이렇게 컷잖아? 이리와 앉아라."

하시며 제게 아랫목을 권하는데 영무 할머니는 옛날이나 지금이나 변함없이 이상한 모자(할머니들이 쓰셨던 같은 모자)를 여전히 쓰시고 있었는데 엄마는 영무 할머니와 이 얘기 저 얘기 하다가 저를 업고 일어나며 영무 할머니한테 인사하라고 해서

"할머니, 안녕히 계세요."
하고 인사한 뒤 저는 엄마에게 업혀서 집으로 왔습니다.

서리가 내리고 낙엽들이 졌을 때 산소 보는 문씨는 감을 따서 갖다 주어 엄마는 밤마다 부지런히 깎아 추녀 밑에 널어 곶감을 만드는데 이것이 먹기 좋게 됐을 때 하루는 낮에 물 건너 집 할머니가 왔다가 저 혼자 있는 걸 보고

"어머이 있싸 음싸?"

"네, 없어요."

"어데 갔싸?"

"몰라요."

하니까 이 할머니는 웃으며 가려고 하는데 제가

"할머니 잠깐."

"왜 서?"

"저 곶감 좀 떼어주고 가."

"이거르 떼 줬다간 어머이가 와서 욕하라고?"

"괜찮아요. 하나 떼어주고 가요."

하니까 이 할머니는 마루 끝에 올라서서 매단 곶감 중에서 제일 맛있어 보이는 걸로 하나를 떼어주고 갔는데 저는 이 할머니가 하던 말을 생각하며 아빠가 하신 말씀이 생각나서 저는 속으로

'저 할머니가 얼굴이 주글주글하고 미운 것은 저런 말을 쓰기 때문에 저렇지.'

"어머이 엄?"

"네 엄마 없어요."

"어데 간?"
"아줌마 강릉 말하면 얼굴 미워진대요."
"누가 그래던?"
"우리 아빠가요."
"에이 안 그래. 어데 그래? 엄마 오거던 내가 왔다갔다고 그래."
하고는 부지런히 간 뒤에 저는 속으로
'이상하지? 저 아주머니는 저런 말 써도 얼굴이 이쁘잖아?'
하고 생각하다가 저로서는 도저히 알 수 없는 일이었기에
"아 책이나 보자. 우선 곶감 좀 먹고."
하고 아직 분도 안 난 곶감을 먹어보니 맛이 있었습니다.

아빠는 일이 바쁘셔서 저녁에 들어오실 때 일거리를 가지고 들어오셔서 저녁밥 잡수신 후 밥상으로 쓰는 교자상을 놓고 서류를 꾸미시는 걸 보고 저는 속으로 '아빠도 저렇게 공부하시니 다른 집 아빠하고 다른 공부하시는 아빠야.'하고 생각했는데 엄마는 점심때면 분유를 진하게 타서 달걀을 풀어 병에다 담고 남은 우유를 저에게 먹이고는 병에 든 우유를 가지고 아빠에게 갔는데 저는 하루도 빠짐없이 우유를 마시게 되니 먹기 싫을 정도였습니다.

이러던 어느 날 이날도 공부 열심히 하시는 아빠를 위해 점심밥 대신 우유를 타가지고 엄마는 부지런히 갔는데 이러고 얼마나 있다가 죽헌 아주머니 큰딸 옥춘이가 오더니 혼자 있는 저를 멸시하는 눈초리로 보면서
"니 몇 살이나?"
하고 화난 목소리로 야단치듯 묻기에 저도 속이 상해 곱지 않은 소리로

"아홉 살"

"뭐이 지따구가 아홉 살이야? 한 여섯 살이나 됐겠지."

하고 멸시하는 소리를 함부로 거침없이 쏟아놓기에 저는 속으로

'뭐 저런 게 있어? 왜 저렇게 남의 말을 믿지 못해?'

하며 아무 말 없이 방문을 탁 닫아버리고는 조금 있다가 갔는지 안 갔는지 궁금해서 저는 방문을 빼꼼히 열고 내다보니 옥춘이는 가고 없어서 저는

"아이 속 시원해. 이제 갔구만."

하고 방문을 열고 쪽마루에 나가 걸터앉아 엄마를 기다리는 데 조금 있다가 엄마 오더니

"왜 추운데 나왔어? 춥다. 들어가자."

하며 엄마에게 매달리는 저를 꼭 껴안아 주었습니다.

이럴 때 뒷집에서 일하던 아가씨가 시집을 가게 되어 이 처녀 집으로 보내줘야 한다며 엄마에게 찾아온 뒷집 엄마는 어디 마땅한 사람이 없겠냐고 할 때 엄마는 시일을 두고 천천히 알아보자고 했는데 다음 날 엄마가 아빠 사무실로 가고 혼자 있던 저는 심심해서 그릇들을 이것저것 열어보다가 엿기름을 담아둔 것이 있어서 이것을 화롯불에 구우면 맛이 있겠다는 생각이 들어 엿기름을 한 움큼 집어 들고 화롯불에 집어넣었는데 이것이 타면서 하나하나가 차례로 터지면서 타기 시작하니 터질 때마다 화로의 재가 방안으로 흩어지고 연기로 방안이 가득 차서 저는 겁이 나는 데다가 눈이 쓰려져서 도저히 방 안에 있을 수 없게 되어 방문 앞 마루로 피해 나가 앉았는데 뒷집 아줌마가 나왔다 보고

"아이 추운데 왜 나왔니?"
하고 묻기에 저는 대답 않고 속으로
　'남에 속도 모르고 괜히 그래. 아이참 내가 나오고 싶어 나왔나?'
하고 속으로 투덜대며 앉았드라니 조금 후에 엄마가 대문간에서 들어오며
　"아이 추운데 왜 나왔어?"
하고 방문을 열어보니 가득 찼던 연기가 쏟아져 나오는 걸 보고 기가 막힌 엄마는
　"이게 뭐야?"
하고는 방안을 부지런히 치우고 있을 때 뒷집 아줌마가 와서 보고 엄마에게
　"추운데 이렇게 나와 있기에 왜 나왔냐고 해도 씨무룩해 가지고 대답도 안 하잖아요."
　"우리 딸이 저지레처놓고 저는 쫓겨나가 있잖아. 글쎄."
　"아 하. 그래서 그랬구만. 왜 그랬어?"
　"나 뭐 구워 먹으려고 하다가 재가 튀어 방 안에 가득해지잖아. 그러니까 그랬지. 뭐."
하고 되는대로 대답했는데 방을 다 치운 엄마는
　"혼났지? 그러니까 앞으로는 엄마보고 물어보고 하면 이런 실수가 없잖아."
　"응. 알았어. 아주 무섭더라."
　"그 봐."
하며 엄마는 웃었습니다.

이러다가 겨울방학이 되어 크리스마스가 찾아왔는데 작은오빠는 매년 하던 대로 이날만은 아침에 교회에 가서 예배가 끝난 다음 나누어 주는 조금만 캐러멜 한 갑을 얻어 가지고 와서 저하고 반씩 나누어 먹었는데 지난날 매년 작은오빠는 크리스마스에 교회에서 주는 캐러멜을 가져와 꼭 저에게 절반을 주었기에 크리스마스가 되면 캐러멜 먹는 날로 알고 있었습니다.

이때 언니와 큰오빠가 서울에서 왔을 때는 저녁이 될 때였는데, 작은오빠가 저하고 캐러멜 먹는 것을 보더니 어디서 생겼냐고 물어 작은오빠가 교회에 나가서 얻어왔다고 대답하니 교회에서 무엇을 하더냐고 묻고 이날만 교회에 간다고 작은오빠를 놀려주었습니다.

다음 날 아침밥을 먹고 나서 저는 늘 이상하게 생각하던 의문을 풀기 위해 큰오빠 보고

"오빠, 심각한 문제가 있어."

"뭐 심각?"

"음, 심각해."

"너 그 말 어디서 배웠니?"

"아빠하고 아빠 친구하고 얘기하다가 음 심각한 문제야 하기에 나도 심각한 문제라고 그랬어. 그게 잘못이야?"

"아니. 그래 너 심각한 문제가 뭔지 들어보자."

"고모 말씨가 이상해서 아빠한테 물어봤더니 그런 말씨를 쓰면 얼굴 미워진다고 그랬는데 죽헌 아주머니 있잖아. 그런 말씨를 써도 안 미워지드라. 그래서 심각해."

"음. 그건 말이다. 부산 화야네가 쓰는 말하고 우리가 쓰는 말이 다

8. 명주동 셋방

르지? 부산 화야네가 쓰는 말은 부산 사투리고 고모가 쓰는 말은 강릉 사투리인데 그런 말씨를 쓰면 사람들이 너 시골서 왔구나? 에이, 촌뜨기하고 상대도 안 해. 그러니까 아빠가 그런 말 쓸까 봐 그러신 거야."

"우리가 쓰는 말씨는 뭐라고 하지?"

"표, 준, 말."

하고 제게 가르쳐 주었습니다.

이럴 때 큰 오빠는 고등학교 이 학년이어서 대학 입시 준비를 하기 위해 학원에 다니며 공부하겠다고 온 지 얼마 안 되는데 남보다 일찍 서울로 가겠다고 하면서 가기 전에 동생들을 데리고 극장에 가서 영화 구경을 시켜주겠다고 아빠에게 말씀드리니 아빠는 허락해 주시면서

"명순이를 데리고 가려거든 옷을 튼튼히 입혀 가지고 가거라."

하셔서 제게 옷을 튼튼히 입힌 큰오빠는 저를 업고 작은오빠를 데리고 영화를 보러 극장으로 갔는데 저는 태어나고 처음으로 극장에 오게 되고 영화 구경도 처음으로 하게 되어 신이 났습니다.

난생처음 영화 구경을 하고 나서 집으로 돌아오는데 큰오빠는 길을 잃어버렸다며 이 골목 저 골목 기웃거리기 시작해서 겁이 난 저는 울음을 참느라고 키득거리며 답답하고 애가 타기에 짜증 난 소리로

"큰 오빠 경자집 찾아?"

"음? 경자집? 경자네는 서울로 이사 가고 없는데 어떻게 찾아?"

"그럼 공부하는 아빠 집 찾아?"

하고 답답하게 구는 큰오빠와 실랑이를 하다 보니 낯익은 우리 집 대문 앞까지 왔기에 저는 반갑고 기뻐서

"야, 이 집이다. 이 집이야. 큰오빠는 알지도 못하고."

"음, 이 집이구만. 난 또 몰랐지."

하면서 우리 방으로 들어왔을 때 제가 아니었으면 우리 집을 찾지 못했을 거라고 생각되어 장한 일을 해낸 것을 아빠에게 자랑하느라고

"아빠, 큰오빠가 집도 못 찾아서 내가 가르쳐 줬어."

"오 그랬어? 저런 봤나."

하시고 웃으시니까 큰오빠는 제가 처음에는 울려고 하다가 경자네 집을 찾으라고 하다가 안 되겠으니 공부하는 아빠 집을 찾으라고 하다가 대문 앞에 와서야 알아보고 좋아하더라고 얘기했습니다.

이러고 이삼일 후 큰오빠는 먼저 서울로 갔고 언니는 남아서 개학 때까지 있을 때 하루는 진순이 언니가 와서 언니하고 얘기하며 놀다가 엄마보고 하는 말이

"어머니, 방 두 칸 쓰시다가 한 칸만 쓰시니 불편하시지요?"

"집 없는 사람이 별 수 있니? 불편해도 참고 살아야지."

"조금만 있으면요. 오빠 부대가 수원으로 이동한대요. 그렇게 되거든 지금 오빠네가 쓰던 집으로 이사하셔서 사세요."

하고 언니와 얘기하다가 갔습니다.

시간은 흘러 방학이 끝난 언니는 서울로 갔는데 봄이라고는 하지만 바람이 심하게 불며 매섭게 추운 날 코끝이 빨갛게 얼어붙은 고모가 찾아와서

"명순 어머이 있는가?"

하고 방안에 들어오더니 엄마에게

"양양집 새댁이 신랭은 군대 가고 혼차 있잖는가. 그래서 자네보고

취직 좀 씨게 달라 하데."

"취직을요?"

"왜서 있잖는가, 내가 아플 적에 밥은 끓래 주던. 자네가 신세 꼭 갚겠다고 했잖는가. 그 말을 여적지 안 있어 베리고 지금 신랭도 음고 혼자 있기 심심하고 돈벌이도 좀 했씨문 좋겠다고 자네 보고 부탁 좀 하라 해서 내가 이러 왔잖는가."

하니 엄마는 잠깐 기다려보라고 하고는 뒷집의 젊은 아줌마에게 갔다가 한참 만에 돌아와서 뒷집에서 양양집 새댁을 쓰겠다고 전해주니 고모가 좋아하며 부지런히 갔다가 저녁때 양양집 새댁과 같이 온 고모는 우리 방에서 기다리고 있었고, 엄마는 양양집 새댁을 데리고 뒷집으로 갔는데, 이날 저녁부터 양양집 새댁은 그 집 가정부로 일했는데, 고모는 당신의 일이기나 한 것처럼 신이 나서 하며 저녁밥을 먹은 후 말산으로 내려갔습니다.

이럴 때 저는 젊은 여자를 보면 무조건 언니라고 불렀는데, 양양집 새댁 보고도 언니라고 했더니 하루는 양양집 새댁이 저를 보고

"명순아, 나를 언니라고 하면서 느 언니는 학교에 보내고 나는 왜 학교에 안 보내냐?"

"응, 그건 우리 언니는 엄마가 낳았지만, 언니는 안 낳으니까 그렇지."

하니까 눈이 둥그레져서 엄마를 보고

"이 애 말하는 거 좀 들어보세요."

하고 웃었습니다.

경자네가 이사 가고 한겨울 내내 방이 비어 있다가 봄이 되니 이사

온 집이 있는데 이 집은 아들이 하나였기에 외롭다고 먼 친척 되는 아이들 중에 양아들과 양딸을 맞아들여 국민학교에 다니고 있었고, 양딸 애는 저에게 와서 놀다 갈 때도 있었습니다.

작은오빠는 이때 중학교에 입학하여 중학생이 되었기 때문에 국민학교 다닐 때 보던 《새벗》 잡지는 안 보고 학원 잡지를 보고 있었는데 《새벗》 잡지를 볼 때 거기에 나온 동화를 제게 읽어주어 저는 심심할 때면 모아둔 《새벗》 잡지를 꺼내어 전에 작은오빠가 읽어준 대로 읽으려고 애쓰며 한글을 익히기 시작할 때였습니다.

어느 날 작은 오빠가 중학생이 되고 첫 소풍이어서 엄마는 찐빵을 맛있게 만들어 가지고 같이 갔을 때 저는 혼자 있으니 심심해서 헌 《새벗》 잡지를 펴놓고 들여다보고 있을 때 앞집 엄마가 양아들이 공부는 안 하고 놀기만 한다고 때려 주어 울며 쫓겨나서 마당 구석에 있는 것이 불쌍하게 생각된 저는 엄마가 저를 위해 남겨준 찐빵 한 개를 집어 들고 마루로 나가 울고 있는 애를 불러 반으로 쪼개어 한쪽을 주었더니 얼른 받아 한입에 처넣고 순식간에 먹어 치우고는 뻔뻔스럽게

"또 가주와."

"이제 없어."

"그램 니 보는 책 좀 보자."

"그래, 여기서 봐, 가져가지 말고."

하고 제가 보던 《새벗》 잡지를 주었더니 마루 끝에 앉아서 한참 보던 이 애는

"이거 내가 가주가 보고 갖다주꺼니."

하고 제 대답은 듣지도 않고 잡지를 가져가 버렸습니다.

이날 저녁때가 되어도 이 애는 안 갖다주기에 기다리다가 다음 날 아침 우리 방문 앞을 지나가는 이 애를 보고 저는
　"내 책을 마음대로 가져가더니 왜 안 갖다주니?"
　"내가 갔다 놨싸."
　"어디 가져왔어?"
　"니 자는데 내가 갖다 놨싸."
하고 거짓말로 억지하는 게 화가 나서 어쩔 줄 몰라 하는데 부엌에서 내다본 엄마는
　"놔둬라. 헌 잡지인데 안 가져오면 어떠니?"
하고 저를 달랬지만 속은 것이 분했고 제가 걷지 못한다고 마음대로 가져간 게 속상했기에 저는 그 책을 꼭 찾겠다고 마음속으로 다짐하고 기회를 엿보다가 이삼일 지나서 엄마가 조금 한가한 틈에 저는 엄마보고
　"엄마 나 저 방에다 업어다 줘, 나 찾을 게 있어."
하니 엄마는 벌써 짐작하고 웃으며
　"뭘 찾을 게 있다고? 그럼 가자."
하고 저를 업고 경자네가 살던 방으로 가서 그 집 엄마에게
　"우리 딸이 뭘 찾아갈 게 있다고 해서 왔어요."
하고 웃으며 다른 얘기들을 하는 사이에 저는 책상 앞으로 가서 책상을 잡고 일어서서 보니까 책꽂이에서 제 책을 발견하고
　"아, 이 책이다."
하고 뽑아 들었더니 그 집 엄마는 웃으며
　"아니 그 책은 우리 아들 건데?"

"아니야. 일선이가 내가 보는 걸 보여달라더니 마음대로 가져가서 안 가져오고 거짓말만 해서 내가 이렇게 찾으러 왔는데 이건 내 책이야."

"이거 봐 여기 이렇게 써 있잖나. 일선이 꺼. 이렇게 썼는데 알지도 못하고."

"그래도 내 꺼야, 내가 가져가야 해."

하고 엄마를 재촉하여 저는 엄마 등에 업혀서

"아이 속 시원해, 이제 됐다."

하고 우리 방으로 왔습니다.

강릉 지방 방언으로 곱슬머리를 꼬두라고 불렀는데 햇갱이 엄마의 어린 시절에는 여자는 이름이 없었기에 곱슬머리인 햇갱이 엄마를 모두들 꼬두라고 불렀는데 햇갱이 엄마의 별명이자 이름으로 되어버렸습니다.

이 햇갱이 엄마가 하루는 저녁때 논에서 건진 골뱅이를 장에 팔러 왔다가 남은 것을 가지고 와서 고추장에 무쳐서 밥과 함께 가져와 저에게 먹여주길래 이빨도 시원치 못하면서 주는 대로 받아먹는데 맛이 있어 잘 먹었습니다.

이날 밤 저는 이게 체하여 열이 펄펄 나며 앓으니까 아빠가 보시고 왜 이러냐고 엄마에게 물으시니

"내가 없을 때 꼬두가 논 골뱅이를 주는 걸 받아먹고 이렇게 앓고 있어요."

"그래? 다시는 그것을 가져오지 말라고 일러요."

하시고 걱정을 하셨습니다.

뒷집 가정부 언니는 주인아줌마가 병원에 입원해 있어 끼니때마다 밥을 해서 나르느라고 바빴는데 오랜 시간이 흐른 이때가 되어 주인아줌마의 건강이 회복되기 시작한다고 좋아하더니 이제 곧 퇴원하겠다고 와서 얘기하고 간 뒤 며칠 후 주인아줌마가 퇴원해서 축하 잔치를 하게 되었습니다.

잔칫날 아침부터 우리 방을 빌려 사람들이 몰려와서 고기도 썰고 야채도 썰며 음식 재료를 준비하는 한편, 한쪽에서는 지지고 볶고 하며 부산하게 움직이는데 한낮이 되자 학교 갔다 온 앞집 양딸이 저에게 와서

"우리 이거 가지고 놀자."

하며 음식 만들려고 갖다 놓은 당근 한 개를 제 마음대로 집어 와서 칼로 썰며 못쓰게 만들기에 보다 못한 저는

"잔치에 쓰려는 걸 이렇게 하면 어떡하니?"

"뭐 우때? 쫑고치(소꿉질) 할라는데, 니 하기 시커던 가마이 있싸. 내가 다 하꺼니."

하고 제 말은 안 듣고 멋대로 당근을 썰어 대는데 준비된 음식 재료를 가지러 왔던 뒷집 가정부 언니가 보고

"아이, 얘가 음식 만들 것을 갖다가 왜 못쓰게 하니? 이거 어떡해?"

"저눔아가요. 자꾸만 가주와 쓸라고 그래서 그랬싸요."

하고 앞집 양딸이 둘러대자 가정부 언니는 저보고

"명순아, 너는 나이도 그만한 게 얘가 그러자고 그래도 그러면 못쓴다고 하는 게 아니라 보고만 있니?"

"아니야 언니, 나는…."

하며 말을 시작한 저는 억울하고 분해서 흥분이 되니까 말이 빨리 나오지 않았는데 눈코 뜰 새 없는 뒷집 가정부 언니는 필요한 재료를 집어 들고 가버린 지 오래였기에 속 시원히 해명도 못 한 저는 분하고 억울해서 속으로

'괜히 나만 보고 지랄이야. 그래도 내가 그러지 말라고 했는데 알지도 못하고….'

하고 생각하며 보니 앞집 양딸은 제게 넘겨씌우고도 아무렇지도 않다는 듯이 여전히 당근을 썰어 소꿉질 그릇에 담고 있기에 화가 나 있는 제가

"너하고는 안 놀아. 저리 가."

하며 마루에 벌여 놓은 사금파리에 썬 당근을 닦는 걸 손으로 밀쳤더니 이 애는 아무 말 못 하고 가버렸지만 이러고서부터 저는 이 애와 다시는 같이 놀지 않았습니다.

이렇게 되어 또 제게 미워하는 애가 생기게 되었는데 아침마다 이 애마저 책가방을 메고 학교로 가건만 저는 그러지 못하니 저는 학교에 가서 공부하는 게 말할 수 없이 부러워 참다못한 저는 어느 날 저녁밥 하느라고 부엌에 있는 엄마를 내다보며

"엄마, 나 학교 못 가지?"

"우리 딸이 다른 애들처럼 글씨만 쓸 수 있어도 학교에 갈 수 있지만 그렇지 못하니 집에서 공부해야지 뭐. 집에서 공부해도 얼마든지 할 수 있는 게 공부다. 그러니 지금처럼 우리 딸이 열심히 공부하면 학교 다니는 애들만치 잘할 수 있지 뭐."

하고 저를 달래 주었습니다.

계절은 벌써 늦봄이 되어 춥지도 덥지도 않은 어느 날 진순이 언니가 찾아와 엄마보고 하는 말이 자기 오빠가 부대 이동에 따라 서울로 이사한다고 하며 자기 오빠가 쓰던 집을 쓰시려면 전셋돈을 달라고 해서 아빠, 엄마는 의논 끝에 그 집으로 이사할 것을 결정하셨는데, 아빠, 엄마는 찾아온 진순이에게 계약서를 받고 돈을 주었습니다.
 이렇게 되어 진순이 언니의 오빠 김 중령이 서울로 이사 갈 때만 기다릴 때의 어느 날 저녁에 공군 사병 한 사람이 찾아와 아빠에게 인사하고 나서
 "제가 김진형씨 사촌 동생 되는 김진복입니다."
하며 아빠, 엄마가 이사하기로 결정한 집에 대해 자세히 말씀드리고 갔습니다. 아빠와 함께 장황한 설명을 들은 엄마는 이튿날 그 집에 다녀왔는데 방이 세 칸인 그 집의 중간 복도를 사이에 둔 큰방에는 김진형 중령의 또 다른 사촌 동생 김진하씨 내외가 살고 있어서 우리가 이사 가면 안방과 중간 방을 쓰게 된다고 얘기했습니다.
 이럴 때 갑자기 쌀쌀한 날씨가 되어 엄마는 아침에 화로에다 불을 담아 방에 들여놓고 저에게 마른오징어 한 마리를 주며
 "이건 삼키진 말고 물만 빨아 먹고 뱉어라."
하고 아빠 사무실로 나간 뒤에 저 혼자 놀다가 작은오빠가 보던 잡지를 들여다보고 있을 때 경안집 할머니가 오더니 춥다며 방에 들어와 화롯불을 쬐다가 제 앞에 놓인 오징어를 보더니
 "이기 왠 거노? 내 불에다 꼬서 니하고 내하고 묵자."
하기에 그러지 않아도 저 혼자 오징어를 불에 굽자니 여간 어려운 일이 아니어서 망설이고 있던 참인지라 얼른 내줬더니, 경안집 할머니

는 화롯불에 알맞게 구워 내서 저하고 뜯어 먹고 있을 때 저는 자랑하고 싶은 마음에

"할머니, 우리 이사 가요."

"어데로 가노?"

"좋은 데 가요."

하고 자랑했는데 얼마 안 있어 엄마가 돌아오니까 경안집 할머니는 웃으며

"야가 이까를 가주고 있싸서 꼬가(꾸어)주고 먹는 판 아니요. 야 말이 이사 간다카니 어데로 가오? 가문 내가 짐도 날라줘야 할 낀데."

"며칠 안 있어 가요."

"이 집보다 크우?"

"네, 이 집보다야 크지요. 왜 포교당 뒤에 있는 집인데 바로 옆집이 포목상 하는 김중경씨 집이지요."

"그라문 내가 자주 들래야 하겠네."

하고 엄마와 얘기하다가 갔습니다.

이러고 날씨가 풀려 따뜻한 어느 날, 낮에 날씨가 따뜻해서 저는 방문을 열고 밖을 내다보고 있는데 앞집 중학생 아들과 양딸이 엿을 먹고 있다가 방안에서 내다보고 있는 저를 본 앞집 아들이

"이거 니 좀 주까?"

하고 말하자 옆에 있던 앞집의 얄미운 양딸이 나서며

"가 주지 마라. 내가 놀자 해도 씨끔도 안 하는 안데 뭐, 줄 필요 음싸."

"그래 안 줘도 돼, 우리 이사 간다. 가면 네 꼴 안 보고 좋다."

하고 제가 대답하니까 앞집 아들이

"어데로 가는데?"

"이 집보다 크고 좋은 데 가."

"그 집이 뭔 집인지 아나?"

"뭔 집이긴 뭔 집이야? 좋은 집이지."

"고집이 바로 똥집이야, 아이구 디루와, 디루운 집에 자가 간대."

"아니야, 이 집보다 크고 좋고, 좋고 또 좋다. 너는 이 집에서만 살아, 이 집이 좋아?"

하고 저는 화가 나서 소리쳤더니 이 애들은 듣기 싫었던지 다른 곳으로 가버렸고 조금 있다가 엄마가 왔기에 저는

"엄마 빨리 이사 가. 앞집 애들이 싫어."

"그래, 엄마도 빨리 이사 가려고 한단다."

하고 격앙되어 있는 저를 달래주었습니다.

Chapter 9

줄장미 집 I

줄장미 집 I

　기다려졌던 이사하는 날, 햇갱이 아빠 염쇠와 햇갱이 엄마 고모와 경안집 할머니와 딸, 모두 와서 도와주어 이사했는데, 저는 단칸방에서 지내다가 고모에게 업혀서 이삿짐보다 먼저 갔는데, 이사할 집에 당도해 보니 대문 오른편 판자 담장 위로 줄장미 가지들이 무성하게 뻗어 빨간 장미꽃들이 어우러지게 피어 있어 아주 보기 좋은데, 골목길 건너 앞집의 커다란 감나무 그늘이 드리워진 대문 안으로 들어서니 시멘트로 포장되어 현관까지 이어지는 얼마 안 되는 길 때문에 마당이 양쪽으로 나뉘어져 있는데, 바른쪽 화단에 꽃나무들이 서 있고, 그 사이에 장미나무가 있어 빨간 장미꽃들이 셀 수 없이 피어 있는 데다가, 꽃나무들 앞에 커다란 회양목이 심겨 있는데, 동그랗게 깎아 놓아 녹색의 큰 공같이 보이는 게 고모의 허리까지 자랄 것 같았고, 왼쪽 마당은 담장 밑에 붓꽃들이 피어 있을 뿐이고, 거기에는 아무것도 심겨있지 않았지만, 양쪽 앞마당 전체는 바닷모래가 깔려 있어 아주 보기가 좋았는데, 왼쪽 마당 담장과 옆집 쪽대문이 맞닿은 곳에 감나무가 심겨 있어, 한참 크고 있는 그 감나무는 담장보다 배는 높아 보였는데, 집 모양은 양옥이었고, 오른쪽 마당 쪽으로 큰 창문이 있고, 현관 옆 바른쪽에 마루 문이 있고, 그 옆으로 안방 창문이 있었는데, 현관으로 들어서 보면 왼편 방문 미닫이가 중간의 복도를 사이에 두고 중간 방 미닫이와 마주 보고 있었고, 중앙복도는 현관 앞에서 꺾어

오른쪽으로 마당을 통하는 마루 문과 안방으로 들어가는 문으로 이어졌고, 바깥 마루 문과 마주 보는 중간 방 미닫이문이 있는데, 이삿짐 날라야 하는 바쁜 고모는 저를 현관 마루에다 내려놓고는

"너는 여 있싸. 내 얼른 가 짐 가주 오꺼니."

하며 바삐 간 뒤에 저는 넓고 깨끗한 집에 이사 온 것도 좋았지만, 무엇보다 앞마당에 꽃나무들과 꽃들이 많아 말할 수 없이 기쁘고 좋아서 우선 열려있는 미닫이문을 통해 중간 방으로 들어가 열려있는 장지문을 통해 안방으로 가봤더니 명주동 셋방보다 넓고 컸고, 중간 방은 안방의 절반 크기였는데 안방은 창문이 두 군데여서 남쪽 창문에 가서 매달려 내다보니 창문은 이중창이었고, 앞마당이 한눈에 들어와 장미꽃들이 푸른 잎사귀들 사이로 보이는 게 그렇게 이쁠 수가 없었고, 좋은 집에 살게 된 저는 기쁘고 신이 나서 이번엔 동쪽 창문으로 엉금엉금 기어가서 창문에 매달려 내다보니 옆집 넓은 앞마당이 내다보여, 그 집 마당의 꽃밭이 내다보여, 이 창문에 매달리는 것도 아주 좋았지만, 이곳저곳 살펴봐야 했기에 바쁜 저는 부지런히 기어서 중간 방으로 도로 넘어가며 보니, 안방 아랫목 벽 중간쯤 벽장이 있는 걸 보면서 중간 방에 넘어가 북쪽으로 난 부엌으로 나가는 문을 밀쳐 열어젖히고 보니 부엌도 무척 넓었는데 중간 방 부뚜막과 안방 부뚜막이 보였고 왼편 부뚜막 끝 동쪽 벽에는 유리문이 달린 찬장이 있었고 북쪽 벽 높이 창문 아래로 마루 같은 조리대가 붙어 있는데 제가 앉아 내다보는 정면에는 부엌에서 밖으로 나가는 출입문이 있어, 열려있는 문으로 바른편은 창고였고, 넓은 뒤뜰에는 밭으로 되어 옥수수, 고추, 근대 같은 것이 심겨 있는 게 보여 저는 마음마저 시원하고

신이 났습니다.

　뒷밭 너머 담장 대신 처져있는 철조망 사이로 뒷집 정원 일부와 커다란 벚나무의 늘어진 가지 사이로 뒷집이 조금 보이기에 저는 뒷집을 건너다보며

　"아, 저 집도 좋다."

하며 피난길에 나선 이후 지금까지 삭막한 곳에서 살아오며 꽃 많고 꽃나무들이 많은 곳에서 살았으면 하고 소원하던 게 이루어져서 신이 났으면서도 뒷집 정원을 건너다보며 감탄하다가 또 집안을 돌아보려고 방문에서 물러나 돌아앉아서 열린 미닫이문으로 앞마당을 내다보니 둥그런 회양목 옆으로 작약꽃이 만발하여 저는 이것도 좋아서 바라보다가, 서편 미닫이를 열고 복도로 나가 맞은편 열려있는 미닫이문을 통해 방안을 들여다보니 이 방은 무척 넓었는데 그 방에는 언니만 한 젊은 아낙네가 화장을 하고 있는 게 보여 제가

　"언니 여기서 살아요?"

　"아이 이쁘다. 그래, 니 이름이 뭐냐?"

　"명순이. 그런데 언니도 이쁘다. 언니 이쁘게 화장하고 어딜 가려고?"

　"아이고 알 거는 다 아네. 가기는 어데 가나? 일루 와."

하며 방구석에 놓여 있는 나무 침대에 저를 앉혀 놓고

　"니 나하고 친해 보자. 니 몇 살이나?"

　"열 살. 그런데 이 큰방에서 언니 혼자 살아?"

　"아니야. 아저씨하고 살아."

　"그 아저씨 어디 갔어?"

하고 제가 묻고 있을 때 짐을 다 옮겨 왔는지 엄마가 와서

"나는 우리 딸이 어디 갔나 했더니 여기 있었구나. 엄마하고 저 방 가자."

하고 저를 업고 안방으로 건너오는데 벌써 고모랑 햇갱이 엄마랑 집안 소제를 다하고 부엌에서 음식 준비를 시작하려고 바쁜데 경안집 딸 숙자 언니도 부엌에서 바삐 왔다 갔다 할 때, 안방에 저를 업어다 놓은 엄마는 곧 시장으로 갔고, 저는 안방에서 경안집 할머니하고 있었는데, 이 할머니는 잠시도 가만있지 않고 들락날락거리며 모든 일에 간섭하며 잔소리를 했습니다.

부지런히 시장에 햇갱이 엄마를 데리고 갔다가 시장 본 것을 이켜 가지고 돌아온 엄마는 음식을 만들기 시작해서 음식이 되기 시작하니까, 저에게 점심밥을 먹여주며 모두 밥을 먹고 나서 엄마는 부지런히 음식을 만드는데, 경안집 할머니는 부뚜막에 앉아 숙자 언니가 만드는 음식을 들여다보며 쉬지 않고 잔소리를 했고, 고모는 고모대로 눈코 뜰 새 없었고, 햇갱이 엄마는 그릇들을 씻고 야채를 다루느라고 정신없었지만 소반에다 조촐하게 차린 술상을 부뚜막에서 받은 햇갱이 아빠만 만족하고 좋아서 싱글벙글하며 술을 마시고 있었습니다.

이러다가 석양이 비칠 때 아빠는 손님들과 같이 들어오셨고, 엄마는 숙자 언니를 데리고 상을 차려 두었기에 손님들은 아빠와 술을 마시며 얘기를 하며 웃음소리에 온 집안이 떠들썩했는데, 술 마시던 손님들은 바쁘다며 일어나 갔는데, 안방에는 아빠 친구분 중 두 분이 남아 계셔서 제가 들여다봤더니 정선으로 피난 갈 때 같이 갔다 온 길자 아빠가 있기에 저는 반가워서

"안녕하세요?"

"오냐. 니 나 아나?"

"내가 누커야?"

"영건이 언니 뭐해요?"

"아이고 야가 인제는 말도 잘하네. 영건이는 사범학교 나와 성덕 초등학교 선상하잖나."

"그럼, 영덕이 언니는요?"

"영덕이도 사범학교에 댕기잖나. 우떠 그런 걸 다 아나?"

"그럼, 길자는 잘 있어요?"

"아이고 야가 길자도 다 알고."

하는데 보니까 길자 아빠는 눈을 자꾸만 비비길래

"왜 눈이 아퍼요?"

"음."

하면서 눈을 비비면서 저에게 억지로 웃어 보이기에 저는 속으로

'왜 그럴까? 눈이 저렇게 아프면 어떡해?'

하고 생각하면서 걱정스러워 쳐다만 보고 있었습니다.

안방에서 나온 저는 고모가 쉬고 있기에 업어달라고 해서 부엌문 밖에 나가보니 변소 있는 쪽에 포도나무가 있어 높은 덕을 매어 그 위에 올려져 있어 낮이면 시원한 그늘이 져 있고 포도나무 덕과 부엌 사이에 있는 목욕탕 창문 밖 조금 떨어진 곳에 장독대가 있어 우리의 항아리들이며 단지들이며 간장독까지 옮겨 놓았는데 햇빛이 잘 드는 곳이었고, 제가 내다보고 좋은 집이라고 했던 뒷집과 서편에 있는 집 판자 담이 꺾인 곳에 닭장이 있어 들여다보니 제법 큰 닭장이어서 고

모는 저를 업은 채 들어가서 어정거릴 수 있어 자세히 구경했는데, 포도나무 밑으로 해서 닭장 옆 판자 담집 앞집이 되는 우리 옆집 판자 담과 아까 처음 본 큰방 벽 사이 다니기에 불편이 없는 곳을 통해 앞마당으로 나올 수 있어 그동안 셋방살이만 했던 제 눈에는 모든 게 선경과 같이 좋아 보였습니다.

이사 오고 며칠 안 있어 사월 초파일이 가까워오니 골목을 사이에 두고 마주 보는 포교당에는 많은 사람들이 드나들기 시작해서 조용하던 골목이 소란해지고 포교당 뒷문이 우리 대문에서 조금 비껴서 건너다보였기에 안방 남쪽 창문으로 내다보면 판자 담 틈으로 포교당 후문으로 드나드는 사람들이 보였는데 저녁에 엄마는 저를 업고 포교당으로 구경 갔더니 포교당 넓은 앞마당 저쪽 한편에 많은 꽃들이 심겨 있어 엄마는 저를 업고 그곳으로 가서 꽃구경하다가 법당 앞으로 가보니 많은 사람들이 그곳으로 들어가며 혹 가다 엄마를 아는 사람들은 엄마에게 웃으며 인사하기도 하는데 엄마는 저를 업고 벚나무 아래를 조금 거닐다가 집으로 왔습니다.

이러고 사월 초파일이 되어 저녁밥 먹은 저는 엄마에게 업혀서 큰길로 나가 포교당 신자들이 등에 촛불을 켜 들고 행진하는 게 재미있고 신기해서 구경하다 들어왔는데 제가 잠자리에 들 때까지도 우리 집 대문 밖 골목길은 포교당 후문으로 드나드는 사람들 때문에 붐볐고 소란했습니다.

저는 이 집에 이사 오고부터 새 친구가 생겼는데 다름 아닌 큰방 언니였는데 진순이 언니의 사촌 올케였고 남편 되는 진순이 언니의 사촌오빠는 트럭 운전사여서 한번 집을 나서면 이삼일 후에 돌아오는 게 보통이어서 큰방 언니가 혼자 있을 때면 저는 밥만 먹으면 낮이고 밤이고 큰방으로 놀러 갔고 큰방 언니는 저에게 얘기도 해주고 노래도 불러줘서 제가 좋아하고 있었습니다.

이럴 때의 어느 날, 휴가를 얻어 강릉으로 내려오는 진복이 오빠 편에 김진형씨 아들인 다섯 살짜리 용호가 따라와 큰방 언니에게서 지냈는데 용호는 다섯 살이면서 말로서 자기 생각을 제대로 표현 못 하지만 반면에 어디서 배웠는지 입에 담지 못할 욕은 잘하는 애였고, 무슨 짓이건 저 하고픈 대로 해야 하는 작은 폭군이었는데, 저는 이 애가 오고부터 제일 큰 피해자가 되고 말았습니다.

용호는 심심하기만 하면 제게 와서 놀리고 입에 담지 못할 욕 하며 가까이 다가와서 때리고 달아나는 게 일이어서 참다못한 저는 지금까지 참았던 게 폭발이 되어 달려들곤 했지만 장애자의 몸이어서 마음대로 움직여지지 않으니까, 오히려 저는 이 애에게 얻어맞기가 일쑤였지만, 나의 엄마가 없을 적에는 그나마 이 애의 하는 것을 아무도 말리거나 나무라는 사람이 없었습니다.

이렇게 되어 저는 이 애를 몹시 미워하게 됐는데 큰방 언니를 부를 때 작은 엄마라고 하지 못하고 "씨 엄마"라고 불렀고 점심밥을 차려 주니 아침에 먹던 돼지고기를 달라고 하는 말이

"씨 엄마. 이렇게, 이렇게 찍어 먹던 거. 그거 줘!"

하며 손짓으로 고깃점을 집어 들고 양념장을 묻혀서 먹는 시늉을 하며 처음에는 큰방 언니가 못 알아듣다가 욕지거리를, 그것도 입에 못 담을 욕지거리를 들은 뒤에 차근차근 물어서 아침에 먹던 돼지고기라는 것을 알고 다 먹고 없다고 달래니 이 애는 밥 안 먹는다며 욕설

을 해대서 큰방 언니는 진땀을 흘리면서 달래고 어르고 빌고 하여 겨우 밥을 조금 먹이는 걸 멀리서 보고 있던 저는 속으로

'에이그 미워라. 저건 바보면서 못되게만 굴고 있어. 저게 어서 빨리 가야지. 내가 편해.'

하고 생각했는데 이렇게 지겹고 길고 긴 며칠이 지나가고 나서 진복이 오빠가 와서 용호를 데리고 가는 걸 보고 저는 속이 시원하고 후련함을 느끼고 좋아했습니다.

이럴 때의 어느 날, 엄마는 아빠가 점심으로 잡수실 좁쌀미음에 분유를 진하게 탄 것을 가지고 갔다가 집으로 오는 길에 길자 엄마를 만나서 같이 왔는데 저를 본 길자 엄마는

"명순이가 인제는 말도 잘한다지? 저 먼저께 길자 아버지가 왔을 때 우리 식구 안부를 물었다면서? 그래서 길자 아버지가 너를 보고 와서 움매나 우는지. 우리 아들이 살았씨문 명순이만치 말할 게 아니냐고 하면서 우떠두 우는지 내가 옆에서 보자니 눈물이 쏟아져서….”

하며 눈물을 흘리다가 진정하고 엄마와 얘기하고 있었는데, 제가 얘기 듣기로는 길자네 집에도 제가 태어나기 전 언제인가 저 같은 장애자 사내애가 태어나서 조금 자라다가 죽었다는데, 길자 아빠, 엄마는 저를 볼 때마다 그 죽은 아들의 기억이 떠오르는 모양이었습니다.

하루는 큰방 언니가 엄마에게 얘기하는데 친정엄마가 아들을 못 낳아서 애를 태우다가 큰방 언니가 시집오고 나서 친정엄마가 아들을 낳아 그 애가 자라서 지금 국민학교 일 학년인데 방학이 되면 누나 집에 왔다 갈 거라고 해서 제가 듣다가 속으로

'아이, 그 애도 용호 같으면 어떡하나?'

하고 걱정하다가 큰방 언니 곁으로 엉금엉금 기어가서
 "언니, 언니 동생이 용호 같지 않아?"
 "아이 왜서 가가 용호 같으나? 오거던 봐라. 참 얌전하고 말도 잘해서 니하고 잘 놀끼다."
 "그럼 이름이 뭐야?"
 "종대다."
 "아이, 빨리 왔으면."
 "그래지 않아도 누나 집에 오고 싶어서 난리 친다 하던데 올 거야. 기다래 봐."
했는데 이삼일이 지나자 큰방 신랑이 서울 갔다가 오는 길에 처가에 들려 여름 방학을 맞은 종대를 자기 트럭에 태워 데리고 왔는데 종대는 저하고 놀다가 누나가 부르면 큰방으로 가서 국어책을 펴놓고 공부하는데 큰방 언니는 평소에는 자상한 엄마같이 보살펴 주지만 어떨 때는 무서운 선생님이 되어 가르치는 걸 보고 있다가 종대가 쉴 때 저는 종대가 공부하는 국어책을 펴놓고 열심히 들여다보니까 큰방 언니는 이상해서 저를 보다가 엄마에게
 "명순이가 운제 글을 배왔는지 글쎄 국어책을 곧잘 보잖소."
 "뭐 멋이나 알고 보는 줄 알아? 그림만 보지."
 "아니래요. 아는 것 같던데 내가 시험을 해봐야지."
하며 저에게 묻기를
 "니 이거 아나? 이거 읽어봐. 이것도 읽어봐."
하기에 저는 그대로 했더니 큰방 언니는 눈이 둥그레져서
 "아이고 야가 그르 운제 배왔제? 세사…."

하며 놀라워했는데 종대는 대화 벽촌에서 자란 아이지만 제가 본 애들 중에 제일 착해서 저는 이 애하고 같이 놀다가 엄마가 주는 간식을 같이 나누어 먹기도 하며 사이좋게 지내는데, 큰방 언니가 간식거리를 사다가 주면 이 애는 이것을 가져와 저에게 나누어 주고 놀았는데, 뒤꼍 포도나무에 포도가 많이 열려 익어갈 때 종대는 아직 개학할 날짜가 멀었지만 매형인 진하씨가 서울에 갈 일이 있어, 갈 때 종대는 매형 트럭을 타고 대화로 갔습니다.

 종대가 가고 나니 저는 혼자 놀아야 했고 쓸쓸했는데, 이러고 얼마 안 있어 언니는 지난날 옥자네와 같이 셋방살이 하던 오랑캐 꽃집에서 휴학했던 한 학기를 마저 마치고 구월 달에 졸업한다며 집으로 왔지만 큰오빠는 대학 입학시험을 치르기 위해 공부하느라고 방학이 되었어도 오지 않아 저는 심심했는데, 언니는 이번 마지막 학기에 공부하느라고 할 때 모교인 강릉여고의 교장 선생님이 이화여대로 찾아와서 언니에게 졸업하면 다른 곳으로 가지 말고 꼭 모교에 와서 후배들을 가르치라고 신신당부하셔서 꼼짝없이 강릉여고 가사 선생으로 나가게 됐다고 얘기하며, 그러지 않아도 학장 선생님의 추천으로 인천여고 교장이며 서울의 여학교 교장 선생들이 서로 자기 학교로 데려가려고 할 때여서 학장 선생에게서 이런 얘기를 들은 강릉여고 교장 선생은 펄쩍 뛰며 안 된다고 했다고 얘기했습니다.

 이러다가 작은오빠가 개학이 되어 학교에 다닐 때 언니도 강릉여고 가사 선생으로 학교에 나갔는데 엄마는 집안 형편이 나아져서 아빠의 수입이 좋아지니까 큰오빠가 너무 먼 곳에서 통학하며 학원에 나가 공부하느라고 밤이 늦어서 집으로 들어가게 된다며 걱정하다가 서울로 갔는데 엄마 대신 고모가 와서 밥을 해주었고 언니는 엄마 대신 아침이면 저에게 밥을 먹여주고 나서 출근했지만 하루는 시간이 급하다고 아침에 저를 밥은 안 먹이고 그냥 가기에 저는 화가 나서 울었더니 고모가 달래며

"우지 마라. 밥 먹고 우리 구경 가자."

"고모 어디?"

"포교당. 잔치가 있대. 우리 거게 가보자."

하기에 저는 고모가 먹여주는 밥을 받아먹고 고모한테 업혀서 포교당으로 가보니 그 시대에는 보기 드문 합동결혼식을 한다는데 아직 세 명의 신부가 도착하지 않아서 고모는 저를 업고 포교당 대웅전 계단에 서서 결혼식이 시작되길 기다리는 중인데 염색한 군인 작업복을 입은 어떤 아저씨가 지나가다가 고모를 보고

"왜서 여와서 이러 있소? 질루 가요."

"뭐야? 신비르 야한테 뺴키고 싶어서 이래는데 뭐이 우째고 우째? 니 괜히 이래다가 혼이 나고 싶으나?"

"어여 보시우. 내 암 말도 안 하꺼니 어여 보고 싶은 대로 보시우."

하고는 바삐 어디론지 갔는데 조금 있다가 신부 셋이 드레스에 면사포를 쓰고 들어오는 걸 보고 저는 고도의 어깨를 흔들며

"야 색시 이쁘다. 그치 고모."

"멋 팔지 마라."

"고모는 안 이뻐?"

하면서 고모와 저는 결혼식이 시작되는 걸 구경하다가 싫증이 났는지 고모가

"야 명순아, 복기 집에 갈라나."

"복기 집이 어디야?"

"내가 가는 대로 가문 되잖나."

하기에 저는 고모가 가는 대로 업혀서 가운데 큰집으로 들어가 보니 수돗가에서 빨래하던 복기 언니가

"아이 명순이 왔구나. 어여 들어가. 언니가 빨래해 놓고 들어갈게."

해서 고모는 저를 업은 채 현관에 들어서는데 중기 오빠 처인 종만 엄마가

"아이고 작은댁 아제가 웬일이유? 여게 다 오고."

하여 방문을 열어주어 고모는 저를 업은 채로 방안에 들어서는데, 가운데 큰엄마가 있다가

"아이고 명순이가 이러 왔구나."

하고는 조그만 쟁반에 담긴 과즐을 제 앞에 밀어놔 주며 먹기를 권했는데 옥기 언니의 딸 원자가 들어와서 보고

"아제야. 이거 내가 먹아도 되나?"

"응 먹어."

하니까 원자는 달려들어 과즐을 집어 들고 베어 물고 열심히 먹어대는데 복기 언니가 들어오다 보고

"저런 돼지 같은 년. 아 먹으라고 내놨지. 네 년 먹으라고 내놨나? 체면 좀 차래라."

하고 나무란 뒤에 고모하고 얘기하다가 얘기가 멈춰진 사이에 제가

"고모 가자."

"그래 가자."

하고 고모는 저를 업고 나와 마당에 서서

"우리 종수 집에 갈라나? 종수 애미가 니 보문 이쁘다 할끼다."

하며 바로 뒤채인 종수 집으로 들어가 방으로 들어가니 종수 엄마는 저를 보자

"작은댁 아가씨가 이렇게 왔는데 뭐 주지?"

하며 벽장문을 열더니 배 하나를 꺼내 들며

"이거 주까?"

"응."

하고 마침 목마르던 참이어서 저는 반가워서 대답했는데 배를 깎으려고 칼을 집어 드는 종수 엄마의 손을 본 순간 저는 이전 중기 오빠 결혼식 날 이 방에서 보았던 일들이 생각나서 종수 엄마에게

"손 씻고 와."

"조금 전에 내가 씻었는데?"

"그래도 씻고 와."

했더니 종수 엄마는 웃으며 부엌에 나가 손을 씻고 오더니

"이제 됐어?"

"응. 깎아."

하고 제가 말하니 종수 엄마는 배를 깎아 저며서 저에게 먹여주기에 심하던 갈증이 풀렸는데, 아쉬운 게 없게 된 저를 보고 고모가

"야, 가자."

하며 저를 업고 나서는데 강릉 사범학교 교사로 있는 완기 오빠가 점심 먹으러 들어오다가 저를 보더니

"천치 왔나? 천치 왔구만."

하기에 저는 성난 소리로 고모한테 빨리 가자고 재촉하여 집으로 왔더니 언니가 퇴근하여 안방 아랫목에 누웠다가 고모 보고

"어디 갔다 왔수?"

"야가 울어서 달래니라고 나갔다 왔다. 아침에 니가 밥 안 메겠다고 울었잖나."

하고 고모가 말하니 화가 난 언니는 저를 야단치며 어디 갔다 왔냐고 묻기에 속이 상한 저는 퉁명스러운 소리로

"복기 언니 집에 갔다 왔다. 왜?"

하고 대답했더니 평소에 옷에 대한 관심이 많은 언니는 금방 얼굴에 웃음을 띠고 목소리마저 상냥해져서

"그래 복기가 무슨 옷을 입었디?"

"까만 스웨터 입었더라."

"아래엔 무슨 옷 입었디?"

"모 올 라."

"바보. 그것도 몰라? 새언니 있지? 새언니는 뭘 입었디?"

"까만 치마에 빨간 저고리 입었다. 왜?"

하고 제가 볼멘소리로 대답하는데도 언니는

"아이 눈도 밝지."

하고 웃었지만 저는 언니가 이러는 것도 반갑지 않고 불만스럽기만 했는데 고모는 언니에게

"오늘 지약에는 국씨 할까 하는데 니 생각은 우떻네이?"

"그럼 국수해서 먹읍시다."

하고 대답하여 점심밥을 먹은 후 고모는 밀가루에 콩가루를 조금 섞

어 국수 반죽을 시작하며 언니에게

"내가 이거 할 동안에 양념장이나 맹그러라."

하고 말하니 언니는 얼른 부엌으로 나가 양념장을 만드는 동안 저는 고모가 만드는 국수 반죽을 가지고 장난하려고 하니 고모가 보고

"야, 그래지 마라. 느 언니가 보문 지랄한다. 에 따가 국씨 밀어 쓸어 놓고, 꽁대이르 떼주마, 가마이 있싸."

하며 안반에다가 반죽을 올려놓고 홍두깨로 얇게 밀기 시작했는데, 오랜 시간 동안 열심히 밀던 고모는 이번엔 식도를 들고 국수를 가늘게 썰어 놓고 있을 때 아빠가 들어오셨습니다.

들어오신 아빠는 저를 보시고

"잘 놀았나? 아침에 울더니, 옛다, 이거 먹어라."

하시며 사탕 한 봉지를 사 오셔서 그중에 두 개를 꺼내 제게 주시고 사탕 봉지는 벽장 앞턱에 넣어 놓으셨는데 저는 손에 든 사탕 하나를 국수 썰고 있는 고모 입속에 넣어주려고 하니 고모는 피하면서

"시라. 너 먹어라."

하고 사양하는 고모에게 아빠가

"애가 생각해서 주는 건데 고맙다고 받지 왜 싫다고 하오?"

하고 말씀하시니까 고모는 할 수 없이 웃으며 제 주는 걸 입에 물었는데, 고모는 가늘게 썬 칼국수를 가지고 나가서 삶아 찬물에 헹군 다음 뜨겁게 끓인 멸치 국물에 말아 온 식구가 밥 대신 먹었습니다.

저는 엄마가 없는 동안 큰방으로 놀러 가면 큰방 언니는 뒤꼍 포도나무에서 잘 익은 포도를 따와 저에게 먹여주기도 했고 제가 가져간 작은오빠의 헌 잡지도 같이 보며 제게 얘기도 잘해주어 저는 날이 갈

수록 언니보다 큰방 언니가 더 좋아져서 매일 같이 놀러 다니다가 엄마가 왔습니다.

큰방에서 놀고 있을 때 엄마가 와서 저를 보고
"우리 딸이 잘 놀았나?"
"잘 놀고말고요. 제 방에도 매일 놀러 오고 아주 이뻐요."
하며 큰방 언니는 그동안 일을 엄마에게 말했습니다.

조금 있다가 저녁때가 되어 돌아오신 아빠에게 엄마는 서울에서 있었던 얘기를 하는데, 큰오빠를 마포의 엄마 작은고모 집에서 이종국씨 집으로 데려다 놓으니, 큰오빠는 새벽에 학원에 갔다가 학교에 갔고 학교 공부가 끝나면 학원으로 가서 공부하고 저녁 늦어서 들어오는데 이종국씨가 보고 마음에 들어 하며 침이 마르도록 칭찬하더라고 하면서 이렇게 되니 엄마의 사촌 올케인 황보씨는 엄마에게 식모를 구해 달라고 부탁했다고 했습니다.

엄마가 오고 마음이 편안한 데다가 기가 난 저는 잘 놀며 지낼 때, 하루는 우리 집 뒤꼍 밭을 금년만 부치기로 한 할머니가 닭장에 기르던 닭들을 가져가며 뒷밭에서 생산된 옥수수와 콩, 호박들을 따가면서 엄마에게
"이거 좀 잡수야? 음매 되지는 않지만 그래도 여게서 딴 거니까."
하며 나누어 주고 갔는데 며칠 있다가 손녀를 데리고 온 이 할머니는 저보고
"니 야하고 놀거라. 내 저 밭에 가서 거름질 해야 하니까."
하고 손녀를 놔두고 뒤꼍으로 갔는데 큰방 언니가 늘 보아서 낯이 익었으니까 이 애 보고

"야, 할머이 따라왔나? 니 노래 할 줄 아제? 노래 좀 해 봐라."
하고 먼저 동요를 시작하니까 이 애는 노래에 맞추어 유치원에서 배운 유희를 예쁘게 하며 놀다가 밭일이 끝난 할머니를 따라갔습니다.

그러나 이날 밤 큰방 언니에게 큰 소동이 일어났는데 큰방 언니 남편 진하씨는 트럭을 운전하여 서울을 오갈 때 서울에 물건 하러 오가는 장사꾼 여자와 눈이 맞아 바람을 피우다가 들통이 나서 일어난 일이었지만, 큰방 언니는 이때 펄펄 뛰며 물불을 가리지 않고 장사꾼 여편네에게 사납게 달려드는데 엄마가 말리고 달래서 겨우 조용해졌지만, 다음 날은 이른 아침부터 부부 싸움이 시작되어 그다음 날까지 계속되고 있을 때 큰방 언니의 친정아버지가 강릉에 볼 일이 있어 왔다가 딸네 집에 들렀다가 이 꼴을 보자 사위를 불러 무섭게 호통을 쳐서 이 싸움은 이것으로 흐지부지 끝났습니다.

이럴 때 전쟁이 휴전된 지 얼마 안 되는 때였고 일자리가 없어 거리에는 실업자가 넘쳐날 때였기에 아침저녁으로 밥 얻으러 오는 애들과 어른들이며 낮에도 식량을 얻으러 동냥 오는 사람들이 많았는데, 그중에는 불구자도 많아서 엄마는 이런 사람들에게 밥을 나누어 주곤 했지만 어느 날 아침 뭣 때문에 심술이 났던지 언니는

"어머니, 그렇게 줘버릇하니까 자꾸 오지 않아요. 인심도 좋으셔."
하고 쏘아붙이며 출근했는데 오후가 되니 학교 갔다 온 안방에서 내다보이는 옆집 남매가 놀러 왔다며 저에게 와서

"야, 니 이름이 뭐냐?"

"명순이. 넌 이름이 뭐야?"

"난 야 누나야."

"누나긴 누난데 누가 그거 모르나? 이름이 뭐냐고?"

"야가 나보고 누나야 하고 부르니까 우리 엄마들도 누나야 한다. 그래서 내 이름이 누나야."

하고 웃어대더니 저보고

"야 느 엄마가 본 엄마나?"

"본 엄마가 뭐야? 엄마면 엄마지."

"아니야 니가 몰라서 하는 소리야."

"그런 법이 어디 있어?"

"우리 엄마는 둘이야."

"그래? 어째서?"

"그렇게 됐싸. 사람은 살다보문 알 수 있싸. 그런데 니는 왜서 서울말 쓰나? 서울서 왔나?"

"서울말이 뭐야? 우리말은 표준말이라구. 우리 큰오빠가 그랬다."

"느네 큰오빠 어데 있나?"

"서울에 있어."

"왜서 안 오나?"

"몰라."

"우리 인제 집에 가자."

하고 동생을 데리고 집으로 갔는데 이 애는 이름을 진이라고 불렀고 국민학교 오 학년이었고, 사내 동생은 진구라는 이름으로 국민학교 일 학년이었는데 저는 이런 일을 얼마 후 알게 되었고, 더 커서 진구 큰엄마가 애기를 낳지 못해서 진구를 낳은 엄마가 들어와 진이와 진구를 낳았는데, 진구네 집에서는 외아들인 진구를 금이야 옥이야 하며 소중하기 이를 데 없이 위하는 것을 알게 되었지만, 이때 저는 진이가 말한 엄마가 둘이라는 얘기는 이상하게만 생각되고 도저히 알 수 없는 일이었습니다.

어느 날 큰방 언니는 엄마에게 와서 묻기로 요즈음 들어 뭐가 자꾸만 먹고 싶어지고 몸에 변화가 온다고 하니 엄마는 웃으며

"그것참 좋은 소식이구만. 신랑이 알면 좋아하겠네. 애기를 몹시 기다리던데, 내가 들어도 반가운데?"

하고 말하니 큰방 언니는 말할 수 없이 좋아했는데 저는 왜 저렇게 좋아하는지 알 수 없었고, 그렇다고 물어볼 수도 없어서 잠자코 있었지만 이상하기만 했습니다.

이럴 때 벌써 가을이 되어 집집마다 마당에 빨간 고추를 넣어 말리고 있었는데 어느 날 낮에 우리 집과 골목을 사이에 둔 앞집인 조남한 씨 집 할머니가 엄마에게 놀러 오며 꿀 한 공기를 가져와서 자기 아들이 양봉을 해서 따온 꿀이라며 하는 말이

"난 늘 봐도 이 집 어머니는 그러 얌전 하세서. 우떠 한번 만내 보나 하고 베르고 벨러서 이러 찾아왔잖소. 나는 지끔도 그렇지만 우리 영감쟁이가 우떠도 사램이 괴팍한지 속이 썩잖소. 글씨 지끔 백화점 하는 우리 큰아들이 낳서 첫 돐이 됐을 때 내가 떡싸르 담겄다고 홀 볶아내서 내가 고만에 떡 쌀 그릇을 들고 이리 쫓기고 저리 쫓기고 하는데 우리 시어머이가 보고 아드르 나무래서 고만뒀잖소. 우리 영감 재이가 그러두 못되고 괴팍해서 내가 지끔도 그 생각 하문 아주 이 머리가 다 빠지도록 골이 아프잖소. 아 젊어서 노름에 미쳐서 아무도 모리게 우리 사는 집으 팔아 먹어서 고만에 날바닥에 내쫓게서 그 고상으

어엽게 했는기 고상 고상해서 우떠 집으 장만하게 되니까 또 노름 하니라고 집으 팔아 먹어서 또 한데 나 앉고 이래기르 몇번으 했는지 모린다오. 그래서 노름 하니라고 나르 못살게 하고 고상은 고상대로 씨게서 지난 얘기나 그렇지 아주 어려웠소."
하고 어려웠던 지난날 얘기를 한창 늘어놓고 있다가 갑자기 정신이 난 듯
"우리 영감쟁이가 날 어데 갔나 하겠다. 얼픈 가봐야지."
하고 허둥지둥 달아나듯 갔습니다.
그래서 엄마는 시계를 보고 일어나 아빠의 점심 준비를 하고 나서 병에 넣고 남은 미음을 저에게 먹여놓고 아빠한테 가고 없는데 고모가 와서
"엄마 없나?"
"음. 고모 이리와 나하고 놀자. 이따가 저녁 먹고 자고 가."
"아이고 야야. 내가 볼일이 있싸 왔는기."
"뭐야?"
"느 엄마가 서울에 보낼 예식아 일 때문에 내가 왔잖나. 느 엄마를 봐야지."
"그러니까 내 말대로 해."
하고 제가 말했지만 고모가 안절부절못할 때 엄마가 오니
"여보게 저먼저께 야 외가에서 예식아르 구한다고 했잖는가. 우리 동네에 마침 서울로 가겠다는 아가 있싸서 내가 이러 왔잖는가."
하고 말하니 엄마는 자세히 물어보고 나서 데려와 보라고 하니 고모는 좋아하며 부지런히 말산으로 내려가서 엄마에게 말했던 주인공의

엄마를 데리고 왔는데 서울 가겠다는 애의 이름은 잔남이라고 했고 가정 형편이 어려워 딸을 잘 길러서 시집보낼 수 없어 집안 살림과 예의범절이나 배우면서 시집갈 밑천이나 벌면 좋겠다고 하면서 잔남이 엄마는 엄마를 보니 믿고 딸을 맡길 수 있겠다며 딸을 데리고 올 날짜를 약속했을 때 고모는

"잔냄이 어머이, 잔냄이르 서울에다 보내 보오. 을메나 좋은가. 낸중에 내 덕이라 할 때가 올기요."

하고 호기 있게 생색을 내었는데 그 후 며칠 있다가 잔남이도 엄마 따라 서울로 갔습니다.

잔남이를 데리고 엄마가 서울로 간 뒤 고모는 저를 돌보며 와 있었는데, 계절은 가을이라서 햇빛은 따사롭고 맑은 하늘에 고추잠자리들이 한가롭게 날고 바람이 술술 불 때마다 코스모스와 금잔화가 간드러지게 춤추는 속에 고모는 포교당에서 결혼식 하는 것은 용케도 알아가지고 저를 업고 가서 구경하다가 저에게 묻기를

"복기 집으로 갈라나 종수 집으로 갈라나?"

"복기 집으로 가자."

"왜서?"

"종수 집 가면 완기 녀석이 나보고 천치 왔나, 천치 왔나 해서 싫다."

"야가? 누가 오빠보고 그래?"

"뭐가? 완기 녀석이 나쁘잖아."

하고 싫다고 했는데도 고모는 저를 업고 들어선 곳이 종수 집이었는데 종수 엄마가 보이지 않아 고모는 방에 저를 내려놓고 밖에 나갔다가 종수 엄마와 같이 들어오는데 종수 엄마가

"나 지금 손 씻고 왔어, 그러니까 손이 깨끗해."
하고 손을 펴 보이며 웃음을 띠고 배를 깎아 저에게 먹여주고 있을 때 밖에서 네 살짜리 종수가 들어오며
"엄마 나도."
하고 손을 벌리자 종수 엄마는 저보고 물기를
"종수 좀 주까?"
"응."
하고 대답하니 종수 엄마는 배 조각을 떼어 종수 손에 들려주어 먹기 시작하는데 종수 손이 더러워 시꺼먼 땟물이 줄줄 흐르는 걸 본 고모가
"종수야, 니 손 씻고 먹아라. 그기 뭐나?"
하고 말한 뒤에 방바닥에 떨어져 뒹구는 찐 고구마 조각을 집어 들고 저보고
"니 이거 먹을래?"
하고 묻기에 저는 아직 치우지 못한 종수 응가를 신문지로 덮어 놓은 게 방바닥 여기저기에 널려 있는 걸 흔들리는 손가락으로 가리키며 상을 찡그리면서
"아이, 저거 봐."
했더니 고모는 종수 엄마와 웃어대며
"야가 다시는 안 오겠다 하겠네. 저거 좀 치우지."
"네, 있다가 치우면 돼요."
하고 대답하기에 저는 지저분하게 생각되어 싫은 데다가 완기 오빠가 점심 먹으러 올 시간이 되길래 고모 보고 빨리 가자고 재촉했지만, 고모는 종수 엄마와 얘기하느라고 얼른 안 일어나다가 제 등쌀에 할

수 없이 저를 업고 나오는데 완기 오빠가 들어서다 저를 보더니 또 한다는 소리가

"천치 왔나? 저건 천치야. 오빠보고 인사도 할 줄 모르고."

이러는 말을 듣고 저는 화가 나서 고모 어깨를 잡아 흔들며

"거 봐, 빨리 가자는데 안가더니."

하고 소리쳤더니 종수 엄마가 방안에서 내다보며

"아이, 당신은 왜 남 듣기 싫어하는 소리를 해요?"

"뭐 우때서."

"고모가 오자고 하니 뭐라고 한지 아세요?"

"뭐라고 하긴 뭐래? 천치가"

"천치라니? 남만 업신여겨. 완기 녀석 집에 가지 말자고 하더라는데 그것도 모르고."

하며 종수 엄마는 남편에게 눈을 흘기니까

"뭐? 완기 녀석? 오빠보고 완기 녀석이라니? 몽뎅이 어데 간?"

하고 두리번거리며 몽둥이 감을 찾는 척할 때 저는 화가 날 대로 나서

"너어. 나만 때려봐. 우리 아빠한테 혼나."

"저 말하는 것 보게."

"누가 잘못이야? 고모 빨리 가."

하고 소리쳤더니 방안에서 종수 엄마가 굴러가며 웃고 완기 오빠는 어이없어하며 허허 웃고 고모는 저를 업은 채 웃다가

"그래. 잘 싸왔다. 싸울라문 이러 싸와야지."

하면서 집으로 왔습니다.

기다려지는 엄마가 아직 안 와서 쓸쓸해할 때 포교당 유치원에서는 운동회가 열려 음악 소리가 확성기를 타고 들려오니 고모는 저를 업고 나서며

"우리 저 가보자."

하고 포교당 마당에 들어섰는데 아침나절의 햇빛 아래 사람들이 어떻게나 많은지 볼 수가 없는데도 고모는 저를 업은 채 사람들 틈을 비집고 들어가 저에게 구경시키는데 유치원생들이 화려한 제복을 입고 음악에 맞추어 보모들을 따라 유희도 하고 뜀박질도 하는 게 보여 정신없이 구경하다 보니 염색한 작업복을 입은 험상궂은 얼굴의 건장한 사내가 회초리를 휘두르며 구경 와서 운동장을 침범하는 아이들을 밖으로 내쫓는 게 보여 저는 보기 싫어서

"고모 저거 봐. 가자."

"뭐르? 니 때랬다간 내가 가마이 있나? 저거 봐. 저거 하는 거 보기나 해."

하기에 저는 마음 놓고 구경하고 있을 때 어떤 촌 할머니가 와서 고모를 보더니

"아이고, 여게 구경으 왔소? 이 언나는 누귀요?"

"예, 어서 오시우. 우리 조캐 딸이잖소."

"일루 앉지우. 여게 자리가 있잖소?"

하며 앞자리에 가 앉으며 고모보고 앉을 자리를 권해서 고모는 그 할머니 곁에 가서 쭈그리고 앉아 구경하는데 이 할머니가

"야가 그래문 맨살이요?"

하고 물으니 고모는 얼른 대답 못 하고 저한테 묻기를

"니 맨살이나?"

"열 살."

"아이고, 말도 잘하네. 쯧 쯧… 얼구리도 이쁜 기….."

하고 안됐어 했지만 이러는 쓸데없는 동정이 싫고 속상한 저는 속으로

'말도 못 할라고? 괜히 말 시켜놓고 걱정해 주는 체하고. 귀찮게.'

하고 속으로 투덜거리며 조금 보고 있다가 속상한 게 풀리지 않아 고모에게

"고모 이제 가."

"그래. 집에 가서 밥도 먹고 빨래가 우떠 됐나 봐야겠다."

하고 고모가 일어서려고 하니까 옆에 앉았던 할머니는 왜 벌써 가느냐고 하며 집이 어디냐고 물은 뒤

"그래문 있다가 내가 가도 되우?"

"오시우."

하며 고모는 저를 업고 집으로 왔는데 저는 아까 본 할머니가 누구인지 궁금해서

"고모, 아까 본 할머니 누구야?"

"느 가운데 큰어머이 조캐잖나. 우추리에 산다."

하며 점심밥을 차려 먹고 나서 마른 빨래를 걷어와 손질하고 있을 때 아까 본 할머니가 찾아와서

"여게서 사오? 집이 고래 등 같네. 이것 좀 잡숴 보오."

하며 과일과 과자를 내놓고는 사방을 둘러보며 구경하고는 손녀가 이곳 유치원에 다녀서 늘 운동회를 구경했다며 고모와 자기네 집안

얘기를 하다가 간 뒤에 이 할머니가 가져온 사과 하나를 깎아 저에게 주고는 나머지는 작은오빠한테 준다며 벽장 앞에 간수했습니다.

　서울 간 엄마가 빨리 오지 않자 속이 상하고 화가 난 고모는 욕이 빠져나오기 시작할 때 때맞추어 앞집 경망스런 할머니가 찾아오니까 고모는 속상한 얘기며 엄마가 아직 오지 않았다는 얘기를 늘어놓으니 이 할머니는

"아이고 속상하겠소."

하고 맞장구를 치니까 그동안 고모는 통사정할 마땅한 상대가 없던 차라 답답해하다가 좋은 상대를 만났다고 엄마의 흉과 험담과 욕지거리를 시작해서 하니까 흥미롭고 재미있어진 앞집 할머니는 장단을 맞추어 주며 고모 얘기를 열심히 들으며 시간이 얼마나 흐른 뒤에야 간신히 일어나 갔는데 그동안 상대가 없어서 못 한 신명풀이를 한바탕하고 난 고모는 시원해하며 마음이 후련했든지 기분이 아주 좋아서 이날 이후부터 틈만 있으면 고모는 골목길 가로질러 앞집인 이 할머니 집으로 가서 살게 되었는데 고모에게 업혀 간 저는 덕분에 귀에 딱지가 앉도록 엄마 욕과 흉과 험담을 들어야 했습니다.

　시원한 들판에서 자유롭게 밭일하며 지내지 못해 안달하던 고모는 엄마가 오자 이내 말산으로 내뺐고, 저는 엄마 곁에서 떨어질 줄 모르고 있을 때, 앞집 할머니가 찾아와서 중대한 비밀 얘기라도 해준다는 듯이

"아이고, 시누르 맹하게 둬서 속상하겠소."

하고 서두를 꺼내더니 고모가 엄마를 그렇게 욕하더라는 얘기를 늘어놓기 시작하니까 엄마는 웃으며

"우리 시누님은 내 욕을 잘한다오. 시누님께 욕 좀 먹기로 어떻겠소."
하고 듣지 않자 앞집 할머니는 머쓱한 표정으로 말문이 막혀 앉았다가 일어나 갔습니다.

앞마당 구석의 감나무는 감이 열리는 첫해여서 맨 꼭대기에 딱 한 개만 열려 이것이 빨갛게 익어갈 무렵 큰방 언니는 이사를 갔고, 큰방은 언니가 쓰기로 했고, 이 방에 있던 나무 침대는 안방으로 옮겨 놓아주어 저는 창문에 매달리지 않고 침대 위에 올라가 앉아서 앞마당이며 대문간을 내다볼 수 있어 엄마가 아빠 사무실로 가고 있을 때면 저는 침대 위에 올라가 앉아 창문턱에 책을 놓고 보거나 놀면서 앞마당을 바라보며 엄마 오기를 기다리고 있었습니다.

가을은 깊어가서 창문 유리를 통해 들어오는 햇볕은 따뜻했지만, 문을 열면 선선한 바람이 들어올 때 밤이 되면 아빠는 가져오신 일감을 밥상으로 쓰는 둥근 상을 펴 놓으시고 일하셨고, 작은오빠도 공부하고 나서 잡지를 보고 있을 때, 아빠가 사 놓으신 장작들을 가져왔다고 해서 온 식구들이 골목 밖 큰길로 나갔는데, 인부들이 통나무를 지게로 져 들였고, 이튿날 아침 일찍부터 사람들은 나무를 톱으로 자르고 도끼질해서 장작들을 차곡차곡 창고 속에 쌓기 시작하며 하루 종일 집안이 부산해졌고, 햇갱이 엄마가 와서 밥하고 국을 끓이며 일하다가 저녁 늦게 갔습니다.

지난번 늦가을이 될 때 혼인이 정해졌다며 시집갈 준비를 하던 진순이 언니가 결혼 날짜를 알려 와서 겨울의 추운 날씨 속에 결혼식 날짜가 되자 엄마, 아빠와 언니는 대화로 갔고, 작은오빠는 아직 겨울

방학이 안 되었기에 가지 못했는데 이때 고모는 영서 지방에 가고 없었기에 점쟁이 큰엄마 양딸 복순이가 와서 작은오빠와 제 밥을 해주었는데, 이날이 토요일이어서 학교에서 일찍 돌아온 작은오빠는 저녁에 엄마가 주고 간 돈으로 사탕을 사다가 셋이서 꼭 같이 나누어 먹으니 기분이 좋은 복순이가 얘기하는데,

"우리 어머이 있잖아. 귀신 같은 거르 오닝교처럼 맹그러 가주고 백장 속에다 우해놓고 물도 떠다 놓고 밥도 해서 맨 먼첨 갖다 놓고 절하면서 비는 기 점해 달라 하는 사람이 와서 내놓는 돈도 거게 다 바치고 떡도 가주오문 백장 속에 다 먼첨 갖다 놓고 절하고 빌고 나서 먹잖나. 우리 어머이는 그럴 때 보문 우스와야."

하고 얘기하니 작은오빠가 듣고 있다가

"할아버지 제사나 할머니 제사 때 우리 아버지, 어머니가 보내는 제물은 어떡하디?"

"그것도 백장 속에 먼첨 바치고 절하고 난 다메 꺼내 음석으 맹그래서 제상에 올리잖나. 그럴 때 보문 이상해야."

하고 이상한 말을 했는데 진순이 언니의 결혼식에 갔던 아빠와 엄마와 언니는 사흘째 되던 날 왔는데, 잔치 음식을 많이 가져왔는데 집에 돌아오신 아빠, 엄마는 진순이 언니의 결혼식에 대해 얘기하시기를 신랑은 아빠, 엄마가 보시기에 인품이 보잘것없어 보였고, 직업은 의사라고 했지만 신분이 의심스럽다고 하셨고, 어느 모로 봐도 진순이 언니와 엄마가 불같은 욕심 때문에 속은 것 같다고 아빠가 말씀하시니까, 엄마는 김진형 대령이 진순이 언니의 신랑감을 부하들 중에서 골라서 진순이 언니에게 보여주고 의사를 물으니 진순이 언니는 한

다는 소리가 계급이 낮아서 싫다고 거절하니 기가 막힌 진형씨는
"그러면 앞으로 네 일은 네가 알아서 해라. 어떤 일이 있어도 이 오빠를 원망하지 말아라."
했고 이번 혼인 결정은 순전히 진순이 엄마와 진순이의 결정이었다고 했습니다.

이럴 때 언니의 친구들 중에는 벌써 결혼해서 애기 엄마들이 된 사람들이 있고 이제 막 결혼하는 사람들도 있었는데 언니가 여학교 다닐 때인 전쟁 직전부터 언니를 짝사랑하여 언니에게 연애편지를 보내다가 어른들에게 혼났으면서 대학생이 되었어도 언니를 못 잊어 연애편지를 보내오는 사람이 있었는데 그 사람의 아빠는 그때 강릉에서는 하나뿐인 변호사여서 사람들은 최 변호사 집이라고 불렀고, 이 집에서 언니를 탐내서 약혼했다고 헛소문을 퍼뜨려 엄마를 보는 사람마다 묻기를 댁의 따님이 최 변호사의 맏아들과 약혼했느냐고 물으니, 엄마는 이런 말 들을 때마다 아니라고 부인하고도 집으로 와서 언니를 보고
"너 때문에 참 좋은 소리 들었다."
하면 언니는 벌써 알아차리고 웃으며 엄마에게
"어머니, 딸 덕에 그런 말 듣지 언제 들어요?"
하고 얼버무리면서 넘어가려고 애썼는데 하루는 저 혼자 있을 때 경안집 딸이 친구들과 함께 와서 저보고 묻는 말이
"야, 느 언니가 최 변호사 집으로 시집간다맨?"
"아니야."
"느 언니 국씨 운제 먹나? 국씨 먹거던 나도 먹게 해다와."

하고 웃으며 자기 친구들과 수다 떨다가 갔습니다.

이러다가 작은오빠의 겨울방학이 되었고 이어서 크리스마스가 되었지만 작은오빠는 이제는 중학생이 된 오빠는 작년같이 캐러멜 얻으러 교회를 가지 않았기에 저는 매년 얻어먹던 캐러멜이 이 해부터는 없었습니다.

큰오빠는 대학 입학시험을 치르기 위해 집으로 오지 못하고 있었지만 벌써 양력설이 되었는데 강릉에서는 아무도 이날을 설로 치는 사람이 없었습니다.

양력설이 지나자 며칠 안 되어 할아버지 제사가 되었고 이러고 며칠 후 엄마는 고모를 데려다 놓고 서울로 갔는데 낮이면 엄마가 없는데도 찾아오는 사람들이 많아서 고모는 상을 찌푸리며

"야 어머이는 또 서울 갔잖소. 오거던 오시우."
하고 말해 찾아온 사람을 보내 놓고는
"쥔도 없는데 뭔 사람들이 이러두 아이 찾아오네이? 귀찮아 죽겠다."
하고 투덜거리며 문을 닫았습니다.

이러고 나서 날씨가 추워서 그런지 고모는 어디로 갈 생각도 않고 화롯가에 앉아서 아빠 양말과 작은오빠와 제 양말들의 떨어진 곳을 기우면서 제 양말을 보더니

'세사 발바닥은 멀쩡한기 발등이 떨어지는 양마르는 첨 봤다. 오죽하문 발등이 떨어지겠나 쯧쯧….'
하며 혼잣말을 했는데 이럴 때 저는 집안 돌아다니는 것을 아직 걷지는 못했기에, 다니는 것이 무릎을 방바닥에 댄 채 다리를 꾸부리고 양

손으로 방바닥을 짚고는 개구리처럼 펄떡펄떡 뛰다시피 앞으로 나갔는데 꿇어앉은 자세였기에 자연히 발등의 엄지발가락이 시작되는 부분에 심한 마찰을 가져와 그곳이 떨어진 것을 고모가 보고 이러고 혼잣말을 했습니다.

 이러던 어느 날 저녁때가 되어 밥할 때가 되자 고모는 저에게
 "느 아버지는 상에 놓은 반찬을 아무거나 안머가서 뭐르 해 놓제? 이래서 느 어머니가 해야 하는기. 난 애가 마른다. 그런 서방으 놔두고 왜서 여태 안오내이? 여우 같은 년, 오기만 해봐라."
하기에 저는 이전에 엄마 고향이 산이라고 생각했던 게 기억되어 웃어대자 고모는
 "야는 뭐이 조화서 웃나? 남은 애가 말라 죽겠는데."
하고 야단쳤지만 저는 웃음을 그칠 수가 없었는데 이럴 때 큰오빠가 대학 시험에 떨어졌다고 연락이 왔고 이차 대학을 지원하였다고 전해 와서 아빠는 경황없어하셨고, 속이 상한 언니는 작은오빠를 붙잡아다 가당치도 않은 생트집을 잡아 넙적하게 두들겨주며 화풀이를 해댈 때 이차 대학인 성균관 대학 생물과를 지원해서 입학시험을 치른 큰오빠를 데리고 엄마가 강릉으로 돌아왔습니다.

 반가워서 매달리는 저에게도 엄마는 경황없어하며 저를 안아주었는데, 큰오빠는 풀이 죽어 아무 말도 안 하고 있다가 속이 상하는지 방바닥에 엎드렸다가 잠이 들었고, 작은오빠는 신이 나서 엄마에게 성적 자랑을 했지만, 경황이 없는 엄마는 작은오빠의 말을 들었는지 말았는지 대답도 않고 있었습니다.

 이렇게 풀이 죽어 이삼일 지낸 큰오빠는 기운을 조금 차려서 저에

게 공부를 가르쳐주며 자상하게 보살펴 주지만, 때로는 다 아는 문제도 무섭게 겁을 주니 대답을 잘 못할 때도 있었는데 자기는 화만 나면 사납게 구는 언니가 보다 못해 큰오빠에게

"네가 안 가르쳐 줘도 다 할 텐데 왜 그리 야단치니?"

하고 나무라면서 말렸기에 저는 어려움을 모면할 수가 있었는데, 이러고 며칠 안 있어 무척이나 많은 눈이 쏟아지고 난 뒤였지만, 엄마는 큰오빠의 간식거리까지 준비해 놓고 항공편으로 또 서울에 갔는데, 이번에는 대학 시험에 합격했는지 먼저 알아보려고 이종국씨에게 갔더니, 본인은 안 오고 엄마가 대신 학교에 다니려느냐고 웃으며 놀려서 엄마가 친 전보를 받은 큰오빠는 안도의 한숨을 쉬며 많은 눈 때문에 대관령이 막혔기에 항공편으로 서울에 갔습니다.

언니가 여학교 선생으로 나가기 시작할 때부터 엄마는 틈만 있으면 언니를 붙들고 앉아 하는 말이

"여자는 몸가짐을 단정하고 깨끗이 가져야 이다음에 시집가서 남편에게 대접받고 주위 사람들에게 존경받는다."

하고 일러주며 언니의 성미가 편안치 않은 편이라서 큰 걱정이라며 마음을 편히 가지라고 이르고 또 이르고 했지만 언니는 화만 나면 물불을 가리지 않고 화풀이하기가 일쑤여서 이때에도 작은오빠를 생트집 잡아 두들겨주는 것만으로도 모자랐는지 고모에게도 화풀이해서 고모를 울려놓기 일쑤였는데 그럴 때마다 작은오빠는 고모를 달래주니 작은오빠한테 통사정하며 위로받던 고모는 작은오빠를 소중하게 생각하면서도 원체 입이 걸어서 조금이라도 말을 안 듣거나 하면 작은오빠에게 욕설을 퍼붓곤 했습니다.

이럴 때 저는 엄마가 보고 싶어지면 엄마가 집에서 입다가 벗어 걸어놓고 간 옷을 쳐다보고 또 냄새도 맡아보면서 제 쓸쓸함을 달래면서 저는 속으로 또 냄새도 맡아보면서

'엄마가 이 옷을 입으러 빨리 오겠지.'

하고 생각하며 위안했는데 고모는 이 옷들을 걷어다 빨겠다고 해서 제 생각에 그동안 엄마의 손길이 닿아서 정답게 느껴지던 것이 모두 지워지면 안 되겠기에 고모 보고 엄마 옷은 빨지 말래도 듣지 않아 저는 울면서 고모에게 대들며 엄마가 오면 입을 텐데 왜 빠느냐고 하면서 엄마 옷을 움켜쥐고 대성통곡을 했더니 영문을 모르는 고모가

"야가 왜서 이래 네이? 그래 느 어머이 오문 깨같한 거로 입아야지 안빨문 우떠하나?"

하고 저와 싸울 때 옆집 진구 낳은 엄마가 와서

"아이구 왜서 아하고 싸우."

"야가 즈 어머이 옷은 못 빨게 해서 그래잖소."

"못 빨게 하거던 놔두우. 뒀다가 야가 자거던 빨문 되잖소."

"그래게. 내가 미처 그 생각으 못 했구만 고맙소 예."

하고 저와의 싸움은 휴전이 되었고 이튿날 아침 일찍 제가 자고 있는 동안 엄마 옷은 엄마 냄새가 말끔히 씻겨 빨랫줄에 널려져 있었습니다.

이럴 때 언니는 월급을 타 와야 저에게도 사탕 한 개 사주는 법이 없었고, 이때 엄마가 서울 가고 없을 때면 아빠가 사다 주시는 사탕을 두고 작은오빠와 고모와 같이 먹다가 다 없어진 날 낮에 사탕 생각이 난 저는 입맛을 다시며 찾고 있는데 뜻밖에 창란 엄마가 시장 왔다가

가는 길에 들러서 제가 엄마는 서울에서 아직 안 왔다는 얘기를 하니 들고 있던 시장바구니를 뒤져 사탕 한 봉지를 꺼내 저에게 주고 갔는데, 마치 제가 사탕이 떨어져 먹고 싶어 하는 마음을 알고 온 것 같이 생각되었고, 사탕 봉지를 들여다봤더니 빨갛고 파랗고 한 색이 든 사탕으로 제과업자들이 우리 몸에 해로운 색소로 쓴다고 아빠가 제일 싫어하시는 사탕이지만 저는 고모하고 나누어 먹었습니다.

이날 저녁 제게 사탕이 떨어진 걸 아시는 아빠가 하얀 사탕 한 봉지를 사 가지고 오셨기에 저는 뜻밖에 사탕 부자가 됐지만 엄마는 서울에서 오지 않아 음력설이 됐어도 저는 쓸쓸한 것은 고사하고 남들은 설이라고 좋아했건만 언니가 빚어 끓인 만둣국을 먹으면서 개보름 쇠듯 했습니다.

이럴 때 구두쇠 언니가 무슨 변덕에서인지 평소에 제가 입어보고 싶어 하던 빨간색 골덴 바지와 분홍색 스웨터를 사 가지고 왔기에 저는 몹시 기뻐했지만 그것도 잠깐이고 여전히 엄마가 보고 싶고 쓸쓸해졌는데, 벌써 정월대보름이 지나 날씨는 몹시 쌀쌀했지만 봄기운이 돌고 있었고, 작은오빠는 벌써부터 학교에 다니느라고 아침이면 서둘러 아침밥을 먹고 학교로 갔고 언니도 출근하고 있었는데, 오후에 학교에서 돌아오는 작은오빠는 추위에 움츠리고 집에 들어서곤 했는데, 고모는 밤낮을 가리지 않고 틈만 있으면 엄마 욕을 해대며 주책을 부릴 때, 기다리고 기다렸던 엄마가 왔습니다.

엄마는 저녁에 들어오신 아빠에게 서울에서 있었던 얘기를 하는데 큰오빠가 눈에 조금만 안 띄어도 이종국씨가 찾으며 그렇게 마음에 들어 하더라고 얘기하며 엄마는 큰오빠의 뒷바라지를 다 해주고 오느라고 이제 오게 됐다고 하며 그동안 이종국씨 집에서 지냈는데 이종국씨 어머니인 엄마의 큰엄마를 친정살이 하는 딸인 엄마의 사촌언니 봉이 아주머니가 보살펴 드리며 모든 시중을 다했지만 이종국씨 부인 황보씨는 엄마에게 같이 가 보자며 서울 장안에서 용타고 이름난 점쟁이 집에는 다 찾아다니며 들어서자 묻는 말이 우리 시어머니 언제 돌아가시겠느냐고 물으며 노골적으로 빨리 돌아가시기를 원하는 마음을 숨기지 않더라고 얘기하면서 그러면서도 황보씨는 착실한 척하고 매일 새벽 미사에 빠지지 않고 성당 열심히 나가더라고 얘기했습니다.

이러다가 작은오빠는 봄방학을 맞아 며칠 집에서 놀며 여짓껏 비워둔 닭장에 닭을 기르겠다고 엄마는 장날이 되니 작은오빠를 데리고 시장에 가서 암탉을 두 마리 사가지고 와서 기르기 시작하며 장날마다 암탉들을 사들이고 있으니 아빠가 보시고 사료값이 달걀값보다 더 들어가는 곱장사를 한다고 엄마를 놀려주셨지만, 엄마는 듣지 않고 다음 장날에는 잘생긴 수탉 한 마리와 암탉들을 사들여 이십여 마리의 닭이 닭장 속에서 몰려다녔는데, 엄마는 저를 업고 닭장에 갈 때면 쌀쌀한 봄 날씨여서 밤에 잘 적에 제 배를 감싸고 이불을 덮는 포대기로 저를 둘러 가지고 갔는데, 닭장에 가보니 닭들이 모이를 쪼아 먹으며 몰려다니는 것이 피난 전 꽃 많던 집에서 보았던 닭들과 같다고 생각했는데, 엄마는 들고 간 그릇에 암탉들이 낳아 놓은 달걀들을 담아왔습니다.

이럴 때 언니를 짝사랑하던 최 변호사집 아들은 언니에게 자기를 만나달라고 여러 번 편지해 왔기에 언니는 이런 상태로 있는 것은 안 좋으니 이 사내와 담판 짓고 오겠다고 엄마에게 얘기하고 허락을 받아 같이 근무하는 친구인 여선생과 둘이서 이 사내를 만나 지난날 얘기에서부터 현재 강릉에 나도는 약혼했다는 뜬소문까지 얘기하고 다시는 이러지 말라고 했더니 이 사내는 고개도 못 들더라고 돌아와서 엄마에게 자랑스레 얘기하며 무슨 남자가 그 지경인지 모르겠다고 했습니다.

이럴 때의 어느 날 오후 쉬고 있는 엄마 곁에서 집에 드나드는 사람들을 생각하면서 저는 속으로

'엄마가 있을 때만 나 이쁘다는 사람은 거짓말이야. 엄마 맘에 들라고 나를 이뻐하는 거지. 엄마 없을 때 이뻐하는 사람이 진짜야.'
하고 생각하다가

"난 그 아줌마가 좋드라. 얼굴도 이쁘고 나한테 말도 아주 상냥하게 하고."
하며 저도 모르게 입 밖으로 중얼거렸더니 옆에 누워있는 엄마가

"어떤 아줌마?"

"왜 있잖아 전환자, 그 아줌마가 제일 좋아. 아까도 왔다 갔어."

"그래 뭐라든?"

"엄마 있냐고 물어서 엄마 없어요 했더니 나보고 이쁘다고 하고 또 온다고 그랬어. 엄마 저어 뭐지? 음~ 아 진구 엄마 있잖아? 진구는 엄마가 둘이라서 참 좋겠다."

"왜 좋아?"

"엄마가 둘이니까 하나가 서울 가도 하나가 집에 있잖아. 그러니까 좋지 뭐. 엄마 왜 웃어?"

하고 제가 묻는데 엄마는 대답을 않고 얼굴이 새빨개지며 막 웃었는데 저녁에 아빠가 들어오니까 엄마는

"우리 딸이 진구는 엄마가 둘이라서 좋겠대요?"

"어째서?"

"둘이니까 하나가 서울 가도 하나가 집에 있으니까 좋겠대요."

하고 얘기하니 아빠도 웃으시며

"저런 봤나. 부산 화야가 들었으면 맹수이 바보다 할 꺼다."

하셨는데 저는 아빠가 부산 화야를 말씀하실 때면 화야가 제게 밉게 굴던 생각이 나서 화부터 내는데 이때도 저는 화를 냈습니다.

　이럴 때도 저는 걷지 못하고 기어다녀서 양말마다 발바닥은 새것인데 발등이 떨어진 것을 고모가 정성스레 기워줘서 신고 있는 걸 보신 아빠는

"언제 걸어 다녀서 발바닥이 떨어지나?"

하시는데 저는 웬일인지 자신감에 가득한 생각이 들어

"조금만 있으면 걸어. 아빠 내가 걷거든 봐."

"그럼. 그래야지."

하시며 일하시느라고 용지에 글씨를 쓰시고 계셨습니다.

　봄볕이 따사롭지만 바람이 아직은 차가운 봄날 피난 전 꽃 많던 집에도 왔던 정동 김 장사 아줌마가 길에서 엄마를 만나 같이 왔는데 제가 보니 이 아줌마의 모습은 그때나 지금이나 별 차이 없어서 곧 알아보고

"아줌마."

"아이고 나르 알아보네."

"왜 못 알아봐? 우리 딸이 얼마나 잘 안다고?"
하고 엄마와 이 아줌마는 얘기를 하다가 갔는데 이러고부터 이 아줌마는 우리 집에 자주 드나들기 시작했습니다.

이러다가 앞마당 진달래꽃이 피기 시작하더니 기다란 가시가 드문드문 돋친 꽃나무에서 흰 꽃이 예쁘게 피기 시작하여 꽃심에서부터 붉은색으로 변하여 점점 빨갛게 되어 갈 때 언니가 가르치는 여학생들이 찾아와서 사진을 찍겠다고 언니에게 인사한 뒤 언니와 함께 사진을 찍고 돌아갔는데 이 꽃이 빨갛게 되어 한창 이쁜 얼굴을 자랑할 때 심술궂은 바람이 세차게 며칠 동안 밤낮으로 불어대며 이 꽃나무를 사정없이 흔들어 대서 꽃들을 다 떨어뜨려 놓고서야 물러갔습니다.

이러고 나서 작약이 빨긋빨긋한 새싹들을 내밀고 있을 때의 어느 날, 전에 명주동 셋방에 제가 살 때 뒷집 가정부로 일하던 언니가 애기를 업고 왔기에 저는 반가워서

"언니 어떻게 된 거야?"
하는데 이 언니는 애기를 내려 침대에 눕혀놓고 엄마에게 절한 다음 엄마에게 그동안 고마웠다고 말하며 명주동 그 집에서 조금 있다가 가정부를 그만두고 제대하고 온 남편과 같이 살면서 애기를 낳았다고 얘기하기에 제가

"애기 이름이 뭐야?"
"언니가 아들을 못 낳아서 이름이 월수다. 남자 이름 같지?"
하고 물었는데 애기 이름을 월수라고 짓고부터 고모도 이 언니를 월수 엄마라고 했습니다.

이러다가 이 집으로 이사 온 지 일 년이 되어가는 오월에 접어들며 장미며 줄장미며 또 작약꽃이 곱게 피기 시작할 때인 어느 날 국민학교 다니는 아이들이 꽃을 얻으러 왔다며 혼자 있는 저보고 꽃 좀 달래서 저는

"그건 안돼. 그건 좋은 꽃이라서 안 된다."

하니까 이 애들은 제 눈치를 살피며 난초꽃을 가리키며

"이거 좀 다오."

"그래, 그건 조금 가져가."

"그래고 다른 꽃….'

하며 작약을 꺾으려고 하는 걸 저는

"그것도 안 돼. 그것도 좋은 꽃이라서 안 돼."

하고 못 하게 했더니 그냥 갔는데 엄마가 오니까 진구 낳은 엄마가 어느새 봤는지 엄마보고 얘기하기를

"명순이가요 아들이 꽃을 달라 하니까 그러 안 된다고 합디다. 게와 난초꽃만 주고 다른 건 손도 못 대게 안 된다고. 좋은 꽃이래서 안 된다고 이래지 않겠소."

하는 얘기를 듣고 엄마는 저에게

"꽃 달라는 걸 왜 안 된다고 했니?"

"내가 두고 봐야지 뭐, 글쎄 염치없이 자꾸 꺾으려고 하잖아? 그래서 안 된다 그랬지 뭐. 내가 잘했지?"

"그래 난초꽃만 줬어?"

"난초꽃이라도 안 준 것보단 낫지 뭐."

하고 대답했더니 엄마도 웃었습니다.

이러고 하루는 아빠 점심인 미음을 가지고 갔다 오는 엄마가 익수 엄마를 길에서 만나 같이 왔는데 익수 엄마는 저를 보더니 여전한 심한 함경도 사투리로
　"아고, 애기가 이렇게 컷쟁이요. 나 알겠니?"
　"익수 엄마, 익수 오빠 뭐해요?"
　"아고, 우리 익수도 잊지 않고, 애기가 이저는 말도 잘하고 기차다이. 그래 우리 익수 여게 보내지. 내 가서 날래 가라고 하지비."
하고 엄마와 얘기하다가 점심밥을 같이 먹고 놀다가 갔습니다.
　이러고 나서 또 하루는 점심때 엄마가 아직 안 왔을 때 대문에 붙어 있는 종이 울리면서 대문이 열리며 큰방에 살던 언니가 애기를 업고 어느 아줌마와 같이 왔기에 저는
　"언니 애기 낳았어? 아이 이뻐. 남자야 여자야?"
　"이왕이면 남자지."
하고 제 곁에 애기를 눕혀놓고 기저귀를 갈아주는데 제가 보니까 월수 엄마는 애기 기저귀가 누더기 기저귀였는데 이 언니는 하얀 기저귀로 갈아주기에 저는 속으로
　'애기 기저귀는 이래야지. 그런데 이상하다 월수 엄마가 쓰는 기저귀는 왜 누더기일까?'
하고 아무것도 모르는 저도 이렇게 생각했지만 그때는 물자가 몹시 부족했고 생활도 어려운 가난한 때였기에 부지런한 월수 엄마의 어려운 사정을 애기 같은 제가 알 턱이 없었고, 이러다가 엄마가 와서 큰방 언니와 같이 온 아줌마에게 점심밥도 주고 과일도 주는데, 같이 온 아줌마는 이 언니가 큰 방에 살 적에 자주 오던 아줌마여서 저도

얼굴을 아는 사람이었고, 이 언니가 큰방에 살 때 부부싸움 하던 생각이 나서 저는

"언니, 아저씨하고 지금도 싸워? 아휴 무섭더라."

"지금은 안 싸워?"

하고 묻는데 같이 온 아줌마가

"아 오죽 싸왔씨문 자가 지금도 싸우나고 물을까?"

하고 참견하자 엄마가

"그때는 아들이 없으니까 싸웠지만 지금은 아들이 있는데 뭣 땜에 싸워? 이렇게 아들을 낳을 걸 사람이 앞날은 모르고 그 법석이었지."

하고 한바탕 웃다가 갔습니다.

　이러고 며칠 지난 어느 날, 이날은 사월 초파일이어서 우리 집 대문 앞이 술렁이며 사람들로 붇났는데 엄마는 저녁밥 먹은 뒤 저를 업고

"우리 등 구경 갈래?"

하고 포교당으로 갔는데 포교당 넓고 넓은 마당에는 벚나무들 가지에 줄을 매어 대웅전 기둥에 건너 매고 등을 주렁주렁 매달아 놓아 넓은 운동장이 등으로 뒤덮여 있는데 여명이 저갈 때라 등마다 불을 켜 놓아 아주 보기가 좋았는데 그곳에는 꽃들도 있고 색이 고운 등도 있어 저는

"아이 이뻐. 저건 나 줬으면."

"저건 사람들이 돈 많이 주고 달아 놓은 거니까 보기나 해."

하고 말하기에 엄마 말대로 한참 동안 구경하고 있을 때 사람들이 저마다 등을 하나씩 떼어 들고 행렬을 지어 서기에 엄마는 얼른 큰길로 나가서 서 있을 때 목탁 치며 뭐라고 외쳐대는 중들을 선두로 행렬을

지어 따라가는 사람들도 뭐라고 하는데 제 귀에는 그저 웅성거리는 소리로 들릴 뿐이지 알아들을 수 없어서

"엄마, 저건 뭐라고 그래? 엄만 잘 들려?"

"음, 저건 절에 중들이 외우는 염불이란다."

"엄마 다시 얘기해 봐. 뭐라고 그랬지?"

하는 엄마의 말에 저는 속으로

'이상하다. 그게 뭔 말이지?'

하고 생각하는데 엄마가

"이제 집으로 갈까?"

하면서 집으로 왔습니다.

보랏빛 난초꽃이 예쁘게 피어있는 어느 날, 저녁때 언니가 퇴근하고 나서 햇빛에 달은 마당에다가 물을 길어다 뿌려 놓고 들어와서 제가 올라앉아 앞마당을 내다보는 침대에 걸터앉아 마당에 물 뿌려 놓으니 시원하다며 앉아 있을 때 어떤 공군 사병 하나가 찾아와서 진복이 오빠 소식을 물으니까 안방 창문으로 내다보고 언니가 누구냐고 물으니 이 군인은 진복이 오빠 친구라고 하면서 외출 나왔다가 갈 곳도 없어서 찾아왔다고 하니까 언니는 시큰둥하게 그러냐고 할 때 엄마가 보고 들어오게 해서 과일을 대접할 때 저는 이 군인에게 사탕을 하나 주며

"응. 이건 내가 주는 거니까 먹어봐."

"너 참 이쁘구나. 이름이 뭐지?"

"명순이."

"뭐? 잘 못 들었어."

"명순이라구. 귀 먹었어?"

"응, 명순이."

"그런데 오빠, 오빠는 왜 이렇게 푸른 옷을 입었어?"

"그럼 어떤 옷을 입어야 하니?"

"노오란 옷 입지. 이전에 승기 오빠 있잖아…."

하고 카키색 군복을 제가 노오랗다고 표현하는데 언니가 보고 있다가

"또오, 저건 사람만 보면 수다야. 말도 똑똑히 못 하면서…."

하고 듣기 싫은 소리를 하기에 저는 속으로

'또 지랄한다. 저건 지랄쟁이야. 저게 없었으면 내 맘이 시원하겠어. 에이그 미워.'

하고 생각하면서 저는 엉금엉금 기어 침대 위에 도로 올라가 앞마당을 내다보면서

"에이, 꽃이나 보자."

하고는 마당에 피어있는 꽃을 바라보고 있으려니까 마음이 편안해지는데 공군 오빠는 과일을 다 먹고 앉아서 이 얘기 저 얘기하다가 저녁밥까지 얻어먹고 갔습니다.

초여름의 날씨가 점점 더워져서 무더운 날씨가 됐을 때 저는 엄마에게 칭얼거리며

"아이 더워. 엄마 덥다."

하고 떼를 쓰며 보챘더니

"날이 더운 걸 어떡하니."

하고 야단치기에 저는 울다가 낮잠이 들어 한잠 자고 깨서 엄마가 주는 간식을 먹고 조금 있다가 저녁밥 하는 엄마 보고

"엄마 나 좀 업어줘."

"뭐? 엄마가 이렇게 바쁜 것을 보면서."

하고 또 야단치기에 저는 울음을 터트렸는데 이날따라 일찍 집에 들어오신 아빠가 보시고 왜 우느냐고 물으셔서 엄마는 이렇게 바쁜 걸 보면서 나이도 그만한 게 생각도 없이 업어 달라고 해서 야단쳤더니 운다고 얘기하니 아빠는

"저런 봤나. 울지 말고 가만 있거라. 아빠가 화분에다 물 주고 나서 업어주지."

하시고 세수하신 뒤 화분에다 물을 주신 다음 저녁밥을 먹게 되어 밥을 먹고 나서 아빠는 신문을 보시다가 저에게

"아까 약속대로 업어주지. 자 업혀라."

하시고 저를 업고 앞마당에 나가서서 왔다 갔다 하시다가

"명순아, 이 꽃 좀 봐라. 이 꽃이 명순이 바보라고 웃지 않느냐. 쩍하면 울고 쩍하면 떼쓰고, 꽃이 다 보고 웃는 줄 모르고, 네 이름을 생각해 봐라. 밝고 순하라고 명순이란다. 그런데 그것도 모르고 쩍하면 떼쓰고 울면 되나? 그러니까 꽃이 보고 흉보잖아. 저것 봐."

하셔서 제가 꽃을 보고 있으려니까 정말 그런 것 같이 생각되어져서 아빠에게

"우리 저리 가요."

하는데 언니가 오더니

"명순이 언니가 업고 우리 저 가보자. 아빠 팔 아프시다."

하며 아빠에게서 저를 넘겨받아 업고 대문 밖으로 나가 포교당에 가서 조용하고 아무도 없는 운동장가의 화단을 따라 왔다 갔다 하는데

대웅전 안을 멀리 바라보니 마침 예불 시간인지 사람들이 절하고 있는 게 보이니까 언니는

"저거 봐. 저렇게 절을 하는데 너도 절 좀 해라."

"싫어."

하고 실갱이를 하다가 집으로 돌아왔는데 이럴 때 뒷집의 커다란 벚나무에는 버찌가 빨갛게 익어 있어 이튿날 낮에 열려있는 부엌문을 통해 건너다본 저는 먹고 싶은 생각에

'아 저것 좀 먹었으면.'

하고 바라봤지만 남의 집 것이기 때문에 담장을 넘어온 늘어진 가지에 함박 열린 버찌를 보면서도 작은오빠는 손도 안 댔고 저는 군침만 삼키는데 어느 날 오후 저는 엄마에게 업혀 닭장으로 가는데 마침 뒷집 아저씨가 벚나무에 올라가 버찌를 따다가 엄마를 보고

"이거 언나 줘요. 언나가 움매나 먹고 싶겠소."

하며 나무에서 내려오더니 버찌를 따서 담아 놓았던 큰 그릇을 담장 넘어 엄마에게 주니 받아 땅에 놓은 엄마는

"너 방에 있어."

하고 저를 방에 데리고 와서 내려놓고는 버찌를 가져와 물에 씻어다가 주며 숙제하고 있던 작은오빠 보고

"네가 버찌를 한 개도 손대는 법이 없으니까 뒷집에서 너에게 상으로 이걸 주는 거야."

하며 말하니 작은오빠는 좋아하며 저하고 맛있게 먹었는데 이때는 지금과는 달라서 달걀이 귀한 때여서 우리 닭장에 기르는 닭들이 제법 많은 달걀 낳아주어 매일 같이 대접으로 수북이 달걀을 꺼내 와서

온 식구가 매일 같이 풍족하게 먹을 수 있었습니다.

이러고 다음 날 오후가 되니 고모가 와서 엄마에게

"여보게 오늘이 단오가 아닌가. 단오 구경 가세."

하고 말했는데 강릉 지방에서는 매년 단오가 되면 남대천 백사장에서 씨름 대회가 열렸고, 상으로는 중송아지 수놈이 주어졌고, 한쪽에서는 여인네들의 그네뛰기 시합이 열렸고, 천막들 속에는 술도 팔고 음식도 팔아서 단오터는 사람들로 붐비는 축제 마당이었기에 고모도 구경 가자고 왔는데, 엄마는 아빠가 들어오시면 저녁 진지 차려드리고 나서 가자고 하고는 부지런히 저녁 준비를 하니, 좋아서 신이 난 고모가 엄마를 거들어 줄 때 언니가 퇴근해서 돌아왔는데 평소 사탕 하나 사 오는 법이 없는 구두쇠 언니가 무슨 마음에서인지 버찌를 잔뜩 사 와서 저는 어제와 같이 맛있는 버찌를 먹을 수 있었습니다.

이러다가 아빠가 들어오셔서 저녁밥을 먹고 나서 엄마는 버찌며 과자며 사탕들을 싸서 고모에게 들려 가지고 저를 업고 언니와 함께 남대천 냇가 모래사장으로 나가서 고모가 보고 싶어 하는 서커스 천막 앞으로 가서 입장권을 사서 안으로 들어가 보니 커다란 천막 안의 천정은 까마득하게 높았는데 고모는 엄마를 재촉하여 맨 앞자리로 나가서 앉아 구경을 하는데 제 눈에 이쁘게 보이는 아가씨들이 화장을 짙게 하고 나와서 까마득한 공중에서 그네를 타며 마치 날아다니는 것처럼 아슬아슬하게 이 그네 저 그네로 건너뛰는 걸 보기도 했고 사람 어깨 위에 커다란 장대를 올려놓고 그 위에 아가씨가 올라가 재주 부리고, 외바퀴 자전거를 타 보이고, 커다란 공 위에 올라서서 굴리고 다니는 묘기를 보이던 아가씨가 실수하여 미끄러져 쓰러지며 떨어지는 것도 보았는데, 저는 실수한 아가씨가 아파할까 봐 몹시 걱정이 되었지만, 다른 묘기가 금방 시작되어 거기에 정신이 뺏겨서 잊어버리고 누워서 발로 커다란 통을 마음대로 돌리는 거며, 우산도 펼쳐서 발로 돌리는 것이 난생처음으로 구경해 보는 묘기들이어서 장애자인 저는 부럽기 짝이 없었지만, 재미있고 신이 나서 정신없이 보다가 엄마에게 업혀서 집으로 와서도 신기하고 아슬아슬했던 구경을 한 흥분이 쉽게 가라앉지 않고 눈앞에 서커스 광경이 아른거렸는데, 차차 흥분이 가라앉으며 아까 큰 공을 굴리다가 실수한 아가씨에 대한 안된 생각이 나서 저는

"엄마 공 굴리다가 쓰러진 언니 있지?"

"그래. 그 언니가 실수했기에 혼날 거야."

"아이 불쌍해. 내가 보고 그러지 말라고 할 걸. 그렇지?"

하고 서커스 감독에게 제가 대신 사정해 보고 싶은 심정이었는데 그럴 수 없어 안타까운 마음으로 자고 이튿날 낮에 저는 서커스에서 본 것들 중에 제일 쉬운 우산 돌리기를 해보고 싶어 엄마에게

"엄마 우산 펴서 줄에 걸어줘, 내가 우산을 발로 굴릴게. 내 베개 좀 내려주고."

하니까 엄마는 웃으며 언니 파라솔을 펴서 방안을 가로질러 매어놓은 줄에 걸어주고 그 밑에 제 베개를 놓아주어 준비가 됐길래 저는 그 밑에 누워 서커스 아가씨들처럼 베개를 엉덩이에 받친다는 게 허리에 받치고 양발을 쳐들어 서커스 아가씨를 흉내를 열심히 냈지만 제 양발은 허공에서만 버둥거리다가 어쩌다 우산을 건드릴 수 있어 우산이 흔들리기라도 하면 저는 대견하고 자랑스러워져서

"엄마 이거 봐. 잘하지?"

"아이 우리 딸이 잘한다. 그렇게 하고 있어, 엄마가 뒤꼍에 나가 닭 모이도 주고 달걀도 가져오고 할게."

하고 엄마는 나갔는데 얼마나 있다가 학교에서 돌아온 작은오빠가 보고

"너 뭐 하니?"

"음 삿갓."

"뭐? 삿갓? 으응 서커스?"

하며 저는 열심히 발을 버둥거려서 어쩌다 우산을 건드리는 걸 보고 있던 작은오빠는 제가 허리를 걸치고 있던 베개를 잡아 뽑으며 허리 다치기 쉬우니 치우겠다고 해서 제가 동의했지만 이 묘기는 보기보다 무척이나 힘이 들어 숨도 차고 땀이 나는 데다가 다리가 아프기에 그만두었는데 다음 날 아침 일어나 보니 다리가 몹시 아파서 저는 우산 건드리기를 두 번 다시 안 했습니다.

이때 방안에 파란 매화 열매를 따다가 술 담그기 위해 씻어 넣어 말리고 있었는데 언니 담임 반 학생들이 언니를 찾아왔다가 언니가 없는 줄 알았는지 앞마당 화단 앞에서 몰려서서 수다 떨다가 그중 한 학생이 손가락으로 매화를 가리키며 저보고

"야 저거 좀 하나 다오."

"이거? 이게 시어서 못 먹어."

"아이 괜찮아. 하나만 다오."

하고 조르기에 저는 흔들리는 손으로 하나 집어다가 주었더니 손에 들고 얼굴을 찡그리고 눈까지 꼭꼭 감아가며 깨물어 먹는 걸 보다가

9. 줄장미 집 I

제가

"시지? 그렇게 신 걸 무슨 맛에 먹니?"

"신맛에 먹어."

하고 맛있다는 듯이 먹으니 다른 학생들이 침을 삼키다가 저를 보고

"나도 다와. 왜서 자만 주고 난 안주나?"

"그래게. 줄라문 똑같이 줘야지. 난도 다오."

하며 말만 한 처녀애들이 웃어대며 조르기 시작하는데 큰방에 있던 언니가 학생들 소리를 듣고

"신애야 왔으면 선생님 볼 거지 왜 그러고 있니?"

하니까 이 애들은 혀를 낼름 내밀며 자라목처럼 움츠리고 그중 한 아이가 입에 손가락을 대며 동료들 보고 조용히 하라고 하고는 한 아가씨의 옆구리를 쿡 찌르며

"니가 들어가."

"시라 야."

"들어 가문 같이 들어가지 나만 혼차 우떠 들어가나?"

하고 다투고 있을 때 방안에서 언니가

"왜들 안 들어오니? 얼른들 들어와라."

하고 재촉하니까 말만 한 처녀들이면서 서로 앞서지 않으려고 실갱이하면서 주춤거리며 언니 방으로 들어갔는데 이 학생들은 가끔 언니가 있으나 없으나 우리 집에 왔다가 저에게 묻는 말이

"선생님 있싸?"

"왜?"

"음씨문 나하고 놀지만 있으면 못 놀잖나."

하고 말하기에 저는 정직하게 언니 방을 가리키며

"조오기 있어."

"뭐 하나?"

"모 올라."

하면 이 애들은 꿈틀하고 놀라 혀를 낼름 하며 어깨를 움츠려 자라목이 되어서 대문을 소리 없이 가만히 열고 꽁지가 빠져라 달아났습니다.

때로는 이 학생들은 왔다가 언니가 없는 걸 알면 마음 놓고 제 세상인 듯이 저에게

"너 말하는 기 이상해서 말씨게 볼라고 내가 이래잖나. 나하고 얘기 좀 하자. 느 어머니 어데 갔나? 느 오빠는 있나? 느 언니가 맺이나? 느 아버지는 뭐하나?"

이러고 쉴 새 없이 물어대며 제 대답을 듣다가

"아이고 이러 큰기 아버지라 안 하고 안죽도 아빠라 하나?"

하고 떠들다가 대문간에 엄마라도 들어서면 인사들을 하자마자 저 보고는

"난 간다. 잘 있싸."

하며 얼른 달아나 버렸습니다.

이럴 때 하루는 피난길 떠날 때 울진까지 같이 갔던 익수 오빠가 뜻밖에 들러 엄마에게 큰오빠 소식을 묻고 있다가 점심밥을 같이 먹고 갔는데 저녁에 퇴근한 언니한테 제가

"언니, 오늘 익수 오빠가 왔다 갔다."

"어느 익수?"

"뭐 어느 익수야? 익수 오빠가 또 있나? 피난 같이 간 익수 말이야. 언니는 정신이 없으니까 정신 좀 차려."

"아참, 그래야 하겠다. 요게 이젠 못 하는 말이 없어."
하며 손으로 제 턱을 받쳐 들고 제 볼에 뽀뽀해 주다가 볼을 꼭 깨물기에 저는

"아이 아파. 내가 사과나? 꼭 깨묾게."
하고 말했는데 이럴 때 작은오빠는 아침에 학교 가면서 저보고

"오늘은 무슨 책 볼래? 만화가 있는 《새벗》 주까 《학원》 주까?"

"《새벗》 본다. 나 《새벗》이 좋아."
하면 오빠는 헌 《새벗》 잡지를 꺼내 주고는

"여기서 여기까지 잘 봐둬. 어디 잘 보나 못 보나 이따가 봐야지."
하면서 부지런히 학교로 갔는데 여름 방학이 가까워 오자 언니를 찾아오는 학생들은 부쩍 늘었는데 숙제로 제출한 수예품의 잘못된 곳을 지도받거나 아니면 시험 친 잘못된 것들을 배우러 오기도 했습니다.

이때 우리 닭장의 닭들은 제법 달걀을 많이 낳아 매일 같이 달걀을 많이 꺼내왔는데 하루는 죽헌 아주머니가 오더니 얘기를 하는데 제 큰오빠하고 동갑인 둘째 아들 순함이가 작은 집에 가서 숙부 밑에서 책방 일을 하면서 밥도 앉아서 먹을 사이가 없어서 서서 먹는다고 얘기하며 큰딸 옥춘이는 집에 들어앉아 책만 열심히 읽어 뭐든지 유식하게 다 알고 작은딸은 학교에서 공부를 잘해 배울 게 없다고 자랑하면서 우리 애들 먹일 게 마땅치 않다고 걱정하니까 엄마가 듣더니 저를 보고

"죽헌 아주머니 달걀 좀 줄까?"

"음. 죽헌 아주머니 이쁘니까 많이 줘."
"야가 인심 좋기는 말간 즈 할머이네."
하고 좋아서 웃었습니다.

여름이 되어 앞집 감나무에서 매미가 시끄럽게 울어댈 때 방학이 된 큰오빠가 집으로 왔고, 이내 작은오빠도 방학을 맞았는데, 작은오빠는 아침밥 먹기 무섭게 바다로 가는 게 일이어서 얼굴 보기가 힘들었는데, 온몸과 얼굴이 햇볕에 그을려 새까맣게 됐으면서도 바다로 갔습니다.

이럴 때 엄마는 객지에서 있다가 왔다고 큰오빠에게 맛있는 걸 해 먹이느라고 애를 쓰고 있으면서 오이를 넣고 만두도 만들어 먹이고 낮에는 맛있는 빵도 쪄서 먹일 때 정동 김 장사 아줌마가 왔다가 빵을 같이 먹었는데 제가 보니 이 아줌마는 배가 많이 불러 있어 저는 속으로
'이 아줌마 뱃속에 이쁜 애기가 들었나 보다.'
하고 생각했는데 이럴 때 부엌 수도에서 나오는 물이 차갑지 않다고 아빠도 아침저녁 밥 먹을 때면 이웃집 펌프물을 길어오게 해서 작은오빠나 언니가 옆집으로 가서 물을 길어왔는데 진구집 반대편 옆집은 남씨 집인데, 시장에서 포목을 하는데 아들들이 많은 집이었고, 그 집 며느리는 시집살이하면서 남편과 떨어져 살고 있었는데 언니가 물을 길어와서 하는 말이 피난 전에 우리 집에 있던 선녀 언니하고 비슷하게 생겼다고 했습니다.

큰오빠가 와있으니 큰오빠 친구들이 몰려들었는데 그중의 한 친구가 언니방의 책들을 뒤적이고 있는 걸 보고 저는 큰오빠에게
"큰오빠 저건 누구야?"

"누구긴 누구야? 큰오빠 친구지."
"아니 누가 그걸 모르나?"
"음. 이름이 뭐냐고? 광수."
"그럼, 내가 뭐라고 불러야 해?"
"광수 오빠하고 불러야지."
"광수 오빠하고 부르면 돼?"
"그렇지."

했는데 저는 광수 오빠를 볼 적마다 느끼는 일이지만 우리 집에 들어서면 도대체 어려움이 없고 조심하지 않는 것 같이 보여 무경우하게 보였지만 엄마는 큰아들 친구라서 큰오빠가 없어도 큰오빠와 같이 대해 주었습니다.

하루는 심심해진 큰오빠가 언니의 사진들을 보다가 한 여학생 사진을 가리키며 소개해 달라고 조르니 언니는

"너하고 그 애하고 상대가 되니?"

하며 쏘아붙였습니다.

이러다가 여름방학이 끝난 작은오빠는 학교에 다닐 때 큰오빠도 서울로 갔는데 계절은 무더위가 다 지나간 가을의 문턱을 넘어설 때, 언니는 피로에 지쳐 몸이 안 좋다고 휴가를 내어 집에 들어앉아 한약인 보약을 달여 먹으며 지낼 때 언니의 제자들이 문병을 와서 선생님이 쾌차하시기를 빌어주고 갔는데, 언니는 저를 불러 학생들이 갖고 온 과자를 집어 주기에 먹어보니 싸구려 과자였기에 맛이 없어서

"이거 언니만 먹어. 난 안 먹는다."

"그럼 넌 먹지 말아라. 너 아니래도 먹을 사람이 있어. 두고 봐. 입

은 까다로워 가지고."

하며 언니는 제자들이 용돈을 털어 큰돈을 모아 가지고 사 온 정성이 깃든 과자여서 한입 가득 물고 맛있다는 듯이 우물우물 먹으며 책을 보고 있었습니다.

 이때의 어느 날 오후, 저는 혼자 침대 위에 앉아 《새벗》 잡지를 창틀에다 놓고 보며 공부하고 있을 때 세무서에 다니는 언니 후배가 찾아왔기에 유리 창문을 열고 내다봤더니 현관 앞에 서서 저에게 언니 있느냐고 손짓으로 묻기에 제가

 "나 귀 안 먹었어. 말해, 뭐라고 그랬어?"

 "언니 있나고."

 "그럼, 그렇게 말하지 왜 손짓을 해? 이다음부터 그러지 말어."

 "음, 안 그럴게."

하고 저에게 말을 시키다 갔는데 조금 있다 언니가 들어오기에

 "언니 저 있잖아. 왜 이쁘게 생긴 언니 친구가 와서 나보고 글쎄 손짓으로 말하잖아? 내가 귀 먹었는지."

 "그래서 어떡했어?"

 "야단했지, 뭐."

 "그랬더니?"

 "안 그런다고 하고 갔어, 또 올 거야, 또 오기만 해봐라. 내가 아주 무섭게 야단칠 거다."

 "아이구, 너무 무섭게 야단치지 말어. 무서워서 어떻게 오겠니?"

하면서 언니는 막 웃어댔는데 언니는 제가 말하는 게 우스운지 제가 입만 벙긋하면 웃어대기 때문에 이때도 저는 속으로

9. 줄장미 집 I 265

'저건 내가 말하기만 하면 저렇게 웃드라.'

하고 보고 있다가 나중에 엄마에게 언니에 대한 불만을 털어놓으며

"엄마, 언니는 내가 말하는 게 우스운가 봐."

"언니야, 왜 너는 명순이가 말하면 웃니? 애쓰고 말하는데, 이담부턴 웃지 말어."

하고 제 역성을 들어주기에 제가 언니에게 한마디 해주려고 했더니 언니는 제 말을 듣기도 전인데 웃기부터 하기에

"엄마, 언니가 또 웃어."

"너 또 왜 웃니? 엄마한테 맞을라고. 아 예뻐서 웃는구나? 언니야 그렇지?"

"네 어머니. 이뻐서 웃는데 쟤는 알지도 못하고."

하며 이번에는 엄마도 함께 얼굴이 새빨개져서 웃었습니다.

하루는 서울 가 있는 잔남이의 엄마가 왔는데, 잔남이가 서울 가고 얼마 안 되어 말산에서 용강동으로 이사해서 잔남이 엄마는 시장에서 과일이며 푸성귀를 받아다가 장사했는데, 이날은 점심때쯤 틈을 내어 와서 잔남이가 서울 간 지 일 년이 됐는데도 집에 한 번도 다녀가지 않는다며 그것도 자식이라서 잘 있는지 궁금하다며 한번 보기나 했으면 좋겠다고 하니까, 엄마는 잔남이한테서 편지가 오는 걸 받아 보잖느냐고 하며 잔남이 일은 걱정 말라고 하니까 잔남이 엄마는

"그 에팬아가 어려서부터 그러 벨나더니 클 적에 지 동상들한테 우떠케 잔소리가 심한지 내가 옆에서 보기에 귀찮아 혼났잖소. 잔냄이 바로 밑에 예식이는 저먼저께도 집에 왔다 갔잖소. 가는 안 그래는데 세사 잔냄이 지지바는 우째 그러 벨라 빠졌는지. 지가 그러 벨나니까

그런데 가서 살잖소. 잘하고 있는 주르는 아는데 단지 보고 싶어서 그래잖소. 그래도 온다문 귀찮을 거요. 아가 우떠두 벨난지."

이러고 얘기하다가 점심을 먹고 나서 잔남이 엄마는

"아이고 내가 장새도 안 하고, 세가 빠자 싸. 얼픈 가봐야겠네. 안녕히 기시우 예."

하고 달아나듯 가버렸습니다.

이러고 얼마 안 되어 가을 햇볕이라지만 한낮에는 그늘을 찾을 때 포교당 유치원에서 운동회를 한다고 확성기 소리가 들려오면서 대문 밖 골목길에도 사람들이 몰려들어 웅성거릴 때 엄마는 바쁘고 고모는 오지 않아 저는 구경도 못 가고 좀이 쑤실 때 마침 햇갱이 엄마가 왔기에 제가 구경 가자고 하니까 저를 업고 포교당으로 가서 운동회를 구경하는데 작년에 봤던 험상궂은 남자가 나쁜 짓을 했는지 어떤 사내아이를 붙들어 회초리로 때려주니 얻어맞고 머리가 터져서 피가 흐르는 걸 보고 보기 싫어서 저는 햇갱이 엄마에게 빨리 가자고 하는데 햇갱이 엄마는 고모처럼 저를 안심시킬 줄은 모르고

"야, 저거 좀 보고."

하며 유치원 애들의 뜀박질하는 걸 열심히 보는데 바로 제 곁에서 다른 아이가 이 사내에게 맞고 우는 걸 본 저는 화가 나서 햇갱이 엄마 머리칼을 손으로 움켜잡아 흔들며

"이래도 안 갈래? 집에 가자."

"아야, 아야, 야가 남어 자벅생이르 막 잡아 뜯네. 아이고…."

하며 할 수 없이 집으로 부지런히 와서 저를 내려놓으며 집에 들어와 있던 엄마한테

"야가요 남 귀경 좀 할라는데, 재미낫게 뙈 댕기는 거르 보는데 남어 자목생이르 꺼돌아서 못 보게 하잖소. 자가 우떠 발광으 하는지 고만에 못 다보고, 그거르 못 봐서 섭섭하잖소."

"그렇거든 놔두고 가서 구경해."

하고 엄마가 웃으며 말해 햇갱이 엄마를 구경 가게 해놓고 저에게

"햇갱이 엄마 머리칼을 쥐고 흔들었니?"

"음, 배짱이 틀려서. 글쎄 뭣같이 생긴 아저씨가 애들을 때려줘서 머리에 피가 났어. 그래서 보기 싫어서 가자고 했지 뭐. 그랬더니 안 가고 보겠대. 그래서 내가 화가 나서 머리를 잡아당겨서 할 수 없으니까 왔지 뭐. 그러지 않았으면 지금까지도 안 올 거야."

하고 얘기하니 엄마는 웃었는데 조금 있다가 종소리가 나며 대문이 열리는 소리에 제가

"엄마, 누가 온다."

하는데 현관으로 해서 방으로 들어오는 사람은 택일이 고모인 동일이 엄마였고, 방에 들어와 엄마에게 큰절을 하니

"어서 오너라. 어떤 일로 이렇게 왔니?"

하고 엄마가 웃으며 물으니

"네, 어려운 일로 아저씨 뵈러 왔습니다."

하고 엄마에게 얘기하다가 저를 보더니

"아이, 명순이가 이렇게 컸잖아? 나 모르지?"

하니까 옆에서 엄마가

"모르긴 왜 몰라? 누구야? 말해 봐"

"종옥이 언니 아니야?"

"그 봐라."

"아이, 어째 그렇게 알지? 쪼끄마해서 보고 못 봤는데."

"꽃 많은 집에서 봤잖아."

"아이 세상에, 그렇게 기억력이 좋구나."

"어디 그뿐인 줄 아니? 책도 곧잘 본단다."

"응 어려서부터 책을 보더니 이제는 글자를 알겠네. 너 몇 살이지?"

"열한 살이지 뭐."

"음, 우리 동일이라고 한 동갑이지. 택일이 알지? 택일이도 네 동갑이잖아. 지금 택일이하고 동일이 하고 학교에 가서 사 학년이 됐잖아. 너도 학교 갔드라면 그렇게 됐을 텐데."

"그래 언니, 택일이하고 동일이 하고 공부 잘해?"

"응, 공부 잘해. 그런데 동일이가 저지레를 좀 쳐서 내가 이렇게 왔단다."

"언니 자고 가. 자고 가는 거야."

"저 애는 누가 집에 와서 자고 가는 걸 그렇게 좋아한단다."

"그래. 언니가 며칠 있다가 갈게. 너 싫어하지 마라."

이러고 있는데 종옥이 언니는 엄마와 지난 얘기를 하고 있을 때 언니가 학교에서 퇴근하고 돌아와서 종옥이 언니를 보자 반가워했는데 언니는 저보다 어렸던 옛날 할머니가 양양에 다니러 오셨을 때 좋아서 뛰어가느라고 앞머리가 날려 툭 불거진 앞이마가 드러나니까 종옥이 언니의 엄마가 보고

"아이고 정순이 이마 좀 봐."

하더라는 얘기며 이웃집 같은 또래 명주와 함께 놀던 얘기를 끝없이

하기에 저는 속으로

'저건 나보고 수다 떤다고 하더니 저는 나보다 더 수다 떨잖아? 에그 미워. 나도 좀 얘기를 해야겠는데 저건 저만 얘기하고, 저게 언제 그만두나?'

하고 생각하며 언니가 미워서 눈을 부릅뜨고 보는데도 언니는 모르고 얘기꽃만 피웠습니다.

종옥이 언니는 언니 또래의 어릴 적 친구인 명주 소식을 전하는데 육이오 사변 때 피난 갔다 돌아오는데 인민군들에게 붙들려 명주만 끌려서 북으로 갔는데 생사를 모른다고 했습니다.

이러다가 저녁에 아빠가 들어오시니까 종옥이 언니는 아빠한테 양양에서 있었던 일을 말씀드리는데, 시아버지가 전답 한자리 처분하느라고 계약했는데 등기장을 찾아보니 누군지 그걸 뜯어냈기에 마당에서 제기 차는 동일이를 불러 제기를 뺏어보니 뜯어진 등기장의 얇은 미농지여서 도로 뺏었지만 그때는 이미 갈가리 찢어진 뒤였다며 등기장을 내놓았는데 아빠는 그것을 처분할 수 있도록 보살펴 주었습니다.

아빠가 해주시는 일이 아직 끝나지 않아 종옥이 언니는 일이 빨리 끝 맞춰져서 서류를 가지고 가려고 기다리고 있을 때 은형이가 들렀는데 은형이는 엄마의 고종사촌인 조송택씨 딸이었는데, 조승택씨의 첫 번째 부인인 세형이 엄마는 세형이와 옥형이 남매를 낳았는데, 결혼 초부터 승택이 아저씨에게 소박을 맞았고, 두 번째 부인인 은형이 엄마는 동경 어느 미술전문학교를 나온 인텔리 여성인데, 승택이 아저씨와 연애결혼이었지만 은형이와 찬형이 남매를 낳고 폐결핵으로 죽었고, 세 번째 부인인 익형이 엄마는 수절하는 과부였는데, 어떻게 되어 승택이 아저씨와 결혼하여 사 남매를 낳았는데, 옥형이 언니는 제 언니와 동갑이었고 익형이는 작은오빠와 동갑내기였습니다.

이렇게 되어 익형이 엄마는 자주 우리 집에 들렀고 은형이 언니도 자주 들르곤 했지만 얼마 전 천신기 오빠네 집에 있을 때 쌀 한 가마 꾸어달라는 아빠의 청을 대답도 않고 보일 수 없는 태도를 보였던 승택이 아저씨를 이런 일이 있고부터 아빠는 몹시 싫어했습니다.

은형이 언니는 학교에 늦게 들어가 같은 반 학생들보다 두 살 위였지만 제가 지금 생각해도 참하고 얌전한 학생이었는데 엄마가 옛날 얘기를 하면서 은형이 엄마가 미술전문학교를 나와서 그런지 그림을 아주 잘 그렸다는 얘기를 할 때 은형이 언니는 엄마 없는 슬픔과 그리움 때문에 눈물을 줄줄 흘리곤 했습니다.

은형이 언니는 이때 같은 반 친한 친구와 같이 왔다가 저를 보고 이쁘다고 업어 주기도 하고 같이 놀아주어 저는 좋아서

"언니 몇 살이야?"

"나? 열여섯. 니는?"

"나? 열한 살. 언니하고 나하고 네 살 차이다. 그치?"

"아닌데? 다섯 살인데, 니 그거 우떠 아나?"

"왜 몰라?"

"아이고 산수도 다 알고, 누가 가르쳐 줬나? 언니가 가르쳐 줬나?"

"모르는 소리 하지 마. 우리 언니 지랄쟁인데?"

"그럼, 오빠가 가르쳐 줬나? 언제 가르쳐 줬나?"

"부산 있을 적에."

하고 얘기하는데 언니가 방으로 들어오며 젖은 손을 수건에 닦더니
"명순아 저리 가. 언니 뭣 좀 하게."
"하지, 누가 하지 말래? 지랄쟁이라서 지랄만 해."
하고 곱지 못한 언니 소리에 이렇게 쏘아붙인 저는 엉금엉금 기어서 언니방을 나오는데 은형이 언니가 저를 번쩍 안아다 안방에 데려다 주고 갔는데 언니는 이럴 때 제가 누구와 얘기하는 게 제일 싫었던가 봅니다.

저녁에 아빠가 들어오시다가 은형이 언니를 보시더니
"은형이 왔나?"
"네."
하고 얼른 일어나 인사하고 앉아 언니가 가르쳐 주는 수분을 열심히 그렸습니다.

이럴 때 강릉 법원의 지원장 부인이 우리 집에 자주 드나들었는데 그 집에는 지원장과 동향인 부부가 두 딸을 낳아서 큰딸은 벌써 국민학교에 다니는데 이름은 응자였고 그 밑에 계집애 동생이 다섯 살 되었는데 지원장 집은 양아들이 고등학교에 다녔고 양딸인 은경이가 국민학교 오 학년으로 응자보다 위였는데 지원장 부인을 따라와서 놀다 갔고, 은경이는 제가 보기에 성격이 시원시원했고 응자는 지원장 부인을 부를 때 큰엄마라고 불러서 이 애들이 가고 난 뒤에 제가 엄마보고
"엄마, 응자가 큰엄마라고 하던데 진짜 큰엄마야?"
"아니야, 지원장 부인이 이쁘다고 하니까 그 애들이 그렇게 부르는 거지."

"이상하다? 그래도 그렇지."
하고 생각하다가 저는
"엄마, 웅자하고 웅자 큰아빠하고 성이 뭐야?"
"아이 별 걸 다 묻네. 성이 각각이지 뭐. 이제 됐지? 속 시원하지?"
"응. 이제 안 물을게."
이럴 때 감나무의 잎은 파랗고 나무의 감들은 아직 새파란 채로 있을 때 앞집 감나무는 병이 들었는지 단풍이 든 감 이파리가 어쩌다 떨어지면서 골목 너머 언니방 앞마당 담장 안으로 뻗은 가지에서 크지도 못한 감들이 한두 개씩 떨어져 언니가 만들어 놓은 화단에 떨어져 뒹굴었지만 아무도 거들떠보지도 않아 썩어 가는데 엄마는 밀을 샀기에 곡식 되는 말이 필요해 빌려 오려고 앞집으로 가서 빌려 달라고 했는데 평소에는 언니가 외출할 때 골목길에서 마주치기라도 하면 앞집 할머니는 자기 손녀의 선생이라고
"선상님 어데 출입하십니까?"
하고 있는 친절 없는 친절 다해 코가 깨져라 인사하더니 이때에는 엄마에게 벌컥 화를 내며
"남어 감나무 많은 우째라고 다 따먹으면서 이파구는 다 쓸어다가 우리 목책에 퍼붓고 그랬소?"
"그렇게 억지하지 말고 나하고 같이 우리 화단에 가 봅시다."
하고 엄마가 말하니 갑자기 태도를 바꾸어 생글생글 웃어가며
"왜 이래시우? 이래지 마시우 내가 우째다가 이런 잘못을 했소. 어여 말이나 가주가시우."
하며 곡식 되는 말을 가져다주어 엄마는 밀을 다 되어본 뒤 도로 돌려

주러 갔을 때 무슨 원한에서인지 또 억지 시비를 해 와서 엄마는 대꾸 않고 돌아와 대문을 힘껏 꽝 닫으니 마침 방에 있던 언니가 내다보며
"어머니 왜 또 화가 나셨어요?"
"저 어떤 미친 할멈이 갈 적마다 시비를 걸어서 그런다."
"그런 걸 어떡해요?"
하고 엄마와 웃었습니다.
 이럴 때 언니는 공부한다며 엄마가 부엌일로 바쁠 때도 내다보지 않는 것을 아빠가 보시면
"너는 손님이냐? 가만히 앉아있게. 부엌에 나가 봐라."
하시고 꾸중하셔서 언니는 아빠가 들어오시면 부엌으로 나가서 그릇이라도 만지는 척하는 걸 엄마가 보고
"너는 의붓어머니 같으면 구박거리야."
하고 언니의 태도를 나무랐습니다.
 이러고 계절은 늦가을로 접어들었을 때 아빠는 저녁 식사 후 가져온 서류들을 정리해 놓으신 뒤 엄마와 아빠가 곶감을 만들기 위해 생감을 깎는데 공부하고 난 작은오빠는 감 깎기 좋게 꼭지의 군더더기 잎을 따놓으면 아빠와 엄마가 부지런히 깎아서 새끼줄에 매달아 창고 추녀 밑에 널어놓은 것이 아주 보기가 좋았는데 이러고 얼마 안 있어 초겨울로 접어들며 김장철이어서 엄마는 배추를 사다가 김장을 시작할 때 처녀 적에 제 할머니가 돌보아 주셔서 자랐지만 이젠 늙어서 할머니가 된 분이 있었는데, 이때에 이 할머니 집이 어렵게 살아서 엄마가 늘 돌보아 주었는데, 이 할머니가 김장 때마다 와서 엄마를 도와 김장을 했는데 이때에도 왔습니다.

이렇게 김장이 끝나니 이번에는 집집마다 고사를 지내고 우리 집에 떡을 가져와 이집 저집에서 가져온 떡이 벽장으로 가득 쌓이게 되어 저는 엄마에게

"엄마, 우리도 고사 지내자. 남의 떡만 받고 미안하잖아?"

"음. 그건 떡으로 안 갚아도 돼. 그 사람들은 아빠가 어려운 일을 돌봐 주시잖아? 그리고 엄마는 고사 안 지내도 돼."

"엄마, 고사가 뭐야?"

"고사도 모르고 고사 지내자고 그래? 고사는 하느님 모르는 사람들이 지내는 거고 엄마는 하느님이 보살펴 주시기 때문에 그런 거 안 해도 돼."

하기에 저는 엄마의 말뜻도 모르고 그저 그런가 보다 했습니다.

이러고 한겨울이 되더니 겨울 방학이 된 큰오빠는 집으로 내려왔기에 저는 좋았는데 어느 날 강릉 극장에 좋은 영화가 왔다며 저녁을 먹은 후 큰오빠는 저를 데리고 광수 오빠와 함께 강릉 극장으로 가는데 큰오빠보고 광수 오빠가

"명순이는 내가 안고 가야지."

"그럼, 조심해."

"염려 말아."

하며 저를 넘겨받은 광수 오빠는 부지런히 가다가 캄캄한 어두운 길 한복판에 누군가가 자전거를 세워 놓은 걸 보지 못해 걸려서 저를 안은 채 엎어져서 아픔에 못 이긴 저는 울음을 터트리니까 큰오빠가 얼른 저를 업으며

"자식, 지가 잘 안고 간다고 큰소리치더니. 내가 안고 갔더라면 이

런 일이 없잖아? 명순아, 울지 말어. 광수 오빠가 나쁘다."
하면서 부지런히 극장으로 갔습니다.

극장 안에 들어가서 아픔도 사라졌고 영화가 시작되니 사막에 사는 동물 영화여서 달빛 아래 모래사장을 옆으로 기어가는 이상한 뱀이며 벌레나 파리를 잡는 꽃이며 뜨거운 햇빛을 피해 모래 속에 숨어드는 벌레들이며 늑대에게 쫓겨 커다랗고 높은 가시투성이인 선인장 위로 피하는 살쾡이며 무서운 독을 가졌다는 전갈이 흡사 가제같이 생겼는데 암컷과 수컷이 서로 집게발을 잡고 앞뒤로 왔다 갔다 하며 춤추는 것 같이 움직이는 거며 사막에 비가 오니까 순식간에 홍수가 지는데 온갖 선인장들은 다투어 말할 수 없이 이쁜 꽃들을 피우는 게 보여 저는 신기하고 재미있어 이상한 게 나올 때마다

"큰오빠, 저게 뭐야? 저게 참 이상하다. 저 꽃 좀 봐. 아이 이뻐."
하고 신기해하면서 열심히 보다가 영화가 끝나 집으로 돌아오는데 큰오빠가

"집에 가서 넘어졌다고 말하지 말어."

"응."

약속했지만 집에 도착해서 따뜻한 방안에 조금 있으니 얼었던 몸이 녹으며 땅에 떨어져 부딪힌 곳들이 아파지기 시작해서 저는 참지 못하고 키득거리며 울었더니 엄마가 보고

"동생을 잘 데리고 댕기지는 않고 뭘 잘못해서 울리니?"

"어머니, 광수가요 지가 안고 간다면서 캄캄한 길 복판에 세워놓은 자전거에 걸려 넘어졌는데 집에 와서 그 생각이 나니까 울잖아요."

"애를 데리고 갔으면 잘 데리고 다니지 넌 뭐 하느라고 남에게 맡겼

느냐?"

하시고 아빠가 꾸중하시니까 큰오빠는

"괜히 울어 가지고. 울지 않겠다고 약속해 놓고."

저를 보고 히죽 웃었습니다.

큰오빠는 서울 소식을 전하는데, 이종국씨는 당주동 집을 처분하고 더 큰 집으로 이사할 예정으로 그곳으로 가면 집이 넓어서 일할 애가 더 필요하다며 심부름할 여자애를 하나 더 구해 달라는 황보씨 부탁을 전했습니다.

이럴 때 엄마는 불쏘시개로 쓸 검불(소나무 낙엽)을 사갖고 오는데, 검불 뭉치가 어찌나 크던지 이것을 이고 오는 아줌마의 얼굴이 안 보일 정도였는데, 이 아줌마는 갓난애기를 업고 있었고 이때부터 이 아줌마는 자주 우리 집에 왔는데, 저는 업고 온 애기가 이뻐서 들여다보다가 애기를 목욕시키지 못해 애기에게서 역한 냄새가 났기에 비위가 뒤집혀 헛구역을 했지만, 이 애기도 기저귀는 정동 김 장사 아줌마나 말산 월수 엄마 같은 누더기 기저귀였으며, 애기들 중에 정동 김 장사 아줌마의 애기만은 냄새가 안 나서 저는 가까이 가 정신없이 들여다보곤 했습니다.

엄마는 날씨가 추워지기 전에 아빠 사무실에서 쓸 숯을 사들였는데, 숯장사 아줌마도 애기를 업고 시장에 왔다가 찾아오곤 했지만, 저는 겁이 나서 가까이 못 가고 조금 떨어져서 애기를 들여다보았습니다.

한 해가 저물고 양력설이 됐고 며칠 안 있어 할아버지 제사가 될 때, 이사하게 됐다는 이종국씨 전보를 받은 큰오빠는 방학이 끝나자면 아직도 멀었지만 급히 서울로 갔고, 추위가 한창 기승을 부릴 때

검불을 팔러 시장에 왔던 아줌마가 애기를 업고 우리 집에 들러 뜨거운 물에 만 밥을 얻어먹은 뒤, 마침 우리 집에 들른 옆집 진구 낳은 엄마가 있는데, 엄마보고 강릉 시내에서 삼십 리 떨어진 곳에 있는 자기에 동네에 영서에서 온 용한 의원이 있다며 칠십 가량 된 노인인데 무슨 병이든지 다 고친다는 얘기를 하니, 진구 낳은 엄마가 이 얘기를 듣고 나서 자기는 지난 여름부터 머리가 아프고 귀가 먹먹해서 바보같이 되었다며, 진구를 기른 엄마도 신경통으로 고생하기 때문에 용한 의원한테 보였으면 좋겠다고 하며, 검불 장사 아줌마 집을 자세하게 물어본 뒤 갔는데 밤에 진구 기른 엄마가 와서

"우리도 그렇지만 명순이도 보여주는 게 좋으니 당장 내일이라도 가서 데려 봅시다. 요새 우리 진구가 밥을 통 안 먹어 속이 상하던 차에 잘되었습니다."

하고 엄마에게 말해 이튿날 진구 기른 엄마는 엄마하고 검불 장사 아줌마네 동네를 찾아가는데, 진구 기른 엄마는 몸이 몹시 뚱뚱해서 걷기에 몹시 힘들어했다는데, 애쓰고 찾아갔더니, 의원 영감은 가만히 앉아서도 환자들이 몰려오는데 무엇 때문에 그곳까지 가겠느냐고 하며

"인연이 있으면 가보는 거고 인연이 없으면 못 가보니까 그런 줄 아시오."

하고 배짱을 튀기니까, 진구 엄마는 꼭 와주기를 부탁하며 온다면 섭섭지 않게 대접하겠노라고 했다고 돌아온 엄마가 얘기했는데, 이삼일 후에 찾아온 의원 영감을 보니 상투를 틀고 갓을 쓰고 흰 두루마기를 입었는데, 저를 보더니 자신 있게 고쳐주겠다고 해서 엄마는 한의술의 무슨 신비로운 비술이라도 터득한 줄 알고 환대해 주었습니다.

이 영감이 왔을 때가 저녁때였기에 엄마는 저녁밥을 차려주어 밥을 먹으며 이 영감은

"나는 네 발 돋친 짐승 고기는 안 먹소."

해서 생선과 명란을 반찬으로 놨더니 허겁지겁 먹어댔고, 저녁밥을 먹고 나니 진구 엄마들이 왔는데 아빠가 들어오셨고, 이어서 이 영감은 자기의 의술을 자랑하면서 진구 엄마들을 붙잡아 허리춤에서 조그만 나무통을 꺼내더니 뚜껑을 여는데, 그 속엔 침들이 여러 개 들어 있었는데, 그중의 한 개를 꺼내더니 진구 기른 엄마부터 인정사정없이 찔러대더니, 이어서 진구 낳은 엄마도 찔러대더니, 이번엔 저를 붙잡아 찔러 대어서 저는 울어대며 곤욕을 치렀는데, 이렇게 한 뒤 이 영감은 상을 펴놓게 한 뒤 붓과 벼루를 가져오래서 상 위에다가 창호지를 펴놓고 알아볼 수 없는 글자 비슷한 걸 써서 진구 엄마들에게 나누어 주며, 이것을 태워서 그 재를 물에 타 먹으라고 한 뒤, 제 몫으로 글자 모양을 그린 종이를 엄마에게 주며 물에 타 저에게 먹이라고 할 때, 아빠가 그게 무슨 글자냐고 물으시니 이 영감은 자기도 모른다며 자기가 진맥하고 나면 자기 손이 저절로 움직여져서 그렇게 쓰는데, 이렇게 해서 지금까지 아무도 못 고치는 병을 고쳐왔다고 떠벌렸습니다.

　그리고 엄마에게 말하기를 담배씨를 구해 달여 저에게 먹이라고 했고, 이러고 나서 못쓰게 된 짚신을 얻어다가 달여 먹여야 하고, 또 독초인 풀뿌리를 달여 먹여야 한다고 했는데, 다음날 용한 의원이 왔다고 아침부터 사람들이 몰려들어 침을 맞고, 부적 같은 종이를 얻어 태워서 물에 타서 먹고 침을 맞고 해서, 집안은 온통 아수라장이 되었

는데, 지원장 부인도 소문을 듣고 애들까지 데려와 침을 맞은 뒤 글씨인지 그림인지 모를 것을 얻어 가지고 갔는데, 이렇게 되니 이 영감과 나이가 비슷한 영감들이 몰려들어 담배를 태워대니, 저는 골치가 아파서 의원 영감이 얼른 갔으면 좋겠다고 생각했는데, 옆집 진구네한테 가서 며칠 지낸 의원 영감은 저를 고쳐준답시고 떠벌인 덕에, 많은 돈을 벌어 가지고 봄에 다시 오겠다며 영서의 자기 집으로 갔습니다.

그러나 추운 겨울 따뜻한 우리 집에서 잘 얻어먹으며 돈 벌어 볼 욕심으로 며칠 안 있어 또 찾아온 이 영감이 처방해 준 약을 먹어도, 사정없이 찔러대는 침을 맞아도, 병이 낫거나 약효를 봤다는 사람은 하나도 없는 데다가, 진구네 집으로 간 이 영감은 말할 수 없는 냉대를 받고 쫓겨 왔는데, 저녁에 들어오신 아빠는 이 영감을 보시자 아무 말씀도 않으시다가, 밤에 의술도 없으면서 돌팔이 의사 노릇을 하고 다닌다며 야단치시고, 내일 아침 일찍 고향으로 가서 농사나 짓지, 앞으로는 엉터리 의원은 하지 말라고 타일렀는데, 저는 흔들이가 된 죄로 아무렇게나 찔러대는 침을 맞는 형벌과 독약인 담배씨 달인 물을 맛봐야 했는데, 제가 먹을 수 없어 입에 물었다 도로 뱉는 것을 본 엄마는 독약 그릇을 치워 버렸기에 다행이었고, 이것을 본 아빠는 내다 버리라고 하셔서 저는 무사했지만, 이런 사정을 알지 못하는 돌팔이 의원은 새벽같이 달아났기에 저는 가는 것을 보지는 못했으면서도 속이 후련했습니다.

이러고 음력설이 다가올 때, 진순이 언니가 애기를 낳아 산후조리 중이라며 용호 할머니가 강릉 우리 집에 와서 얘기를 하면서, 엄마에게 진순이 언니가 낳은 애기의 기저귀가 부족하니 기저귀 감을 끊어

달라며, 포대기도 있어야 하고, 애기 입힐 옷이며 미역이며 온갖 것을 다 요구하면서, 그것도 부족해서 음력설에 쓸 떡도 해가야 하겠으니, 쌀 반 가마로 떡살을 담그자며 엄마를 졸라서, 엄마는 우리가 있는 집을 얻어 든 죄로 쌀을 물에 담가 주었는데, 어느 날이고 항상 그렇듯이 엄마가 아빠 사무실로 가고 없는 사이에 떡쌀을 건져 방앗간에 가서 떡을 만들어 온 것이 산모에게 먹일 것이라며 물을 주책없이 퍼부어, 만들어 놓은 떡은 죽처럼 된 것을 가지고 온 용호 할머니는 이 떡을 가져갈 수 없다며, 또 쌀을 그만치 내놓으라고 졸라서 떡을 해왔는데, 이때도 엄마는 아빠 사무실로 가고 없었기에 용호 할머니 혼자서 떡을 해온 것을 진구 낳은 엄마가 와서 보고

  "떡을 하더니 또 하우? 며느리는 뭐하고 여게 와서 이러 떡을 하우?"
  "용호 에미가 뭐 시누 생각하는 아요?"
하고 주고받는 말을 듣다가 궁금해진 저는
  "용호 할머니, 용호가 학교 갔지요? 공부 잘해요?"
  "니는 왜서 학교 못 가나? 지는 학교도 못 가는 기 남가주고. 꼴값한다."

  뭐가 불만인지 소리 지르며 멸시하는 표정으로 눈까지 흘기기에 저는 속으로
  '나는 그래도 생각하고 물었는데, 내가 괜히 물었나?'
  생각하며 용호 할머니를 빤히 쳐다보았습니다.
  이러고 나서도 만족할 줄 모르는 불같은 욕심뿐인 이 노파는 엄마에게 떡을 담아 갈 큰 그릇까지 사 달라고 졸라서 먼저 버려놓은 떡과 나중에 한 떡을 합쳐 한 가마의 쌀로 만든 떡과 기저귀 감, 애기 옷, 포

대기 북어, 미역, 온갖 것들을 한데 뭉쳐 이삿짐 뭉치같이 해가지고 대화로 갔는데, 아빠와 엄마가 얘기하는 걸 들으니 끝 간 데 없는 불길 같은 욕심 때문에, 이들 모녀는 속아서 진순이 언니가 시집갔지만, 면허 없는 돌팔이 의사여서 일생을 망칠 것 같다고 했습니다.

이러고 나서 음력설을 맞았는데 엄마는 용호 할머니에게 많은 돈을 뺏겼으면서 저를 위해 양갱이도 만들고 식혜와 수정과도 만들어 주었고 만두도 만들어 끓여 주었는데, 순이 큰아버지가 오셨다가 저를 보시고

"그래, 많이 먹어라. 먹고 얼픈 걸어 다내야지. 엄마가 음씰 적에 굽굽하다 하더니 이러 먹을기 많아서 좋잖나."

하시며 순박하고 훈훈한 인정이 배어 나오는 웃음을 웃었는데, 지난번 엄마가 서울로 가고 없을 때 오신 순이 큰아버지한테, 저는 반가워서 사탕 하나를 꺼내어 주며

"할아버지, 이거 먹어. 이건 내가 주는 거니까 먹어봐."

"아이, 나를 이러 대접한다고 하나?"

했는데 제가 할아버지라고 불렀지만 아저씨 벌이 되는 순이 큰아버지는 저를 이쁘다며 머리칼을 한 옴큼 잡어 흔들기에

"내가 뭐 토낀가?"

하고 말하면 우습다고 웃는, 사람 좋은 촌 노인이었습니다.

이 순이 아버지는 엄마가 있으나 없으나 오셔서 저하고 놀기도 했고, 오실 때는 손수 농사지으신 채소들을 가져오셨는데, 엄마가 점심때 집에 오면, 시장에 가서 진한 순댓국을 사다가 점심밥을 차려드리면, 얼큰하고 매운 국을 즐겨 먹었습니다.

음력설이 지나고 얼마 안 있어 급한 볼일도 아닌 것 같은데, 진순이 언니는 태어난 지 얼마 안 되는 애기를 들쳐 업고 몹시도 추운 날씨에 주문진 친정 조카에게 가는 길이라며 들렀습니다.

아빠가 들어오셔서 세배드린 진순이 언니는 저녁밥을 먹은 후 언니방으로 건너갔는데, 애기 어르는 소리가 어찌나 호들갑스럽고 요란한지 안방까지 들려오고 이웃집까지 들려 아주 시끄러웠는데, 끝인 줄 모르고 계속되니 듣다 못한 아빠가

"자식 귀애하는 것은 어미지만 저렇게 호들갑스럽게 귀엽다는 소리가 이웃까지 들려 보기에 안 좋구나."

하시며 걱정스러운 표정으로 말씀하시니까 엄마가

"제 자식 제가 귀엽다고 소란 피우는 걸 갖고 뭘 그러세요?"

하고 엄마가 말했습니다.

음력설이 지나갔지만 아직 추운 때여서 학교 갔다 오는 작은오빠는 꽁꽁 얼어 올 때인데, 엄마는 큰오빠 때문에 서울로 가느라고 고모를 데려다 놓았을 때인 어느 일요일에, 언니는 아침 일찍부터 집안을 치워놓고 언니방에 군불을 뜨뜻하게 때어 따뜻한 방에서 평안히 쉬며 뒹굴 심산이었는데, 불을 다 때고 보니 언니 방문 앞의 마루 틈으로 연기가 모락모락 피어올라 아궁이 속을 몇 번이나 들여다본 언니는 안방으로 와서 피로하셔서 저하고 함께 누워계신 아빠에게

"아버지, 제방에 불을 다 때고 아궁이에는 재밖에 없는데도 방문 앞 마루 밑에서 연기가 납니다. 어찌 된 일이지요?"

하고 몹시 불안해하니 아빠가 일어나셔서 가보시고는 밖으로 나가셔서 목수를 데리고 오셔서 마루를 뜯고 보니 언니 방문 옆 기둥 옆으로

쥐구멍이 있어, 그리로 뜨거운 불길이 나와 기둥 밑이 새빨갛게 숯불 같이 불이 피어오르고 있어, 물을 퍼다 부어 불을 껐는데, 이날따라 기온은 영하 14도로 떨어져 있어 몹시 추웠습니다.

이 소동 때문에 온 식구가 쉬지도 못하고 난리를 겪었고, 방 수리할 때까지 언니는 큰방에 불을 땔 수가 없어서 중간 방으로 옮겨와서 고모와 같이 자면서, 고모에게 화풀이해서 고모는 또 울었습니다.

이럴 때 언니는 친구 조카의 결혼식에 갔다가 잔치 음식을 가져와 저에게 먹여 주었는데, 이것이 체해서 저는 열을 펄펄 내며 앓으니까, 약을 먹여놓고 속이 상한 언니는 저를 흘겨보면서

"내가 다신 뭘 갖다주나 봐라. 이렇게 뭐든지 약해서 어떻게 살려고. 에이 빨리 죽어라 죽어."

"누가 갖다 달래? 괜히 지랄이야. 저건 지랄만 해."

저는 누운 채로 눈을 부릅뜨고 볼멘소리로 대꾸해 주었습니다.

이러고 언니가 외출한 뒤에 한참 있다가 언니 후배가 찾아와서

"언니 어데 있싸?"

"모올라."

"언니 오거던 나 왔다 갔다고 그래. 알았지?"

"이따 또 안 올 거야?"

"응, 이따 또 오지만, 알았싸."

하고 부지런히 간 뒤에 얼마나 있다가 언니가 들어왔기에

"언니, 정희 왔다 갔어. 언니 봤어?"

"그래 봤다."

"왜 왔다 갔어?"

"그렇게 궁금하니? 정희가 시집간다고 언니보고 봐달래서 그래서 왔다 갔어. 이제 속 시원하니?"
"응."
하고 대답하고 말았지만 체한 것이 아직 낫지 않아 누워있으면서 엄마가 없는 게 쓸쓸했습니다.

날씨가 쌀쌀하게 추운 때였지만 아침밥 먹은 저를 업고 고모는 앞집으로 건너가면 경망스러운 그 집 할머니가 고모를 반겨 맞아주며
"아이고, 이러 오셋소? 어서 오시우 예."
하고 방으로 맞아들이는데 고모는 이 노파와 마주앉아 하는 얘기가 엄마 욕도 했지만 가운데 큰엄마 욕을 하니까 이 집 노파는 흥미롭고 재미있어서
"아이구 그래게. 세사 그 오라버 댁이 참 맹했소. 내가 들아도 그러분한가 여북 속상하겠소."
하며 고모의 팔을 쓸어주며 맞장구를 치는 걸 제가 고모한테 빨리 집으로 가자고 했더니 왜 그러냐고 묻기에 사실은 훼방도 놀 겸 오줌도 마려워서 오줌 마렵다고 했더니, 한참 재미있고 흥미롭던 판인 앞집 노파는 흥이 깨져서 저를 못마땅한 눈으로 흘겨보며 고모에게 방구석에 놓인 요강을 가리키며
"오줌이 매룹다문 여다 누키우."
"가 가 음매나 별나다고 아무 데서나 오줌 눌 것 같우? 얼른 집에 가야지. 그체."
하고 저를 업고 일어서니 앞집 노파는 속이 상해서

"크단기 밤나 에페댕게."
하며 투덜거리는데 고모가 저를 업고 집으로 왔습니다.

　고모는 잠시도 쉬지 않고 바쁘게 일거리를 찾아다녔는데 닭 모이도 주고 달걀도 꺼내오고 수돗물이 안 나오니까 진구네 집으로 가서 빨래도 해오고, 그러다 보니 저녁때가 되어 물을 길어다가 밥도 해야 하고, 밤에는 바느질을 하다가 밤늦게 잠자리에 들어 피로를 풀었는데, 저는 낮에 엄마젖이 생각나면 바느질하는 고모의 젖가슴에 손을 넣어보면 고모가 바느질하다 말고 움직이던 손을 멈추고 만지게 했는데, 고모 젖은 엄마젖과는 달리 재미가 없어서 또 만지다가 그만두고는 할 일 없어, 심심해진 저는 제 상상한 것을 가지고 고모한테 얘기하기를
　"우리 기와집 있잖아. 그 집이 크대. 큰 데로 이사 갔대. 나는 이담에 그거보다 더 큰 집 쓴다. 그러거든 고모 우리 집 와 살어."
　"아이고 나를 그러 생각하나. 우리 조캐딸이 이러 생각해 주지, 누가 그러 생각해 주겠?"
하며 등어리를 투덕투덕해 주었습니다.
　이러고 지내다 보니 서울 갔던 엄마가 와서, 저는 풀이 죽어 있다가 기가 나서 세상에 아쉬울 게 없었는데, 저녁에 아빠가 들어오셔서 모두 저녁밥을 먹은 후, 엄마는 아빠에게 서울에서 있었던 얘기를 들려주는데, 이종국씨가 새로 사서 수리한 집에 우선 짐을 옮겨놓고 큰오빠를 먼저 보내 집을 지키게 했는데, 늦은 밤 공부하느라 잠을 안 자고 있던 큰오빠는 밖에서 탁탁 소리가 나서 나가 보았더니, 아궁이 곁

에 놓아둔 장작에 불이 붙어 타기 시작하며 불길이 올라가는 걸 보고 "불이야" 소리치며 물을 끼얹어 불을 끄는데 사람들이 몰려와서 불을 껐지만, 방에 불을 다 때고 나서 아궁이 뚜껑까지 잘 닫아놓아 불이 옮겨붙을 리가 없는데 불이 타올라 이상한 일이라고 했는데, 이런 일이 있고부터 이종국씨는 창기라면 집안에 없어서는 안 될 사람이라고 하며 위해 주고 사랑한다는 얘기를 했습니다.

　봄의 따뜻한 햇빛이 땅을 녹이며 새싹들을 깨우려 할 때 부엌의 수돗물은 아주 나오지 않아서 수도국 사람이 나와 보더니 고칠 수 없다고 말해, 아빠는 부엌문 밖에 펌프를 설치하게 하셔서, 엄마가 인부들을 데리고 와서 파이프를 땅에 박기 시작했는데, 이럴 때 햇갱이 엄마가 와서 인부들의 술심부름이며 점심밥 시중을 해주어 펌프를 설치해서 물을 풍부하게 쓰기 시작했습니다.

　이러고 날씨가 푸근해졌을 때 언니 방을 수리하는 미장이들이 왔는데 하필이면 가운데 큰엄마의 애인이었던 박씨가 와서 일했는데, 점심때가 되어 이날도 햇갱이 엄마가 와서 점심밥을 차려주어 밥을 먹으며 박씨 따라와 일하던 아저씨가 저에 대해

　"저 언니가 운제부터 저러 못 걷나?"

　"응, 배냇병신이야."

하고 함경도 억양으로 말하는 걸 제가 듣고 속이 상해 지나가는 엄마에게

　"엄마, 박씨가 나보고 배냇병신이야 그랬어."

하고 이르니까 엄마는 박씨를 눈이 빠져라 야단치니 당황한 박씨는

　"내가 모르고 그랬으니 널리 이해 합세다."

하며 머리까지 숙이며 빌었고 엄마는 다음부터 그러지 말라고 이르고 바삐 나갔는데 혼이 난 박씨는

"아이고 아 보는데 냉수도 못 마신다이. 우리끼리 한 말으 듣고, 저렇게 이른당이."

하고 고개를 저었습니다.

언니는 수학여행을 가는 여학생들을 인솔해서 갔는데, 방 수리가 끝나고 장판 일이 시작되어 피난 같이 갔다 온 길자 아빠가 와서 꼼꼼하게 장판일 해주어 방이 깨끗하게 되었을 때 소포가 배달되었는데, 언니에게 오는 것으로 이것을 가져온 우체부 아저씨가

"이러 큰 소포는 처음 봤소."

하며 엄마에게 주고 갔는데, 수학여행에서 돌아온 언니는 다음날 쉬고 있었고, 저는 언니방으로 건너가 언니 곁에서 놀고 있을 때, 언니는 저에게 그동안 누가 찾아오지 않았느냐고 묻기에

"응. 언니한테 책 같은 게 왔어."

"뭘까?"

하고 혼자 중얼거리더니 엄마가 들어오니까 안방으로 건너갔습니다.

"어머니 뭐 온 게 있어요?"

"너 좋아하는 집에서 소포가 왔더라."

하며 엄마가 받아두었던 소포를 내어주니까, 언니가 풀어보니 양면 괘지에 적어 보낸 글이 두꺼운 책만 했는데 언니가 엄마에게 읽어 들려주는 걸 들어보니 자신의 모든 것을 다 바쳐서 사랑했건만, 조금도 반겨주지 않고 날이 갈수록 냉정하기만 해서 이제는 지쳤다고 했으며, 지난날 지내 온 모든 얘기를 하나도 남김없이 써 보냈다고 했습니다.

소문은 빨라서 우리보다 사람들은 먼저 알고 벌써 혼인 말이 들어오기 시작하니 입에 맞는 떡이 없는 언니는 싫다고 내두르며 투덜대기만 했는데, 저도 이럴 때마다 죄 없이 언니의 벼락을 맞을까 봐 언니 눈에 안 뜨이는 안방으로 피하면서 속으로
'저건 지랄쟁이라서 아주 미워. 괜히 저 야단이지.'
하고 보기 싫어했습니다.
 이럴 때 제 외당숙모인 황보씨가 부탁했던 마땅한 처녀가 서울의 일자리를 구한다고 햇갱이 엄마가 알려와 엄마가 그 처녀애와 부모를 불러, 이 처녀와 엄마가 같이 가서 얘기하고 가더니, 약속한 날에 이 처녀애가 왔는데 이름이 돈남이라고 했는데, 엄마는 이튿날 새벽같이 돈남이를 데리고 서울로 갔고 저는 또 고모와 지내야만 했습니다.

 때는 봄철이었기에 포교당에서는 매일같이 결혼식이 있어서 아침밥 먹고 나서 설거지를 끝낸 고모는 저를 업고 낯모르는 사람들의 결혼식 구경을 갔다가 치장한 신부를 보고 제가 이쁘다는 소리를 할라치면 고모는 멋 팔지 말라고 한마디 하기 일쑤였는데, 돌아오면서 집으로 바로 오지 않고 우리 앞집 경망스러운 노파를 찾아가니, 고모를 본 이 노파는 반색을 하며 맞아들인 뒤에 저에게 꼭 애기 주먹만 한 떡 덩어리 하나를 올려준 뒤 냉랭한 목소리로
 "어나, 저 가주가 먹으래이."
하기에 저는 속으로
 '흥, 가긴 내가 어딜 가? 엄마 흉보고 욕하는 소리 들으려고 그러지? 나 안 간다.'

이렇게 생각하고 저는 고모 목에 매달려 볼에 뽀뽀하며
"고모 빨리 가자. 닭 먹을 거 줘야지. 그리고 빨래 없어?"
"왜서 음싸? 얼픈 가서 해야지."
"그럼, 빨리 가자."
하고 재촉하는 제 말을 들은 앞집 얄미운 노파는
"아이고 왜서 그러두 쪼르내이? 그 언나 못 쓰겠구만."
하고 노골적인 적의를 품은 눈으로 저를 보면서 하는 소리였지만 고모는 저를 업고 일어서니 앞집 노파는 헐 수 없었던지 고모한테
"또 오시우야?"
하고 당부하는 것밖에는 달리 도리가 없었습니다.
 이러다가 엄마가 서울에서 왔는데 종달새가 하늘 높이 날아오르며 노래하는 들녘이 그리웠던 고모는 엄마가 온 걸 어린애처럼 좋아하며 저녁밥을 먹고 설거지를 서둘러 해치운 뒤 말산으로 가버렸습니다.
 장미꽃이 피기 시작해서 꽃밭이 화려하게 되었을 때, 진순이 언니의 오빠 김진형 대령이 강릉에 왔다가 언니를 만나고 엄마를 찾아와서 언니 혼인을 자기가 중매하겠다며 공군에서 법무관으로 자기와 같이 근무했는데, 지금은 대통령 비서실인 사정위원회 조사관으로 있는데, 일찍이 결혼했으나 애기를 낳지 못하고 상처했다고 얘기하니 엄마는 자세히 묻고 나서 아빠에게 말씀드리겠노라고 했습니다.
 아빠와 의논한 엄마는 김 대령이 중매한 사람에 대해 자세히 알아보려고 서울로 급히 갔기에 저는 엄마 떨어져 있는 게 싫었지만 어쩔 수 없이 고모와 지내야 했는데, 엄마가 없을 때면 늘 그렇듯 매사에 메마른 것을 느끼며, 며칠을 보낸 어느 날 퇴근한 언니가 아빠에게 말

쏨드리기를 수업이 끝나 교무실로 왔더니, 어떤 삼십 대의 남자가 찾아와 기다리고 있다가 언니에게 인사하며, 언니 담임반 학생 이름을 얘기하며 친척 동생이라서 언니를 찾아봤다고 하며, 이것저것 묻고 얘기하다가 갔다고 하며, 체격은 건장하고 비만한데 얼굴은 잘생겼더라고 했습니다.

이 일이 있은 후 엄마가 서울에서 왔는데 아빠에게 얘기하기를 제 외당숙 이종국씨 친구분이 사정 위원이어서 김 대령이 소개했던 사람의 상관이어서 쉽게 모든 것을 알아보았는데, 김 대령 말대로 오래전에 폐병에 걸려 고생하던 처와 사별했고, 지금은 독신으로 지내는데 아이는 낳지 못했고, 직장에서는 사무적으로 출중하다고 인정받는다는 얘기를 했으며, 아빠와 의논 끝에 결정하고 김 대령에게 의사 표시를 하니, 언니의 신랑감이 항공편으로 토요일에 강릉에 왔는데, 지난번 학교로 찾아왔던 사람이었다고 했습니다.

이러고 나서부터 이 사람은 토요일이면 오후 항공편으로 강릉에 내려와서 우리 집 들어오는 골목 입구에 있는 여관에 자리 잡고 우리 집으로 들이닥쳐 언니와 얘기하다가 밥을 먹고 밤이 늦어 잠자러 여관으로 건너갔고, 다음 날은 언니를 불러내어 데리고 야외로 놀러 갈 때도 있었는데, 이럴 때 엄마는 언니에게 여자는 몸가짐을 올바로 가져야 한다고 귀에 딱지가 앉도록 일러주었습니다.

화단에서도 신록의 계절답게 꽃나무 잎사귀들이 윤까지 나며 푸른색을 자랑하고, 빨간 장미꽃이 돋보일 때, 목단나무에서 크고 고운 꽃이 피기 시작하는 어느 날, 낮에 엄마가 아빠 점심을 가지고 갔고, 저는 혼자 앉아 뜰에 핀 모란꽃을 바라보고 있는데, 대문을 소리 없이 가만히 열고 들어서는 어떤 애기 업은 젊은 아낙네가 있는 걸 제가 보지 못했는데, 가만히 마당에 들어선 이 아낙네는 아무 말 없이 목단나무에 달려들어 탐스러운 목단꽃 한 송이를 꺾어 들고 달아나는 걸 본 저는 뜻밖의 일이라 몹시 놀랐고, 흥분이 돼서 미처 말이 안 나와 소리치지도 못하고, 달아나는 걸 바라보다가 꽃을 잃어버린 분함에 못 이겨 울기 시작했더니, 제 울음소리를 듣고 진구 낳은 엄마가 와서

"왜서 홍차 울고 있나?"

하고 묻기에 저는 손가락으로 목단나무를 가리키며

"꽃을 잃어버렸어."

"누가 꺾어 갔싸?!"

"어떤 아줌마가"

"저런 내가 봤드라면 못 꺾어가게 할 꺼를. 울지 마라. 내가 대신 딸구 주께."

하고는 자기네 집 화단에 심어놓은 딸기들을 따다가 씻어서 갖다주는 걸 제가 먹고 있을 때 엄마가 오더니 저보고

"누가 주디?"

"진구 엄마가 줬다."

"아이, 저런. 그래서 맛있게 먹는 중이야?"

"응. 그런데 엄마, 꽃을 잃어버렸어. 내가 못 보고 있을 때 어떤 애기 업은 엄마가 꽃을 얼른 꺾어가지고 내뺐어."

하고 엄마에게 자초지종을 얘기하는데 진구 낳은 엄마가 오더니

"아까요, 명순이가 울기에 와서 보고 왜서 우나고 했더니 누가 꽃을 꺾어 갔다고 하면서 울어 내가 달래니라고 딸구를 따다 줬싸요."

하고 말했지만 저는 잃어버린 꽃에 대한 아까움과 장애자이기 때문에 제 것은 뺏어도 된다는 그 아낙네의 태도가 분했고, 장애자이기 때문에 겪어야 하는 비애를 함께 느끼게 되어 마음이 괴로웠는데, 언니의 신랑감 측에서 서둘러 사주단자를 보내와 언니는 약혼하게 되었습니다.

　이렇게 되니 엄마는 언니의 혼숫감을 준비하느라고 정신없게 되었고, 날씨는 초여름이어서 점점 무더워지는데, 언니의 혼숫감을 만드느라고 바느질이 시작되어 중기 오빠네 집에서 미싱을 갖다 놓고 바느질을 할 때, 가운데 큰엄마는 엄마가 바느질을 시작할 때쯤 고모에게 돈 벌 수 있으니 영서로 가라며, 쌀을 조금 주고 차비를 주어 보냈습니다.

　이렇게 되어서 언니의 혼숫감이 다 되도록 고모는 끝내 못 왔는데, 중기 오빠 처인 종만 엄마와 종수 엄마, 사촌인 정남이 언니까지 모두 와서 일을 돌보아 주고 있을 때, 정남이 언니 막내딸 인자가 와서 저하고 같이 놀았는데, 하루는 학교에 갔다 온 인자는 저하고 같이 놀다가 밑도 끝도 없이

　"야, 느 아버지 이림이 뭐나?"

　"느 아버지 이름이 뭐나가 뭐야?"

하고 제가 나무랐더니 인자는

　"즈 아버지 이림도 모린다. 병신 걷지도 모해, 이 병신."

하고 놀리기에 저도 화가 몹시 나서 인자를 빤히 쳐다보고 있었더니 인자는

　"아냐. 내가 병신이라고. 나는 아무것도 모리잖나. 그러니까 병신

이지. 야, 우리 그런 얘기하지 말고 음는 걸로 치고 나하고 놀자. 내가 포도르 따오꺼니."

"포도가 아직 익지 않았어. 그래서 못 먹어."

"괜찮아. 쪼끔 따오는 기 우떻나."

하고 밖으로 나가 뒤꼍으로 갔는데 외출했던 엄마가 돌아오니 정남이 언니가

"작은어머니, 방송에서 들으니 낼부텀 비 온다던데 장매가 시작된다 하는기, 바느질만 해놓고 좀 있으문 장매가 끝난다 하니 그때 합시다."

"좋도록 해라. 그럼 광목도 장마가 끝나서 바래도 늦지 않을 테니까."

하며 또 바삐 나갔는데 아는 아줌마들이고 할머니들이 와서 옷감이며 이불감들을 구경하고 가느라고 집안은 복잡했는데 경안집 할머니는 딸과 며느리를 데리고 와서 바느질을 시키고 있었는데, 하루는 천신기 할머니가 애기를 업고 왔기에 저는 애기가 이뻐서

"할머니, 이 애기 이름이 뭐야?"

"신녕이."

"신영이? 신영이가 뭐야?"

하면서 아무리 애써도 신녕이라고 발음이 되지 않았지만 처음 듣는 이상한 이름이어서 저는 경안집 할머니의 딸을 보고

"숙자 언니, 이 애기 이름이 이상하다. 신영이래. 신영이가 뭐야?"

"아 신영이가 아니고 신녕이잖아."

하고 제가 묻는 말은 대답 안 하기에 저는 속으로

'그런데 왜 신녕이랄까? 이상하다.'

했는데 우리가 명주동 셋방에서 살 때, 신녕이가 태어나기 전일 때, 신녕이 아빠, 엄마의 혼인을 정했다고 천신기 오빠의 할머니가 알리고 가서 이 할머니 집에 갔더니 이 할머니가

"아이고 맹수이 왔나? 어서 온나."

하고서 엄마와 얘기하다가 저녁때가 되니 이 할머니는 제게 밥을 주는데 맛있는 부추김치와 꽁치구이를 주어 맛있게 먹었던 생각이 났습니다.

이러고 눕혀 높은 신녕이를 들여다보던 저는 애기가 좋아서

"할머니, 이 애기 나 줘. 내가 이쁘게 이쁘게 기른다."

"아고 얼라 안 데리고 가문 야 아부지가 나보고 야단 막치잖다."

"그래서 안돼?"

하는데 엄마가 돌아와 점심밥을 차려 모두 먹고 있을 때 점쟁이 큰엄마와 가운데 큰엄마가 바느질하는 것을 구경 왔는데 먹을 것을 대접한 엄마가

"고모는 왜 눈에 안 띄우?"

"아, 제가 돈 번다고 저게 뭐나…."

하고 대신 대답하는 점쟁이 큰엄마가 더듬거리니까 엄마는

"분남이 시집갈 적에도 혼인날이 가까워 오니까 서울로 피해버려 내가 그 치송 다하고 난 뒤에야 내려오더니 그 버릇 그대로 하지 않소. 고모가 영서에 가서 벌면 얼마나 벌며, 고생인들 오죽하겠소?"

하고 나무라며 가운데 큰엄마가 고모를 마음대로 부려 먹으며 다치거나 병에 걸리면 나 몰라라 하고 돌보아주지 않아 죽게 된 것을 몇

번이고 살려준 것을 얘기하며 야단치니 듣고 있던 정남이 언니가
"아이, 작은어머니 지낸 얘기는 왜서 하우."
하고 참견하다가 엄마한테 눈이 빠져라 야단 듣고 자라목처럼 움츠리고 아무 말도 못 했습니다.

　이러고 이내 장마가 시작되었다가 지루한 장마가 끝날 때쯤 바느질 일이 다 끝나서 장마가 걷혔을 때, 광목을 햇빛에 바랠 시간이 없어 엄마는 대신 옥양목을 써서 이부자리를 꾸미는데 아빠를 존경하고 좋아하는 분들의 부인네들과 가까이 지내는 집안 부인네들 모두가 모여와서 일을 거들 때 점쟁이 큰엄마와 가운데 큰엄마도 와서 구경하며 이 얘기 저 얘기 혼인에 관계되는 얘기들을 하다가 엄마가 외출 중이고 없을 때였는데, 점쟁이 큰엄마와 가운데 큰엄마가 간다고 일어나서 현관 밖으로 나가며 엄마가 없고 저만 있으니까 점쟁이 큰엄마는 마음 놓고 낄낄대고 웃으면서 손에 조그맣게 꽁꽁 뭉친 솜뭉치를 들어 보이며 큰소리로
"이거르 홈체 가문 시집가는 아가 소박받지 않으문 과부 된대. 정순이가 그러 되라고 내가 이거르 홈체 가쟎나."
하고 자랑삼아 솜뭉치를 들어 보이니 방안에 모였던 모든 사람들이 놀란 눈으로 경악하며 바라볼 때 외출에서 돌아오던 엄마가 대문을 열고 들어서며
"나는 그따위 미신을 믿지 않으니 탐나거든 얼마든지 가져가. 시집가는 조카딸을 이렇게 무서운 저주나 하는 큰 엄마 앞날은 참 좋겠다. 어서 가져가."
하고 매섭게 한마디 하니 덕형 엄마가 나서며

"큰어머니라면서 조카딸 시집가는데 축복은 못 해주더라도 이러는 데가 어디 있어요?"
하니 모였던 모든 사람들이 모두 이구동성으로 욕들을 하는데 정남이 언니는 얼굴이 새빨개져 가지고
"어머이, 부끄럽지도 않소?"
하고 쇳소리를 내며 원망하니 수치심으로 얼굴이 홍당무가 된 점쟁이 큰엄마는 솜뭉치를 방안에 내던지고 뒤도 돌아보지 못하고 달아났습니다.

이럴 때, 무더운 삼복더위 중이었고, 여름 방학이어서 학교에 안 나가는 언니를, 휴가를 얻고 강릉에 온 신랑감이 불러내어 바다에 갔는데, 오징어회를 주책없이 많이 먹어 배탈이 나서 우리 집과 가까운 단골 여관방에 누워있는데, 엄마는 한약을 정성스럽게 달여다가 갖다 주니 좋아하며 받아마시고 낫는데, 훗날 자기 어머니에게서도 받아보지 못했던 사랑을 엄마에게 받게 되니 말할 수 없이 좋더라고 두고 두고 얘기했습니다.

언니의 신랑감은 휴가가 끝나 떨어지지 않는 걸음으로 서울로 갔는데, 여전히 토요일만 되면 항공편으로 강릉에 내려왔다 갈 때, 정남이 언니 둘째 아들 심유섭이는 고등학교 삼 학년 학생으로 같은 반인 언니의 시동생이 될 학생과 함께 언니에게 찾아왔습니다.

그러나 심유섭이는 천성이 능청맞은 데다가 못 됐기에 다음 해에는 어린 나이에 벌써 이간질과 모략까지 해서 언니를 괴롭힌 무서운 아이였습니다.

엄마는 정신없이 혼수 준비를 하다 보니 무덥던 여름은 순식간에 지나갔고 결혼식 날짜가 다가와서 고모도 못 데려다 놓고 서울로 가야만 했는데, 마침 용호 할머니가 왔기에 우리들을 부탁하고 서울로 먼저 갔고, 사흘 후 아빠가 항공편으로 서울로 출발하시려고 할 때, 고모가 우리 집에 왔기에 아빠는 안심하시고 가셨고, 용호 할머니도 갔는데, 지난 여름 내내 큰엄마들에게 속아서 영서에 갔던 고모는 지독한 고생을 했기에 몹시 야위었고 기력마저 없어 보였습니다.

고모는 전과 달리 밥만 겨우 해먹고 제 곁에 누워서 쉬는 게 일이더니, 이틀째 되던 날 기운을 차리고 겨우 일어났는데, 서울에서 언니가 결혼식을 치른 소식이 궁금한 사람들이 들르니 고모는 분한 마음에

"그 불영깽이 같은 년이 사람은 그러 속이다니. 그런 년은 천벌을 받아야 해?"

하고 말하니 마침 우리 집에 왔던 영길 엄마, 창란 엄마, 잔남이 엄마가 눈이 둥그레져서 누구를 욕하느냐고 물으니

"복기 에미 말이지 뭐. 누귀긴 누귀야?"

하니까 영길 엄마가

"본데 그런 사램인 줄 모린? 첨 봤싸? 그렇지만 요번에는 영서 가서 혼났겠네. 고상 시루와 우떠 베겠소?"

하고 고모를 위로해 주었는데 조금 기운을 차린 고모는 다음 날 저를 업고 앞집으로 가서 지난 여름 고생했던 얘기를 하며 큰엄마 욕을 하니까 재미있어하던 앞집 노파는 평소와는 다른 태도로 고모의 말에 맞장구는 안치고 오히려

"우째다가 그랬겠지. 설마 고상으 하는거르 알문 가마이 하가 있었

겠소? 알리지 모한 할머니가 잘못이지 우째라고 오라버댁으 그러 욕으 하오."

하며 고모의 속을 긁어대니 고모는 화를 내며 저를 업고 앞집 대문 밖 골목으로 나왔는데, 뛰어나온 앞집 노파는 고모 마음을 긁어내며 싸움을 걸어 골목길에서 고모와 대판 싸움이 붙었는데, 싸우는 소리가 시끄러워지자 온 동네 사람들이 모여들어 싸움을 말리며 왜 그러냐고 물으니, 고모가 자초지종을 얘기하는 걸 듣고 동네 사람들은 앞집 노파가 나쁘다고 하는데 진구 낳은 엄마가 나서며

"여적지 봐하니 명순이 엄마 흉보는 것도 부채질하더니 뭔 마음으로 오늘은 이 모양이오. 예수를 믿으라면서 남어 말이라문 사죽을 못 쓰고 듣지 못해 하고, 남어 화만 내키고 억탈하맨서 쌈이나 걸고 이래는기 예수 믿는 거요?"

하고 말하니 앞집 노파는 대답 대신 꽁지가 빠져라 저희 대문 안으로 달아났는데, 이전 언젠가 달가워도 안 하는 엄마를 찾아와서 자기는 아들 내외 때문에 안식교를 믿는다며 하는 말에

"나는요 절이 좋잖소. 그래 늘 절에 댕기다가 아들이 교회에 댕게서 할수음씨 따라갔잖소."

하며 불교가 좋다고 했으면서 예수가 어떻고, 하느님이 어떻고, 안식교가 제일 좋고, 죄지으면 지옥 간다고 늘어놓다가 엄마가 아무 반응이 없자 싱거워서 일어나 갔지만, 남의 말은 그렇게 좋아할 수 없었고, 억탈해 가지고 싸움을 잘 걸었기에 동네 사람들은 누구나 좋아하지 않았습니다.

고모는 앞집 할머니와 싸우고 나서부터 다시는 앞집에 발그림자도

않았는데 다음 날 골목길에서 마주친 앞집 노파는

"내가 우째다가 그러 잘못으 했소. 이거르 언나 주시우 예?"

하고 손에 들고 있던 감을 내밀어도 고모는 눈을 흘기며 아무 말 않고 돌아서며 저에게 성난 소리로

"받지 마라."

하고 부지런히 집으로 들어왔습니다.

언니가 시집가기 전 집에 있을 때 저는 곧잘 야단치는 언니를 못마땅하게 여겼는데, 막상 언니가 없으니 아쉽기도 했고 언니가 보고 싶어져서 저는 속으로

'내가 왜 지랄쟁이 언니 생각을 하나? 안 한다.'

하고 머리까지 내저으며 생각을 안 하려고 했지만 제 더러워진 손을 내려다보며 저도 모르게 또

'아이 언니가 있었으면 씻겨 줬을 텐데.'

하고 생각하다가 저는 견디다 못해

"고모, 내 손 좀 씻겨 줄래? 그래야 고모 이쁘지."

하면 고모는 아무 말 없이 씻겨줄 때도 있지만 때로는

"아이구 벨나 터저서, 아까 썼는데 또 씻게 달라고? 사램으 달달 볶네."

하며 대야에다 물을 떠 와서 제 손을 씻겨 주었는데, 고모는 가끔 한가한 낮이나 밤에 혼자서 우리 민요를 조용한 소리로 부르다가 눈물을 흘릴 때가 있어서 제가

"고모 왜 울어?"

"의용군 간 완규 오빠 생각하고 그랜다."

"그래도 울지 마. 내가 큰집을 쓰거든 고모도 같이 살자. 그래서 옷도 잘해 주고 먹을 것도 잘해 줄게."

"아이구 우리 조캐딸이 제일이지. 그래, 내가 늙거던 구박하지 말거래이."

이러고 있다가 옛날 일들이 생각난 고모는 돌아가신 제 큰아빠를 욕하느라고

"기집으 으더 드리다가 난중에는 무당년까지 으더 디리고 세가 빠졌싸."

"고모 새가 물에 빠지면 얼른 날아가면 되잖아?"

"에이그 이것도 귀가 있다고 말권 알아들어 가주고."
하며 웃었습니다.

이러고 비행기 편에 아빠가 돌아오셔서 작은오빠와 저에게 언니 결혼식 얘기를 들려주시면서 사 오신 장난감 팽이를 제게 주어서 작은오빠가 돌려주는 팽이를 들여다보고 놀았는데 이삼일 지난 후에 서울서 엄마가 오니까 저보다는 고모가 더 좋아하였습니다.

"자네 혼차 애썼네. 나는 불영깽이 같은 년한테 속았싸"

"고모, 그동안 얼마나 고생스러웠소. 나는 고모를 생각하고 얼마나 걱정을 했는지 모른다오. 그래서 가운데 큰엄마를 막 야단쳤는데 고모는 그동안 어떻게 지냈소?"
하고 물으니 고모는 큰엄마한테 속아서 양식을 조금 가지고 영서로 가서 이내 장마를 만나 꼼짝 못 하고 있으면서 양식은 떨어지고, 영서까지 가는 차비만 얻어 가지고 갔기에 돌아올 차비마저 없어서 고생했다고 털어놓으며, 지나가던 트럭 운전사에게 사정하여 얻어 타고

돌아왔다고 얘기하니, 엄마는 가엾어하며 몸조리할 동안 우리 집에 있으라고 해서 고모는 그동안 먹고 싶던 것을 먹으며 있었는데, 엄마가 서울에서 돌아왔다는 소문을 듣고 사람들이 찾아와 언니 결혼식 얘기가 궁금해서

"그래, 딸이 결혼식 잘 치렀소?"

하고 물어 얘기를 들었는데 진남이 엄마가 와서 잔남이 소식을 물으니 마침 조용할 때여서 엄마는 사실대로 들려주는데 서울 간 진남이는 호화로운 것만 보고 들어서 분별없이 제 신분은 잊어버리고 교만에 사로잡혀 있었는데, 하루는 시장에 갔다 와서 엄마보고 하는 얘기가

"시장에 갔더니 거지 같은 사람들이 땅바닥에 푸성귀를 조금 벌여 놓고, 지나가는 사람들 보고 사라고 애걸하는 걸 보고, 내 속으로 저러려면 뭣 때문에 살어? 죽어야지 하고 봤어요."

"진남아 네 엄마도 시장 바닥에서 난전을 본단다. 그러니 그 사람들을 그렇게 보지 말아라."

"죽으라고 해요."

하고 화가 난 표정으로 쏘아붙이기에 엄마는 봉이 아줌마와 방자해진 진남이를 보며 탄식했다고 들려주니 진남이 엄마는 금방 눈물을 쏟으며

"그 지지바가 그러도 맹했잖소. 부모 생각은 쪼꼼도 안 하는 기. 지는 부모 낳아 주지 않으문 하늘에서 떨어지는 것도 아닌데 부모가 낳아줘서 그만큼 키왔기에 그러 사는 거르 모리잖소. 요노머 지지바 오기만 해봐라. 아이고, 내가 세가 빠졌네. 파르 팔다가 기냥 처내 비래

놔두고 와서, 안녕히 기시우 예."
하고 급히 시장으로 갔는데, 한가하고 아무도 없어 조용했기에 저는 엄마가 서울 가고 없었을 때의 얘기를 한다는 것이

"엄마, 저번에 옥형이 아빠가 왔다 갔다. 그런데 참 이상하더라. 왜 앉으려면 앉고 서려면 서지, 앉는 것도 아니고 서는 것도 아니고 엉거주춤하다가 앉을까 말까 앉을까 말까 하다가 털썩 주저앉더라. 왜 그래?"

"응, 그건 버릇이란다. 젊어서 옥형이 엄마한테 장가들었을 때 옥형이 엄마가 싫으니까, 어른들은 그 방에 들어가라고 야단을 치고 들어가기는 싫고. 그래서 들어갈까 말까 들어갈까 말까 하다가 야단 듣고 그 방에 들어갔는데 그게 버릇이 돼서 그러잖니. 그러니까 나쁜 버릇은 하지 말아야 해. 옥형이 아빠가 그러니까 보기 싫지?"
하고 엄마는 제 볼에다 뽀뽀해 주었습니다.

이럴 때 승택이 아저씨 딸인 제 언니 동갑인 옥형이는 병호 아저씨가 결혼하고 이듬해 결혼해서 아들을 낳아서 벌써 다섯 살이 되어 있었습니다.

【 마리보나 이야기 〈2〉로 이어집니다 】

마리보나 이야기 〈1〉

김명순(마리보나) 지음

발 행 일	2025년 3월 25일
지 은 이	김명순(마리보나)
저작권자	기록자 김영기(비오)
발 행 인	李憲錫
발 행 처	오늘의문학사
출판등록	제55호(1993년 6월 23일)
주　　소	대전광역시 동구 대전로 867번길 52(한밭오피스텔 401호)
전화번호	(042)624-2980
팩시밀리	(042)628-2983
계좌번호	농협 405-02-100848(이헌석-오늘의 문학사)
전자우편	hs2980@hanmail.net
카　　페	cafe.daum.net/gljang(문학사랑 글짱들)
인터넷신문	www.k-artnews.kr(한국예술뉴스)

공 급 처	한국출판협동조합
주문전화	(02)716-5616
팩시밀리	(02)716-2999

ISBN 979-11-6493-369-3
값 15,000원

ⓒ김명순(마리보나) 2025

* 이 책의 판권은 저작권자와 오늘의문학사에 있습니다.
* 오늘의 문학사는 E-Book(전자책)으로 제작하여 ㈜교보문고에서 판매합니다.
* 잘못 제작된 책은 구입하신 서점에서 바꾸어 드립니다.